www.ingramcontent.com/pod-product-compliance
Lightning Source LLC
LaVergne TN
LVHW081317060526
838201LV00006B/184

ספר

תוספות רבינו אלחנן - ע"ז

מאת

אלחנן בן יצחק מדאמפייר

ועתה נדפס מחדש

publish your sefer.com

באלטימור - ניו יארק

שנת תשפ"ה

Available as a free download at

www.hebrewbooks.org/57976

This book was made available through a partnership with:

HebrewBooks.org

The Society for Preservation of Hebrew Books
Brooklyn, New York
Email: oldhebrewbooks@gmail.com

Copies of this and over 60,000 other books can be downloaded for free at www.hebrewbooks.org

Published by:

PublishYourSefer.com, a service of Shaftek Enterprises, LLC
Baltimore, Maryland
Email: reprints@publishyoursefer.com
Website: www.publishyoursefer.com/reprints/

Original available as a free download at **www.hebrewbooks.org/57976**

תוספות

על

מסכת עבודה זרה

לרבינו אלחנן ברבינו יצחק (בעל התוספות) מדמפיר ז"ל.

יו"ל פעם ראשונה מכתב-יד ע"י חברת

"דובבי שפתי ישנים" הוסיאטין.

 עם הוספות מראה מקומות ממני דוד פרענקיל

שנה ראשונה תרס"א

הוסיאטין תרס"א

נדפס במונקאטש בדפוס של קאהן עט פריעד

Tos'foth

zum

Tract. Aboda Sara

zum Rabbi Elchanan Sohn des Rabbi Isak aus Dompair

lebte im XII Säculum

zum ersten mal herausgegeben mit Anmerkungen
von David Fränkel

Husiatyn 1901

Verlag des Vereines Dobhebhe Sifthe Jeschenim

Druck von Kahn & Fried, Munkács.

הקדמה

עזרי מעם ה׳ עושה שמים וארץ

תבענה שפתי תודה ותהלה, לנורא עלילה, על כל תגמולוהי אשר גמל עלי, וזיכני לראות יוצא לאור עולם ע״י החברה הנכבדה „**דובבי שפתי ישנים**" ספר הזה „**תוספות רבינו אלחנן על מס׳ עבודה זרה**" חמדה יקרה **אשר היתה טמונה יותר מן שבע מאות שנה**. ואם כי כבר נודע בשערים, כשחר פרוש על ההרים, המאיר לארץ ולדרים, שמם הטוב של רבותינו בעלי התוספות המצויינים והמובחרים, וכי כל דבריהם מזוקקים שבעתים, נחמדים למראה ותאוה לעינים, דברי פי חכמים חן יושק שפתים, עכ״ז לא מנעתי את ידי מלכתוב שלשלת יחס רבינו עד האשל הגדול רש״י ז״ל אשר לקטתי מעט מעט מספרים הנמצאים ת״י, ואת הנותר הנחתי לחכמים הגדולים אשר בארץ המה, המה יבאו וימלאו אחרי, ותחשב להם לצדקה.

א]

רבינו אלחנן אחד מבעלי התוספות (א) חיבר תוספותיו על מסכת עבודה זרה בשנת ד׳ אלפים תתקמ״ב כנזכר בתוספותיו כאן על דף ט. (ריש דף יו״ד מספר זה) „שנת תתקמ״ב שאנו עומדין בה" ונהרג על קידוש השם בשנת תתקמ״ד (ב) בחיי אביו (ג) ר״י בעל התוספות

(א) נזכר כמה פעמים בתוספות שעל התלמוד ובפרט במס׳ ע״ז. — ומלבד תוספותיו על מס׳ **עבודה זרה**, נזכרים מתוספותיו.

על מסכת **עירובין** מובא כאן על דף י״ג ע״א ד״ה אלא

על מסכת **פסחים** כאן על דף ל״ד ד״ה שאינו

על מסכת **מגילה** בס׳ המכריע לר׳ מטראני סי׳ ל״א

על מסכת **נדרים** בשו״ת מהרי״ק סי׳ נג.

על מסכת **גטין** כאן על דף כג ע״ב ד״ה אבנים.

על מסכת **בבא קמא** בס׳ המכריע סי׳ ע״ה וסי׳ פ״א. והזכירם אביו בתשובתו להרא״ם מלוניל הובא בס׳ תמים דעים סי׳ ר״ג.

על מסכת **בבא מציעא** כאן על דף כא ד״ה האמר

על מסכת **שבועות** בתוס׳ שבועות דף כח ע״א ד״ה אמר רבא.

על מסכת **סנהדרין** כאן על דף יא ד״ה ואכן.

על מסכת **זבחים** כאן על דף לד ע״ב ד״ה כשב״ל.

על מסכת **חולין** כאן על דף לד ע״ב ד״ה שאינו ועל דף לה ד״ה ואמר

על מסכת **נדה** כאן על דף ל ע״ב ד״ה ומטמא.

ומלבד התוס׳ הנ״ל כתב **א) תיקון תפילין**. מובא בתוס׳ ברכות דף ס׳ ע״ב ד״ה אשר קדשנו ובמרדכי הלק״ט סי׳ תתקי״ן.

ב) ספר ליקוטין. מובא כאן בספר הזה על דף ד׳ ע״א ד״ה וכמה ודף כג ע״ב ועוד מקומות.

ג) סוד העיבור. מובא בספר מנחת יהודה עה״ת פ׳ ויצא (ד׳ ליוורנו דף יו״ד ע״א).

ונדפסה תשובת רבינו אלחנן בתשו׳ מיימוניות דשייכי לס׳ הפלאה סי׳ ד׳. ועוד לו תשובה בקובץ כת״י של ר״מ מיכל כמובא בס׳ אור החיים ערך רבינו אלחנן. — וחיבר ג״כ פיוטים. ע׳ מה שנאמר עליהם באוצר טוב לשנת תר״ם בלוח הפייטנים לד י״ג. ובהערות לס׳ ע׳ מקונטרס הפיוטים הנלוה אל המחזור ויטרי. כת״י לונדון. ובס׳ עמודי העבודה.

ב) ככתוב בתשו׳ מהרש״ל סימן כ״ט.

ג) כנראה בתשו׳ תמים דעים סי׳ פ״ז שהזכירו „בני תנלב״ש" וגם בסי׳ ר״ג מזכירו „בני ז״ל", — ובספר יוחסין (הו׳ קראקא ש״ע דף קכ״ד) כותב „אמרו עליו על ר״י שזקן מאד שנת תתקלה

הקדמה

התוספות (ד) והוא רבינו יצחק הזקן מדנפיר (ה) בן החסיד (ו) רבינו שמואל: והרבינו שמואל הי׳ בן רבינו שמחה בר שמואל שחיבר מחזור ויטרי (ז) ובן בת (ח) הר׳ מאיר (חתן רש״י ז״ל) אחות רבינו תם והרשבים, והריבים. נכדת האשל הגדול רבינו שלמה יצחקי ז״ל מגזע התנא ר׳ יוחנן הסנדלר.

ב]

הספר הזה אשר אנכי נותן לפניכם היום מובא בהגהות מרדכי, לע״ז בפ׳ השוכר את הפועל סי׳ תתנ״ח. ומה שמובא שם הוא כאן בס׳ זה על דף ל״ג ע״ב ד״ה קינסא. — וגם רובם ככולם מן הדברים הנאמרים בשם רבינו אלחנן בתוס׳ לע״ז הנדפסים אצל ד׳תלמוד הלא הם כתובים כאן על ספר הזה. -

הכת״י קניתי מעזבון הרב המנוח ר׳ שמואל שעהנבלום נ״ע מלעמבערג ועל שער הספר כתוב לאמר העתקתיו מכתב יד [על] קלף ישן נושן מאד׳.

אני אל ה׳ אתחנן יהי נועם ה׳ עלינו ומעשה ידינו כוננהו דברי המיחל לחסדו והמתפלל בפרישת כפים לרוכב שמים, בעד מנת חסד אפים, ואור שבעתים בהבנת תורת חיים.

הצעיר דוד פרענקיל

מנהל החבורה

„דובבי שפתי ישנים" הוסיאטין.

תתקל״ה ויש לי בזה ספק ומכאן נראה ברור שנפטר אחר שנהרג בנו רבינו אלחנן בשנת תתקי״ד. לכל המוקדם. —

ד) כנראה בתוספות זבחים דף מ״ד ע״ב. ובתשו׳ מיימוניות דשייכי לס׳ הפלאה סי׳ ד׳. ובתשו׳ מהרי״ק שורש נ״ב ע״ש. וכן כתוב בס׳ קורא הדורות. ובשם הגדולים ערך רבינו אלחנן.

ה) כן כתוב בשער כת״י הזה „**תוספת ע״ז לרבינו אלחנן ברבינו יצחק מדמפיר**" וכן כתוב בסופו „עד כאן יסוד הרב רבינו אלחנן בן רבינו יצחק מדנפיר תנצב״ה". — וכתוב בס׳ אור החיים ערך אלף ס״ז. וז״ל רבינו יצחק בר׳ שמואל מדומפירא (כ״כ הרוקח בסוף הספר ובתשו׳ מיימוניות לס׳ קדושה [הלכות ומאכלות אסורות] סי׳ ה׳. וכן נראה בשבולי הלקט ח״ב כת״י סי׳ מ׳ שמביא תשו׳ ר״י מדנפיר ומתום חתמה יצחק בר שמואל). והוא ר״י הזקן׳ וכן כתב הרשב״ץ בתשו׳ ח״ג סי׳ למ״ו. והביאו ג״כ הרב החיד״א בשה״ג בערך ר״י בעל התוספות. —

ו) כן מובא במרדכי פ׳ איזהו נשך סי׳ שכ״א „הרב רבינו יצחק בן החסיד רבינו שמואל".

ז) עי׳ שם הגדולים, וס׳ אור החיים ערך ר״י בר שמואל בעל התוספות.

ח) אולי היא „הרבנית חנה אחותו של הרבינו יעקב" המובאת בס׳ התוספות כת״י. עי׳ גוף הרבנים הנדפס באולר כוב לשנת תרל״ט. אות ח׳. לד י״ג.

ט) כן כתוב בסדר הדורות ומובא בשם הגדולים ערך רש״י. —

תוספת הר' אלחנן

למס' ע"ז פרק א'

(דף ב' ע"א) **לפני** אידיהן של גוים שלשה. זמנין דתני הימים תחלה כגון **שבעת** ימים קודם יוה"כ (יומא ב'.) וכן זמנין דתני דרכים ברישא בשבעה דרכים בודקין את הזב (נזיר ס"ה:) וזימנין דתני להו בסוף כגון האשה נקנית בג' דרכים (קידושין ב'.): ואגב דאיירי בסנהדרין בעובד ע"ז, תני ע"ז. והוריות דתני בס' ישועית, ולא בס' קדשים משום דאיירי בסנהדרין ב"ד ואיירי נמי במלך וכה"ג דאיירי בדין שלהם בסנהדרין, ואבות נמי איירי טובא בדינין, הוי מתונים בדין, ואל תעש עצמך כעורכי הדיינין, וטובא איכא, ומשום דתני אבות איך קבלו התורה מדור לדור, ולא נשתכח מישראל, תני נמי עדיות, בעדיות שהיו הזקנים מעידין הלכות מה שראו ושמעו. ותדע דבריש תוספתא בעדיות קתני ההיא דעתידה תורה שתשתכח מישראל וכו' וקתני מהיכן נתחיל נתחיל מהילל ושמאי כו':

לשאת ולתת עמהן. פירש"י משום דאזיל ומודה מיהו בעיא היא בגמ' (דף ו') מ"מ דהך רישא אי משום (א) דאזיל ומודה אי משום לפני עור, מיהו סוגי' דתלמודא אמר רבא כ"לה משום דאזיל ומודה, וצריכי וכו' ונקיט תלמ"יא דאזיל ומודה בהך (ב) דלא תימא האיך אנו עושין עמהם משא ומתן ביום אידם דבגמרא (דף ו'.) אמרינן בגולה אינו אסור אלא יום אידם בלבד יום אידם (מיהו) הי' אסור ורבינו שמואל בשם רש"י פי' (ג) ומידו עכשיו במו"מ שעושין בי"ם ראשון שהוא איד של מצרי (ב) איד של קדושי' שיש להם כל השנה כגון ניטל וכיוצא בו. ואינן אדוקין בה כל כך דהו"א דהא דאמרינן בפ"ק דחולין (דף י"ג.) גוים שבח"ל לאו עע"ז הם אלא מנהג אבותיהן בידיהן, דאע"ג דבגולה דהיינו ח"ל אסרינן מיהא יום אידם (ע"ז דף י"א:) מ"מ השתא מיהא חזינן דלא אולי ומודי בשביל מו"מ שלנו (ד) ויש לנו להתיר (ד) דידעינן דבהכי לא מידו דדומיא דהא דאמרינן לקמן (דף ס"ד:) רב יהודה שדר לי' קירבנא דרבאל (ה) ביום אידם, ורבא שדר לי' קירבנא ~~~ לבר שישך ביום אידם וקאמר ידענא בי' דלא פלח לע"ז. ומיהו לא דמי לגמרי דהתם קרי לי' לגר תושב דבעי שיקבל בפני ג' חבירים להחזיקו, ואע"ג דבר רשע הי' מ"מ לא הוה פלח לע"ז כלל, מסתברא דומיא דאביי דרבא דאדמי' יהודה לגר תושב, ועוד אפרש ~~~ דמשום איבה יש להקל להתיר עכשיו הואיל עיקר מו"מ שלנו עמהן לא מצינו לאשתמיט והויא איבה ולקמן משמע דהיכא דא"א בלא איבה שרי דקאמר לקמן בפרקין ההיא מינא שדר ליה לר' נשיאה ביום אידם דינרא אמר היכא איעבד אשקלי' אזיל ומודה לא אשקליה הויא לי' איבה אמר לי' זורקו לבור וכו', דמשמע דמשום איבה הי' ראוי להתיר, וזה שיש לדחות שלא היה אלא שואל מה יוכל לעשות שלא יהי' איבה, ואדרבה משמע דלא שרי משום איבה מדלא הויא שקל לי' הואיל ואיכא איבה אע"ג דאזיל ומודה אם לא תאמר כ"א כן שהיה שואל אם יש למצוא שלא יהא איבה כדי שלא יצרך לקבלו. וע"ד מביא ראיה מדאמר בפ' אין מעמידין (דף כ"ו) דיהודית מילדות נכרית בשכר משום איבה, ואפי' בשבת הי' רוצה להתיר לקמן, ואביי פליג משום דאשכח טעמא דליכא איבה, וכן גבי לא מעלין ולא מורידין, ומ"מ היכא דליכא איבה אסור לעשות מו"מ עמהן לפ"ז (ב) [ור"ת] פי' דמקח וממכר דרוב דברים מותר דלא איירי הכא אלא במו"מ של תקרובתו [וראיה] לדבר דקאמר בגמ' ימי בעי כולי האי והא תנן בד' פרקים וכו' ומשני דהתם דלאכילה סגי בהו הכא דלהקרבה בעי ג' ימים, ואע"ג שיש לדחות דמשמתחילין לבקש תקרובתם ולעסוק בה לצורך האיד, שם ע"ז שגור בפיהם ואולי ומודי, וזה הטעם דאולי ומודי צ"ל דבשאר מילי דבמשנה דלהשאילם ולשאול מהם לפורען ולפרע מהן מ"מ משמע לבאורה דלא מיירי אלא בהקרבה, ועוד דקאמר בגמ' (דף ו') איבעיא להו אסור לשאת ולתת עמהן משום הרווחה, או משום לפני עור נ"מ דאית ליה בהמה לדידיה, ואמאי לא קאמר נ"מ במו"מ שאינו של תקרובת, והלכך מפרש דלשאת ולתת לאו במקח וממכר מיירו אלא בלמכור להם בהמה וכיוצא בה, לשאת ממנו מעות ולתת לו בהמה, ובעיא דמשום הרווחה לאו משום דרווח ליה דאזיל ומודה במה שמשתכר כדפרש"י, אלא הכי פי' משום הרווחה, שיהי' לגוי בהמות בריוח להקריב מה שירצה דאפי' אית לי' בהמה לדידי' מ"מ היה לי' רווח שיש לו עוד ומקריב יותר ע"י

כך

(א) הכוונה דכוונ (ב) נהכתב יד מסר כמן (ג) מסר, וכנ"ל דעכשיו אין הגוים שבינינו עובדי כוכבים ולא אולי ומודו (ד) אפי' ביום אידם, (ה) לאבודרינא, כנ"ל

ז מסכת תוספת ר׳ אלחנן עבודה זרה

כך, גם אויל ומודה בהכי, ולא היה כמו להלוות דקא מרווח להון דהוה לשון ריוח ושכר, ורבא נמי הוה טעמא דהרווחה משום דאזיל ומודה כרפרישית והיינו נמי דקאמר רבא לקמן כולה מתני׳ משום דאזיל ומודה הוא, וצריכא דאי תני לשאת לתת משום דקא מרווח להו וכו׳. והא דתני בגמר׳ דבר שאין מתקיים מוכרין להם אבל לא לוקחין מהם, מפרש ר״ת מוכרין להם אפי׳ מידי דבר (ו) ולא יתקיים עד יום אידם ולא חיישינן שמא יתקיים או יקריבנה לפני האיד, (חסר) אבל לא לוקחין מהם זה קבלת דורון, לא מקח של קניה דבלקנות מהן לא איירי (חסר) למכור להם דבר של תקרובות, ובתרי׳ מייתי נמי מעשה דדינרא דשלחו ליה לר׳ יהודא נשיאה דהייני קבלת דורון, ומיהו קשה לי דאית ספרים דגרים בסיפא דבר המתקיים לוקחין מהם אבל לא מוכרין להם, האי לוקחין מהן, אין זה קבלת דורון, דהא הוה אסור דבר המתקיים כגון דינרא, ומיהו קשיא דבתוספתא (פרק א׳) תני בסיומא דברייתא דתניא כוותיה דריש לקיש דבגמר׳ (דף ו׳:) ואפי׳ דבר המתקיים לקח או שמכר ה״ז מותר, משמע דלכתחילה אסור ליקח כמו למכור, אלמא לשאת ולתת במקח וממכר איירו, ואעפ״י שזה חולק על גירי׳ שפי׳ דאית ספרים כגירסת בברייתא תני ר׳ זביד ברי׳ אושעיא וכו׳ דבר המתקיים לוקחין מהן וכו׳, איכא למימר דפליגו אהדדי. ואולם יש לפרש התוספתא גם לר״ת דה״פ לקח שקיבל לדורון או שמכר ה״ז מותר. ומיהו בקבלת דורון אין חילוק בין מתקיים לאינו מתקיים ולפירשי׳ עדיין קשה מה שייך לאסור לקח מהן למאי דמספקא לן דשמא ה״ה טעמא דמתני׳ משום לפני עור, ובגמרא נדקדק ביה עו״ה, וטעמא דמקח וממכר דעלמא דלאו לתקרובות שרי לפי׳ ר״ת הי״ט משום דאזיל ומודה לא שייך ביה כמה בלהשאילן ולהלוותן דקא איתהני, לשאול מהן וללוות מהן משים שמתכבדין בדבר וחשיבא להו מלתא כדקאמר בגמרא (שם) אבל מקח וממכר הוי צורך של ישראל כמו של גוי ולא חשיבא להו מילתא, ולא אזיל ומודה. כ״א כשלקח מישראל מידי דתקרובות, וקצת קשה דבפרק ארבעה נדרים (דף ל א.) משמע דזבינא דרמי על אפי׳ לא חשיבא לענין מודר הנאה כ״א הנאת המוכר לבד, וזבינא תריפא לא חשיב (ז) לבד: ובאותו מיהא שהיא הנאתו לבד ולא של ישראל אמאי לא אזיל ומודה, וי״ל דבהכי לא אזיל ומודה, אע״ר דמים תימא אעפ״י שהתיר ר״ת מקח וממכר

דלאו תקרובות מ״מ האיך נקנה מהם שום דבר ביום אידם והלא מן המעות הם עושים תקרובות ואו״ר דלא שייך בזה לא הרווחה ולא לפני עור, בדבר מועט שרגילים לדור לע״ז עכשיו. ואותו דבר מועט יהי׳ לנו (ח) משום מקום בלא מ״מ שלנו. ומיהו במקום שידוע דשל תקרובות הוא ראוי להחמיר בדבר. א״ר. ועוד נ״ל שהי׳ סברא לומר שכל מעות שעושין מהן תקרובות עכשיו לגלחים ולכומרים אין בזה איסור תקרובות לע״ז כ״א כשהיה נותן אותן לע״ז עצמה ליופי ע״ז כדתנא בפ׳ ר׳ ישמעאל (דף נ״א:) מצא בראשו מעות כסות וכלים הרי אלו מותרים, שעשו מהן תקרובות לע״ז וישארו שם או שום צורך לע״ז עצמה יעשו מהן אחר כך, אבל מעות שנותנין עכשיו אין בהן איסור תקרובות לע״ז וטעמא דהרי אלו מותרין מפרש לקמן דלא הוי כעין פנים:

ולהלוותן. דקתני הכא מפר״ת דבלא ריבית דבזה שייך למימר דקמרווח להון אבל בריבית אית לי׳ צערא וגדול כח ריבית כדאמר בקידושין דלזבין איניש בריתא והדר יזיף בריביתא וצערא אית לי׳ ולא אזיל ומודה:

ולפרוע מהן. שרי׳ ר׳ יהושע בן קרחא בגמרא מלוה ע״פ ופסקינן כוותיה בגמרא (דף ו׳:) ואפי׳ מלוה בשטר של עכשיו כגון אותן שיש להם מזרונות. ואו״ר שיכול להיות מותר עכשיו בהרבה ענינים שלא יוכל להוציא כשירצה (חסר):

להשאילם ולשאול מהן לפרען מדעתו של ישראל אסור והיכא דאיכא (י) לאשתמיטו יכול להיות מותר בכמה דברים דשרינן משום איבה לפי מה (חסר) א״ר. ואו״ר שיש עוד למצוא היתר בהני מילי דמתני׳ דבעובד כוכבי׳ שמכירו שרי שהוא כמחניף לו, דגרסי׳ בירושלמי תני עבר ונשא ונתן עמו מותר ר׳ יעקב בר אחא ר׳ יוסי בשם ר׳ יוחנן אפי׳ ביום אידם ותני כן בד״א בעובד כוכבים שאינו מכירו אבל מכירו מותר שאינו אלא כמחניף לו, ותני הנכנס לעיר ומצאן שמחים שמח עמהם שאינו אלא כמחניף להם, וגב לפרע מהן גרסינן בירושלמי אם היתה מלוה אובדת מותר [ותני כן מלוה אובדת בעדים אין מלוה אובדת בשטר) אפי׳ מלוה בשטר אובדת היא שלא בכל שעה אדם זוכה לפרע. ובלשאול מהן וללות מהן איני יודע טעם להיתר כ״א טעם שפירשתי למעלה דלא אזלו ומודי בהני כמו שהיו עושין בימי חכמים:

ישמח הוא לאחר זמן. לאביי דקאמר בגמרא (דף ו׳:) גזרינן לפרוע מהן אטו לפורען,

אל

(ו) הקרבה כנ״ל (ז) חסר ונ״ל כי אם הנאת הלוקח לבדו (ח) להם ונכל מקום (ט) הלכך מותר לפרעו מהן ביום אידם (י) והיכא דאיכא משום איבה וליכא לאשתמוטי:

אל תתמה למה לי טעמא דשמח הוא לאחר זמן תיפוק ליה דגזרינן אטו לפורען. וי"ל דלא הוי מיחלף לפרע בלפורען הואיל וזה חילוף זה, שבזה היא עצב ומיצר ובזה היא שמח (יא) א"ר:

מאן דתני אידיהן מ"ט לא תני עידיהן. בעלמא לא דייק הכי כגון משילין משחילין בביצה (דף ל"ה:) ומציקין ומסיקין בפ' הגוזל (ב"ק דף קט"ז:) וכיוצא בהן, ושמע ר' בשם ר"ת משום דדתם כולו משמעות אחד ואין להקפיד איך ישנה, אבל הכא דייק, וקשה לר' דגבי שאובה לא דייק בהחליל (סוכה דף נ'.) ובריש פרק דייק, משום דק"ל מ"ט לא תני עידיהן שהן עידיהן אבל איד לא הוה אלא שתחתנו יבא אידם ומשני תברא עדיף וכיון דשני תב"א עדיף הכי דייק ומאן דתני עידיהן מ"ט לא תני אידיהן דסברא הוא דתברא עדיף. א"ר:

זו רומי חייבת. משום דכתיב (מלאכי א) וקראה לה גבול רשעה קרי לה הכי מסתמ' ומיהו במעשה מרכבה מפרש שחורבן גדול בגור על (יב) ידי מעשה דר' חנינא בר תרדיון דלקמן וקאמר דלכך נקראת חייבת, א"ר:

הרבה שווקים. האי דלא חשיב גשרים אלא בפרס, ובבמה מדליקין (שבת דף ל"ג:) מה נאה מעשיהם של אומה זו חשוב נמי גשרים ומשמע שמחשיבם בכך יותר משאר אומות איכא למימר דמלכות פרס עדיפו בעשיית גשרים ולא רצה [לחשוב] כאן ברומי כ"א דברים דעדיפא בהו גם ממלכות פרס:

שווקים להושיב בהן זונות. כלומר לצורך עצמיכם עשיתם כולם ואפי' לזונות עשיתם שוק של זונות להזדמן לזונות ודבר מגונה מזכיר לגנותם. א"ר:

דמיא לדוב. וא"ת היכא מוכח דחשיבא משום דדמיא לדוב, אדרבא מלכות בבל דכתיב (דניאל ז') קדמותא כארי' עדיכא מינה שארי מלך בחיות (חגיגה י"ג:) ויש מפרש דהכי כתוב שם וכן אמרין לה קומי אכלי בשר סגיא והוי מעין מלכות רומי דכתב ביה ותיכל כל ארעא ומיהו תלמודא משמע דלא מייתי ראיה אלא ממה שנמשלה לדוב ומייתי ותני רב יוסף וכו' וגר' לר' דאע"ג דארי מלך בחיות הוי דוב בעל תחבולות להזיקות ומזיק לבני אדם יותר. וראיה לדבר דקאמר בברכות פ"ק (ע' דף י"ג:) צרות אחרונות משכחות את הראשונות ומייתי משל למה"ד למי שפגע בו ארי וניצול ממנו והניח מעשה ארי וסופר מעשה הדוב נשכו נחש הניח מעשה כלם וסופר מעשה נחש. א"ר:

ואנו מיבנא בנינן. ולעיל לא רצה להזכיר כ"א זכות של כל דור ודור כי קאמר במה עסקתם:

ומ"ש דלא קחשיב. פי' בבל ויון שהם מד' מלכיות ששפטו על ישראל ומלכיות חשיבות הוי' מ"ט לא חשיב להן בהך ברייתא אבל מכל ע' אומות לא בעי. א"ר:

משכו מלכותיהו. עד דאתי משיחא תעמוד מלכות שלהם בחשיבות עד דאתי' משיחא ונ"ל דהיינו נמי דאיתא בחלק עתידה פרס שתפול ביד רומי בונים ביד סותרים וכו' שעתה היא בחשיבות ואינה ביד רומי אבל לבסוף קרוב לגאולה תפיל ביד רימי כדאמר נמי עתידה מלכות הרשעה שתפשוט על כל העולם ט' חדשים:

ואנן לא שעבדנו. והא דקאמר וכן כל אומה ואומה שכל אומה ואומה תחשוב שלא הצירה לישראל באותן שלפניה:

מאי דכתיב בשעיר ומאי בעי בתימן. ותימא דשעיר ותימן חדא מלתא הוא (י"ג) והכי הו"ל למימר מאי בעי בשעיר ומאי בעי בפארן ונ"ל דוודאי תרי מילי נינהו כדמוכח בספרי בפרשת וזאת הברכה דקאמר מד' רוחות נגלה הקב"ה לישראל שנאמר (דברים ל"ג) ד' מסיני בא וזרח משעיר למו הופיע מהר פארן מנין אף רוח רביעית שנא' (חבקוק ג') אלוה מתימן יבא, שים דסיני ושעיר ופארן ג' רוחות, ותימן רוח רביעי לכך הוצרך להביא קרא דחבקוק ודומה שהוגה בהרבה ספרים מאי בעי בשעיר ומאי בעי בפארן, משום דהוה ק"ל דשעיר ותימן חדא מילתא הוא, ואמנם בפירש"י משמע שהוא גורס מאי בעי בפארן שפי' פארן ארץ ישמעאל הוא דכתיב ותשב במדבר פארן. וקשה למה הוצרך [בספרי] להביא קרא דחבקוק לכך נ"ל כספרים דגר' מאי בעי בשעיר ומאי בעי בתימן. לכך הביא קרא דחבקוק לומר דמד' רוחות נגלה הקב"ה כמו שאמר הספרי. והא דלא הזכיר בפי' דידיה כ"א שעיר ופארן רישא דקרא נקיט ותימן דהכא לא משעיר היא, א"נ הוו מעשו, הרבה אומות, יש בעשו, לבד מתימן, א"נ רוח תימן קאמר. נ"ל, ור' מפרש בספרי דגרס תימן דלא הזכיר פארן משום דבפארן משתעי גבי מסיני כדקאמר בב"ק בפ' שור שנגח ד' והי' (דף ל"ח) מפארן הופיע ממונן לישראל, ואמרינן בשבת בפ' אמר"ע (דף פ"ט) ה' שמות נקראו לו לסיני וחשב פארן, וקשה קרא דחבקוק למה הביא ומשמע ודאי כדפרישית

שלשם

(יא) עיין תוספות דף ו' ד"ה אמר אביי (יב) שחורבן גדול נגזר על רומי על ידי כל"ל (יג) דכתיב (עובדיה א') ושמו גבוריך תימן למען יכרת איש מהר עשו:

שלשם מה שמביאו בספרי להוכיח דמדי רוחות נגלה מייתו ליי הכא:

(דף ג' ע"א) **כהנים** לוים וישראלים לא נאמר אלא אדם. פי' ביבמות פ' בא על יבמתו (דף ס"א) ההיא דאתם קרואים אדם:

גדול המצווה ועושה. לפי שעול המצוה מוטל עליו וצריך ע"כ לעשותו ואינו ברשות עצמו (חסר) בצלו:

דכתיב אם לא בריתי יומם ולילה וגו'. הכי דריש ליי על התורה ובשבת פ' אם לא הביא (דף קל"ז:) דריש ליי על המילה:

נוגעין בעדותן הן. וא"ת והלא לעתיד לבוא יהי' שמים חדשים וארץ חדשה ויכלו אלו. וי"ל חדא דשמא עדיין לא יכלו אז ועוד איכא למימר דה"פ יבואו שמים וארץ ויעידו שנתקיימו כל ימי עולם ואם לא קיימו ישראל את התורה האיך נתקיימו וזהו העדות וע"ז משיב נוגעין בעדותן הן שברצון נתקיימו להנאתן וכסו על פושעי ישראל. וא"ת מ"מ יש ראיה ממה נתקיימו שה"ק התנה שיכלו אם לא יקבלו ישראל את התורה ויקימוה. תרי"ץ שבזאת הראיה לא יחושו שהקב' הג"חם להתקיים דאין זה אלא עדות הקב"ה עצמו וכבר אמרו כלום יש אב שמעיד על בנו. ולפ"ז שפיר היה ראוי להביא קרא דאם לא בריתי ודיום הששי על מלתא דיבואו השמים ויעידו. כמו על הת"רץ דנוגעין בעדותן הם אלא שלא להפסק הדבור ולבסוף מייתי לה וקאי אבולה מלתא, נ"י לי:

יום הששי. משמע מבורר דהיינו ו' בסיון כדפרש"י בפי' חומש וקשה לר' יוסי דאמר (שבת פ"ו) בז' בו נתנה התורה לישראל מאי איכא למימר וי"ל דיומא קמא לא אמר להו משום חולשא דאורחא כדקאמר בפ' אמר"ע לא קושיב. א"ר. הי"נ יתיר בעלמא לדרשא ז"ז:

יבא בלדד השוחי וכו'. האי דחשיב אליפז לבסוף שמא נוח כו' (חסר) ולקרות יותר כמו אל גיורת והשבוייה והשפחה שנפדו ושנתגיירו ושנשתחררו. (ע' תוס' דף ג' ע"א ד"ה יבא).

היום לעשותם ולא למחר לעשותם. וא"ת מאי קאמר בסוף מקום שנהגו גבי כורכין את שמע אנשי יריחו שהי' אומרים היום על לבבך משמע ולא למחר על לבבך והא הי"נ קאמר הכי ויש לחלק בין על לבבך דלעשותם, דלעשותם משמע לטרוח בהם לקנות עולמך ובהאי שייך למימר היום. ועוד נ"ל דגבי לעשותם דרשינן מדכתיב לעיל מיני' (דברים ז') שומר הברית והחסד לאוהביו ולשומרי מצותיו לאלף דור. ומשלם לשנאיו אל פניו להאבידו לא וגו' דמשתעי בשכר המצות שנותן לצדיקים עיקר שכרם לעוה"ב ולרשעים בעוה"ז ובתרי' כתיב ושמרתם את דברי הברית ה"א אשר אנוכי מצוה אתכם לעשותם (יד) הילכך משמע שפיר דאתא למימר השכר תקבלו עליהם לעוה"ב ולא היום דלאו"הב"ו מאחר והמצות תעשו היום ולא למחר נ"ל:

דף ג' ע"ב **שניות** יושב ודן כו' י"א דלכך תקנו בתפילת מוסף בקדושה ממקומו הוא יפן ברחמיו כלומר יפנה מכסא דין לכסא רחמים דתפילת מוסף רגילה להיות בני' שעות שניות. ואין נראה אלא מטבע של תפלה כך היא וה"פ מן המקום אשר הוא שוכן שם. יפנה אלינו לחים לרחם עלינו. ותדע דלקמן בשמעתין חד לישנא איפך דג' שעות ראשונות עוסק בדין שניות עוסק בתורה:

משחרב בהמ"ק אין לו שחוק. וקא חייך ואמר נצחוני בני בפרק הזהב (דף נט:) זהו בדיחותא בעלמא:

אם וכי' תשכח ימיני. הפשט היא אם אשכחך לשיר את שיר ד' על אדמת נכר תשכח ימיני, לנגן בכינור. תדבק לשוני לחכי, אם באתי לומר שירה בפה, אם לא אזכרכי:

הקוטפים מלוח עלי שיח. מלוח לשון לוחות הברית. ופשטא דקרא מלוח עשב כדאמר בקידושין (דף ס"ו.) העלו מלוחין על שלחנות של זהב אמרו נאכל מלוחים זכר לאבותינו ומאכל עניים היא וקרא משתעי הקוטפים מלוחים ואוכלים אצל האילנות:

חוץ מצינים ופחים. פי' כל שאר אונסים נגזרים על האדם פעמים שאפי' ישמור עצמו מהן לא יועיל כדאמר באילו נערות (דף ל"ו:) דאריא וגנבי בידי שמים, אבל מצינים ופחים נתן רשות לכל אדם לשמור עצמו מן הצנה. ובויקרא רבה (פ' מצורע ט"ז) גבי אנטונינוס קאמר שאמר לר' צלי עליי א"ל תשתזיב מן צנתא, א"ל יתיר חד כסא יצנתא אולא, א"ל תשתזוב מן שרבא א"ל רא צליתא. דכתיב ואין נסתר מחמתו. משמע דקסבר התם שאדם יכול לשמור מן הצנה ולא מן החמה, והכא משמע שיכול לשמור משניהם דפחים זהו חום כדפרש"י כמ"ד (שיר ב') עד שיפוח היום, וכתי' (תהלים י"א) ימטר על רשעים פחים אש וגפרית. וא"ר דודאי אם רוצה למנוע עצמו מלכת אנה ואנה יכול לשמור עצמו מן החום אבל אם הולך כל שעה אז אין נסתר מחמתו

(יד) וסמכת את המלוה ואת החוקים ואת המשפטים אשר אנכי מלוך היום לעשותם כנ"ל:

טחמתו. א"ר. ולא שייך הכא כלל הכל בידי שמים חוץ מיראת שמים דבמס' נדה (דף ט"ז:) דהתם במדות האדם משתעי מה נגזר עליו להיות אם גבור או חלש וכו' ולא מיירי במאורעות הבאות עליו מידי יום ביום. מ"ר:

דף ד' ע"א **חימה** אין לי. שכבר נשבעתי. בנדרים (דף ל"ב.) קאמר גבי משה שנתרשל מן המילה שבאו עליו אף וחמה, לאחר המילה בקש משה להורגן ויש אומרי' לחימה הרגו וגו'. ובפ' במה מדליקין (טו) אומר מאן נינהו ששה אנשים משחית משביר. ומכלה קצף, ואף וחמה (טז):

והיינו דר' אלכסנדרי. פירש"י דקאי אדלעיל שאין הקב"ה בא בטרוני' עם בריותיו. ולמ"ה (יז) שכבר הפסיק הרבה. ועוד דקאמר והיינו דקאמר רבא וכו' כשאני דן את עובדי כוכבים וכו' משמע דאיירי בפירעניות של אומות העולם ומפרש ר"ת דקאי אההי' דאמר [חסר] (יח) יש לי בעובדי כוכבים [והיינו נמי] דקאמר אבקש להשמיד דאם לא ימצא להם זכות לא יחזור למצוא להם תקנה. והיינו דאמר רבא אך לא בעי ישלח יד כו' שמחלק בין ישראל לעובדי כוכבי' כדאמרי':

בנגני שלהם. פירש"י בספר זכרון מעשיהם. ובתרגום (תהלים ס') אמרו לד' מה נורא מעשיך, מה דחיל מנגנין דידיך:

אוי לרשע ואוי לשכנו בצדיק שאינו גמור ול"ד להך דסוף מס' סוכה (דף נ"ו:) דקנים לבולה משמורה, משום אוי לרשע אוי לשכינו דהכא בדיני שמים קאמרינן:

כיון שהיה בידם למחות וכו'. והא דאמרי' (ב"ב דף ס':) הנח להן לישראל מוטב שיהי' שוגגין ואל יהי' מזידין, כגון שגלוי לנו דאין מקבלין ממנו:

וכמה רגע אחד מה' ריבוא וששת אלפים ושמונה מאות ומ"ח בשעה זר"ת הגיה ע"פ התוספתא דברכות אחת מריבוא וג' אלפים וח' מאות וכ"ד בשעה. וא"צ להגיה דהרבה ענינים רגע הם, ובירושלמי אתנייהו תרויהו בברכות בריתא דהכא ושל תוספתא דעת ועונה ורגע, וגם הפייט (יוצר לשבת שקלים נוסח אשכנז) מיסד רגעי העונה כעונת כל היום. וזהו בריתא דתוספתא ואח"כ יסד והמדקדק מחשב הרגע לכמה רגעים. א"ר. וגם בליקוטין פי':

דעת עליון הוה ידע. פי' דיודע דעת לא משתמע בנביאות אלא משמע שיודע מעצמו:

רגע כמימרה. ואומרים העולם שהיה בלעם אומר כלם, ול"נ כיון דאי מתחיל קללתו חלה הקללה, כדאמרינן בעלמא (סנהדרין דף ק"ה) מברכתו של אותו רשע אתה למד מה הי' בלבו שבקש לומר לא תמשך מלכותם לא יהי' להם בעלי קומה וכו' גם נראה שלא הי' לו כח להמית אחת ע"י שיאמר כלם דא"כ מה הי' צריך לכ"ז, תדע שאין סברא דהוה בידו להחריב את כל העולם כלו:

לא נשתייר משונאי ישראל שריד ופליט. מקללתו קאמר, ואפי' אדם אחד לכך כגון ההיא מינא דבסמוך יכול להיות שלא ימות מיד בקללת המקלל אלא שהיא מועלת לו להזיק לו הרבה:

רגע כמימריה. שנא' כי רגע באפו, ותימא דהיכא מוכח מדקאמר דהוה כמימרי', ודומה דארישא קאי להוכיח דזעמו רגע, ויש ספרים דגרס בהדיא מנ"ל דרגע ר"ת שנאמר כי רגע באפו וכו':

בתלת שעי קמייתא. פי' הר' שמעיה בפ"ק דברכות, בשעה שלישית שעומדין מלכי מזרח ומערב, שדרכם לעמוד בתחלת ג' שעות, וכן נראה דלאו דוקא נקיט התם בני מלכים דרכם לעמוד בג' שעות, דהיה מלכים עצמם כדמוכח התם לעיל גבי ד' משמורת (ברכות דף ג':) דקאמר דוד קדמו עיני אשמורת אשית שעות דלילא יתרתי דימסא, שהיה מקדים לשאר מלכים, ומיהו קשה לי דא"כ בסמוך לצלי שכ"ר צלותי' דמוספא בריש שתא קודם ג' שעות, ונ"ל דאפי' יתפלל קודם יכול להיות דמדחי כיון דאחר תפילתו הוי רותחא אבל אחר סוף ג' שעות דליכא רותחא וכלה הזעם הויא עת רצון:

הוה מצער לי' ההיא עובד כוכבים, וא"ת האיך רצה להמיתו והא העובדי כוכבי' לא מורידין, וי"ל דמצער לי' טובא שאני. ולפי מה שפי' דאין מת בכך מיד אלא שחלה עליו הקללה, ל"ד להורדה לבור, ולספרים דגרי' ההיא מינא קאמר שפיר דלאו אורח ארעא. אע"ג דמורידין לא מעלין, דהוי כעין מכחיש פמליא של מעלה ודוחק להענש בידי שמים מה שאין רצון שמים להעניש אבל כשהורגו היא עצמו בידים אין דוחק לפני השמים להעניש כלום:

(דף ה' ע"א) **לא** באנו לעולם. והא דאמרי' בעירובין (דף י"ג.) נוח לו לאדם שלא נברא יותר משנברא, היינו בסתמא כשאין

(טו) צ"ל במה בהמה דף נה. (טז) עי' תוס' ע"ז דף ד' ד"ה חימה ותוס' שבת נה. ד"ה קלף (יז) ולא נהירא כצ"ל (יח) כאן ביבהלא כאן בעובדי כוכבים וקאמרינן דחימה יש.

כשאין ניכר מה יהא סופו אבל במקום שניכר לכל שהיא צדיק אשרינו שבא לעולם (ט"ו):

כ"ז שלא חזר בו. והיכא דאין ניכרים מעשיו כלל עדין אז נוח לו שלא נברא שיכל לירא פן לא יצדק, א"ר. ובמסקנא ניחא בלא"ה:

כי מתו כל האנשים. פשטא דקרא זהו פרעה שבקש להורגו כמ"ש וימת מלך מצרים:

שירדו מנכסיהם. (טז) פירעי' לא היו, שהיו במחנה אחר מתן תורה במעשה דקרח וא"כ מתחלה מסתברי' לא היו מצורעים שהרי אותן שנתרפאו במתן תורה אמרינן במדרש (רבה נשא פ' ז') שחזרו למומן שלהם במעשה העגל, ומבנים אין כ"כ ראיה מדכתיב ובניהם, דאיכא למימר דשוב נולדו. וא"ת לא הו"ל לומר כי מתו בדבר שעתידים לו בו, הלא משום שירדו מנכסיהם קרי להו מתו, ואע"ג דמסתמא שוב נתעשרו בביזת מצרים ובביזת הים, אלא י"ל דמשום שמתו בניהם לא היה משה ירא פחות מהן דמ"מ היו קרובים למלכות כבתחילה. א"ר:

דף ה' ע"ב **עד** מ' שנין פי' לכך לא רצה משה לרוטזה להם עד מ' שנה שכל שעה היה סבור כי משי ארבעים שנה דקיימו מדעתייהו ומדעת קונם (יז) וכשראה שאינן כן אז הקפיד עליהם דכיון שהיו מכירין לב שלהן שלא הי' יכולין לעמוד עד מ' שנה אדעתא דרבייהו אלא שלפי שעה הי' טוב לכם בשעת מתן תורה הי' לכם לומר אתה תן א"ר. ולא כמו שפירש"י שפי' שאף משה לא נזכר להוכיחן בכך עד מ' שנה שאכל (יח) היה מפשיען כאשר לא אמרו אתה תן כיון שגם היא עצמו לא הי' מתבונן או יותר מהן שהי' להם לומר כן. ויש ליישב פירושו ולומר שאעפ"י שהיא לא הי' צריך לתפלה זו לא הי' נותן לב עד מ' שנה דקאי אדעתא דרבי', הם שהיו צריכים לה הי' להם להתבונן מאותה שעה, ודוקא משום דלא קאי אדעתא דרבי' היא שלא נתן את לבו להתבונן עוד או, ולא משום שהיה סבור שלא הי' צריכין לתפלה זו כמו שהוא לא הי' צריך, שהרי ראה שחטאו בעגל ובמרגלים ואעפ"כ לא הוכיחן עד סוף מ' שנה:

יצרן מסור בידם ממשלחי רגל דריש. רגל של יצר הרע כדכתי' ויבא הלך לאיש העשיר יצר הרע קרי' אורח. א"ר, וכ"ן סוגיה בפ"י כתיב י"ד ר' שלמה, בתר הך מילתא גרסינן הכי השור והחמור תנ"א דב"י אליהו וכו':

ערב יו"ט האחרון של חג. ותימא לחשוב נמי עיו"ט הראשון ש"ח, י"ל שטרודים העולם בסוכה ולולב, ועי"ל בכל אחד טעם לבדו יו"ט האחרון הוי רגל בפני עצמו והוי נמי פר ואיל, משא"כ בשאר ימים שלפניו שיש ע' פרים לכפר על ע' אומות עובדי כוכבי'. ושל שמיני עצרת וחשוב יותר שהיא מכפר על ישראל, ולפי שחלוק לחשיבות בפ"ע משלפניו מרבים לכבדו להודיע שאינו טפל לחג כז' של פסח אלא רגל בפ"ע חלוק לחשיבות משלפניו ועיו"ט הא' של פסח משום דגאולה עדיף ובעי לשבוחי ולברוכי ולאודויי טובא וערב עצרת כי הא דאמרינן בפסחי' (דף ס"ח) הכל מודים בעצרת דבעינן נמי לכם, דהוה יום שנתנה בו תורה לישראל. ועו"ה דהוה תחלת שנה ויום שנברא בו העולם וראוי לעשות בו סימן טוב כדאמר בהוריות (דף י"ב) ובכריתות (דף ה') השתא דאמרת סימנא מלתא היא, א"ר:

וכדברי ר"י הגלילי אף עיוה"כ בגליל. וא"ת בריש כתובות (דף ה') דפריך אלא מעתה יוה"כ שחל להיות בשני בשבת ירחה, שמא ישחוט בן עוף, אמאי שביק כל הני יו"ט דהכא ונקיט יוה"כ דאין מרבין בסעודה אלא בגליל. וי"ל דבהני רגילין לשחוט בהמות טובא ובעיוה"כ אין רגילים אלא בעופות ודגים ומאכלים קלים, כההיא חייטא דזבין חד נון בתריסר דינרן בעיוה"כ כדאי' בבראשית רבה (פרק י"א) ובעופות שייך טפי למיחש שמא ישחוט בן עוף שהיא דבר מועט ולא אדעתי' עד ששחט. ובגליל דוקא הי' רגילין להרבות בבהמות דשייך בהו אותו ואת בנו כמו ביו"ט דלעיל. ר"ת:

והתנן שואלין בהלכות הפסח וכו' ומשני אנן דשכוחי מומי וכו' תימא לי' מאי קשי' ומאי פריקא. והלא גם אחר החורבן שואלין בהלכות הפסח קודם לפסח וכו' ואע"ג דאין כאן הקרבה דהא איכא הלכות יו"ט כמה וכמה, ו א"ר דסברא היא לתלמודא דמשום דיני קרבן שצריך לדקדק בהן אמ' נתקן תחלה לדרוש בהלכות הפסח קודם לפסח ל' יום והואיל והתחילו קודם חורבן לא זז ממקומו אח"כ ותדע דדרשינן לי' בפ"ק דפסחים (דף ו':) משה עומד בפסח ראשון ומזהיר על פסח שני דהיינו מילי דקרבן:

מנין למחוסר אבר שאסור לבני נח צ"ע אמאי לא

(טו) כלשה מביא דיבור אחד עם ד"ה כ"ז (טז) דליכא למימר סומים היו דהא כתיב בעדת קרח (במדבר ט"ז) העיני האנשים ההם תנקר ומצורעים נמי לא היי כנ"ל מ"ל (יז) מדעתיה ומדעת קונם (יח) אלא כן לא היה כנ"ל:

לא תני לה גבי ז' מצות דאפי' אינן חייבין להקריב שום קרבן לעולם מ"מ אם הקריב מחוסר אבר עובר משום (כ) כמו גוזל ואוכל אבר מן החי (כא) ושמא אינו נהרג אם הקריב מחוסר אבר אלא דאינו מתחסר בו ואינו לרצון דומיא דמעלה חיה ע"ג המזבח דה"ה. כר"ל למימר בריש כל הפסולין בזבחים (דף ל"ד.) דאינו עובר בולא כלום ולר' יוחנן נמי אצטריך יתורא התם למימר דעובר דלא תימא דאינו אלא כמוסיף על המצוה ה"נ הוי אמרינן שמא הכא אע"ג דגרוע טפי מחיה בסה שהיא מחוסרת אבר דומיא דבעלת מום דגרוע מחיה לר"ל דשאני בעלת מום לישראל דאית בהקרבה בהדי' נ"ל. מיהא או"ר דלשון אסור לבני נח משמע דאיסור יש בדבר ואעפ"כ י"ל שהגוים נתרבו (בנזיר דף ס"ב.) מאיש איש שנודרים נדרים ונדבות כישראל. והיינו אסור שאם נדר קרבן והביא מחוסר אבר אסור לו לסמוך ע"ז וחייב להביא אחר וקום עשה לא קחשיב כדמשנינן התם גבי עובד כוכבים ששבת:

שאסור לבני נח וכו' והקשה הר"ר יעקב דאורליינ"ש, ל"ל קרא בקדשים לפסול בעוף יבש גפה נקטעה רגלה מן העוף ולא כל העוף (קידושין כ"ד:) תיפוק לי' דאפי' בבני נח אסור מחוסר אבר. ואו"ר דסד"א הואיל ואשתרי מום בעוף בישראל יותר מבהמה אשתרי לגמרי אפי' מחוסר אבר. א"נ אפי' בב"נ הוי שרי כן מתן תורה ואילך מחוסר אבר בעוף הואיל ומצינו שחלק הכתוב לישראל במום בין בהמה לעוף, או"ר. ועוד הוי מצינו למימר דאצטריך מן העוף לאסור הקרבתו דה"א דאם הקריבו אינו עובר בולא כלום כדהוה אמרינן בחיה אי לאו קרא דזבחים כדפירי' (לעיל בר"ה מנין) ומיהו לשון יכול אפי' יבש גפה או נקטעה רגלה משמע דכשירים גמורים לצאת בהן י"ח אי לאו מן העוף אבל אין נראה לרי' לחלק בין פסול מום דב"נ לעופות ולומר דבעופות פסול אפי' נפגמה אזנו וכיוצא בו, ולא מחוסר אבר ממש בעי ובבני נח בעי מחוסר אבר ממש וניחא בהכי דדוקא נקיט השתא בהמזבח מקדש (זבחים פ"ה:) לא אמר ר"ע דאם עלו לא ירדו אלא בדוקין שבעין הואיל דבבני נח כשר דהוה משמע לכאורה דיבש גפה ונקטעה רגלה המחוברים בברייתי' הוי מכשירינן אי לאו קרא דמן העוף. ועוד דבפ' הנזקין (דף נ"ו.) נמי קאמר שדי בי' מומא, ובזה אי הוה אצטריך למימר לאו דוקא נקיט הכי דה"ה כמה מומין בלא חסרון אבר דתנא בבכורות, או"ר. מיהא נראה לי מהך דהניזקין דלא פסול לבני נח נפגמה אזנו וכיוצא בו [כי] אם מחוסר ממש מדנקיט ניב שפתים דהיינו שפתו שניקב משנפגם ושנסדק דתני' בפרק אלו מומין (דף ל"ט) וגם רבי' שלמ"ה בגיטין בניב שפתיה שפתיה העליונה וזהו שפסו מה לי נפגם אזנו ומה לי שפתו אלא משמע דכולן שוין לדוקין שבעין חוץ ממחוסר אבר ממש חשוב היא. ועוד ק"ל על מה שפירש ד"ש חילוק בין מחוסר אבר דעופות לשל בני נח דמשמע דפסול מום דבני נח דעופות שוין, דמהאי משמעות נפקא דהכא ממכל החי שחיין ראשי איברן שלהן, וכה"ג דריש בפ' שלוח הקן (חולין דף קי"מ:) פסול חסרון אבר בצפרי מצורע, מחיות שחיין ראשי איברים שלהן, ומשמע שפסול מומן שוה לעופות של קרבן דמדמי התם מכשיר ומכפר אהדדי, ולפי מה שפי' דבני נח בעי מחוסר אבר ממש ה"ה בעופות. ויש לדחות דשאני התם דסברא היא הואיל והקפיד הכתוב במום שלהם דהוה ממש כעין עופות של קרבן דדמי להו:

שאסור לבני נח וכו' הא ה"נ ממעט בסמוך טריפה זקן וסרים ולא מצינו שנאסרה טריפה לבני נח, וי"ל דהנך יש לי לומר דמשום קיום העולם קממעט להו אבל משום חסרון אבר אין קפידא לקיום העולם א"ו משום קרבן קאסר. ותימא לי יהא בעי לב"נ לקרבן טהורים אבל לא טמאים בפ' בתרא דזבחים (דף קט"ז) ובטמאים למה הקפיד הכתוב במחוסר אבר דאמר מכל החי ומכל בשר וי"ל דלא חלק הכתוב:

האי מבעיא לי' למעוטי טרפה. וא"ת הא למ"ד טריפה אינה חיה ממעטינן בפ' בתרא דחולין (דף קי"מ:) מחיות, גבי שתי צפרים חיות, מחוסר אבר וטרפה. וי"ל דלענין ציפרי מצורע דהוה מכשר וכעין מכפר ישנם יש לי למעט שניהם מחד קרא אבל הכא דעיקר קרא לקיום העולם אתא אין לו לפסול מחוסר אבר לקרבן אלא מיתורא כיון דאין בו קפידא לקיום העולם. א"ר:

דף ו' ע"א **אלא** למ"ד טרפה יולדות מאי איכא למימר דלדידיי' אינה (כב) מכל החי למעוטי טרפה. ותימא דמסתברי' א"ת ליה טרפה חיה דבחולין משמע דאפי' למ"ד טרפה חיה יכול להיות דאינה יולדות, ומשמע לכאורה דלמ"ד יולדת ודאי חיה היא. ועוד דודאי הך סוגיא אתיא שפיר כמ"ד טרפה חיה כמו שמפרש בסמוך

(כ) ומכל חי, הנה בהמה שחיין ראשי איברים אלה ואין לומר משום דאזהרתיה לא כתיבא בהדיא הא מכלל הן אתה שומע לאו (כא) עיין סנהדרין דף נ"ו (כב) אתי כנ"ל. ואינה טרים טוי':

בסמוך ודלמא נח גופי׳ טרפה אעפ״י שחיה הרבה אח״כ, ואליבי׳ פריך ודלמא נח גופי׳ טרפה הוה, ולא ממעיט טרפה מאתך, כ״א מכל החי, ואי״כ קשה היכא ממעיט לה מםכל החי כיון דחיה היא, וגם ניחי׳ ליה למוקמי קרא למעוטי טרפה טפי מלמעט מחוסר אבר והא בשילוח הקן (קמ:) קאמר דלמ״ד טרפה חיה, אין לי למעט טרפה מחיות, כ״א למעט מחוסר אבר, והוי אפכא ממאי דאמר הכא. וי״ל דאי טרפה חיה, משמע טפי החי וחיות, למעוטי מחוסר אבר, מלמעט טרפה וה״ט דהאי דשלוח הקן, אבל הכא לענין קיום העולם סברא היא דקפיד טפי בטריפה מבחסרון אבר, דאע״ג דחי הוי אינה חיה כ״כ כאילו היתה בריאה, ובריש פ׳ אלו טרפות (דף מ״ב.) דדריש טרפה חיה מזאת החיה אשר תאכלו, חיה זאת אכול חיה אחרת לא תאכל, ואין לתמוה ממה שקורא אותה חיה אע״ג דהכא משמע למעוטי מהחי דהתם באלו טרפות לא סגי׳ דלא קרי לה חיה דהא קאתי לאשמועינן דטרפה חיה, א״ר. ומה שפי׳ דא״א דאית לי׳ טרפה יולדת אית ליה נמי (טרפה) חיה, נ״ל עוד לדקדק מהך סוגי׳ גופא דמאי דקפריך אלא למ״ד יולדת מאי איכא למימר, היכא ממעיט מלהחיות זרע, הא שפיר אמעיט אם אינה חיה י״ב חודש שהרי י״ב חודש היה בתבה כדמוכח קרא, ולא שמשו בתבה (כדאיתא סנהדרין ק״ח:) אי״כ מתי יולידו אלא משמע דאית ליה נמי טרפה חיה, ור׳ אומר שבזה י״ל דנח לא הוה ידע שיהי׳ בתבה י״ב חודש ואי״כ מלהחיות זרע לא הבין נח מיעיט דטרפה כיון דיולדות היינו אתך בדומין לך, מיהו מחוסר אבר ובעל מום אין למעט מאתך, הואיל אין בי קפידא לקיום העולם, דאתך משמע ראויים לקיום העולם כמותך, אבל אין לומר דנח גופי׳ מחוסר אבר אי בעל מום הוה דאי״כ תקשי מאי קאי״ל דכוותיך עי״ל שלמים לא תעי״ל:

דלמא נח גופיה טרפה הוה. ואעפ״י שחיה הרבה אח״כ וי״ל דחיות גמור ובריאות גמור לא היה לו כבתחילה. אבל וממכל החי אמעיט שפיר טרפות, אע״ג דס״ל טרפה חיה היא כדפי׳ לעיל, גבי קיום העולם סברא היא להצריך חיות גמור, ולמ״ד טרפה חיה היא דפריך כדפרישית, וי״מ ודלמא נח גופיה טרפה כלומר הוה לא היה יודע בעצמו אם היא טרפה ואם לאו באותו שעה לא הוה ידע, דמטעט טרפה מאתך, ואין נראה לר׳ דהא ודאי טרפות הניכר מבחוץ היה יכול לדעת אם יש בעצמו ואם לאו דבהאי דוקא הזהירו שלא להביא בתיבה דאי טרפות שבבני מעים מהיכן הי׳ לו לנח לדעת מי ומי טרפה בבני מעים, אלא הפי׳ כדפרישית, ורבי׳ יעקב פי׳ דאדם דאית לי׳ מולא חי אפי׳ טרפה אפי׳ למ״ד טרפה אינה חיה, ואין נרא׳ לר׳ דבריש פ׳ אילו טרפות מייתי ראיה מישפוך לארץ מררתי ועדיין איוב קים, להכשיר נקובת המרה בבהמה, א״ר, והאי נמי פי׳ בפ׳ הנזקין (דף נ״ו:) גבי ניקר במוחו ז׳ שנים ובפ״ק דעירובין (דף ז׳) (כב):

תמים כתיב ביה. וסברא היא דלמעט טרפה כתיב תמים לפרש שלא היה טרפה, כי היכא דלמעוט טרפה מאתך, אבל בעלמא לא ממעטינן דכתיב גבי קרבן טרפה, דהוה אצטרך מן הבקר להוציא את הטרפה (זבחים דף ה׳.) וטעמא דלא ממעטינן [טריפה] כמו בעל מום משום דטפי מסתבר למעוטי מתמים בעל מום. שהיא מגונה יותר לקרבן מכמה טרפות שאין נראות, לפי שהיא בגלוי וגם קבוע שאינו חוזר. ועוד דהתם כתיב תמים יהי׳ לרצון כל מום לא יהי׳ בו, משמע דתמים בלא מום קאמר, אבל גבי נח אין לדריש תמים שלא היה בו מום דמה לו לפרש דהי׳ בלא מום דלדרוש אתך בדומין לך לא אתא, דמחוסר אבר היא דמעטינן מכל החי ואפי׳ לא כתיב מכל החי הוה מסתבר לאיקומא לתמים במיעוט טרפה טפי מבמיעוט בעל מום דלענין העולם יש להקפיד בטרפות טפי מבבעל מום ואפי׳ למ״ד טרפה חיה לפי שאינה חיה כ״כ כמו השלמים, וזה הטעם הגון יותר מן הראשון, כי הראשון שאומר שאין להעמיד תמים דנח לענין בעל מום, לפי שכבר שמענו מחוסר אבר מבכל החי, ואי״כ למחוסר אבר לא אצריך, ובמום בלא חסרון אבר לא קפיד מדאיצטריך מכל החי, ויש ע״ז להשיב מאי חזית דתיקו תמים למעוטי טרפה, ומכל החי למעוטי מחוסר אבר אימא מכל החי למעוטי טרפה, ותמים למעוטי בעל מום:

שלמין לא תעי״ל דהא אין לפרש דקאמר אף טרפה דכוותך עי״ל, דל״ל קרא להכי:

השתא דנפקא לן מאתך וכו׳. ותימ׳ למ״ד טרפה אינה יולדת אתך ל״ל, וי״ל דלדידיה אורחיה דקרא היא ואין נראה לר׳ דבכ״מ דריש אתך בדומין לך כגון גבי משה (סנהדרין דף ל״ו:) וגם אין נרא׳ לר״ם דאי לא כתיב אתך מוקי מולהחיות זרע למעוטי טרפה ולא זקן וסרים. דהא מהיכא תיתא שלא למעט כל מי שאינו ראוי להחיות זרע, אבל אין שום קושיא כאשר לא

(כג) עיין תוס׳ חולין דף מ״ב ע״ב ד״ה וסמך כב יהודה:

לא פי׳ אתך למה שכך דרך התלמוד בהרבה מקומות, ור׳ פלוי׳ האי קרא מאי עביד ליה שאינו מסיים לדרוש כל הפסוקים שמביא אליבי׳ דכולהו ואי לא דריש ליה הכא דריש לי׳ במכילת׳ אחריתי. ומיהו באתך שבכאן י״ל שלא הוצרך לפרש הטעם, לפי שגם מתחלה הי׳ פשוט לי שהצריך לכתוב להחיות אתך, כדי להשמיענו שחייו קודמין לחייהם, ולא יסכן עצמו בשביל סכנת אחד מהם כדרשינן בפ׳ איזה נשך (דף ס״ב.) וחי אחיך עמך חייך קידמין לחי חבירך וכן נמי לענין אכילתך דורש בב״ר והיה לך ולהם לאכלה הם טפילים לך ולא אתה טפל להם ועוי״ל דאתך יהי׳ לצוותא בעלמא למ״ד טרפה חיה, וזה לא יהי׳ דיתק הואיל ולמ״ד נמי טרפה חיה אומר התלמוד דאי לאו להחיות זרע היא אתך לצוותא בעלמא:

לדברי ר׳ ישמעאל לעולם אסור. וא״ת לפי המסקנא (דמסקינן) פשיטא הן בלא אידיהן אפי׳ לרבנן אמאי אצטריך שמואל לאשמעינן דמצרי לר׳ ישמעאל לעולם אסור. וי״ל הא קמ״ל דאע״ג דאין לו היתר עולמית לא שבקה לי׳ רווחא להתירו בשום פעם אי להקל לאחריו כרבנן, א״ה. ולי נראה דסד״א דלית לן למיסר מצרי לעולם משום דאין סברא שיהי׳ אדוקים בו בתקרובות כ״כ שתאסר ע״י משא ומתן לעולם אבל אי הוה קמ״ל דמצרי אסור לרבנן ג׳ ימים. לפני. זה לא היה חידוש כ״כ:

אליבא דר׳ ישמעאל לא קמבעיא להו. פי׳ דפשיטא ליה משום קושין דלעיל דפרכינן חשיב להו מעיקרא, והדר חשב להו לבסוף:

וסימנך אחור וקדם צרתני. השנויה תחלה במשנה היא אחר התקופה, וטעמא דתניא בדישא, לפי שאדם הראשון עשה אז תחלה י״ט ח׳ ימים כשראה יום שמאריך והולך כדלקמן, ולשנה הוסיף לעשות יו״ט גם אותם שלפני התקופה (דף ח.) ונר׳ לי׳ שיש הפסק בין ח׳ ימים דקודם התקופה שליסטרטיא (כד) בין ח׳ ימים שאחר התקופה של קלנדה דהא משמע הכא דקלנדה יש לה ג׳ ימים לפני האיד אלמא אין סטרטיא (כד) סמוכה לה בלא הפסק א״ז יש הפסק ביניהם וטעמא משום שאדם הראשון לא הבחין כ״כ לאלתר ביום הראשון של תקופה יום שמאריך והולך עד ששהה ד׳ ימים או ו׳ ואחר שהבחין עשה י״ט ח׳ ימים כנגד ח׳ ימים שהתענה:

דף ו׳ ע״ב לא יושיט אדם כוס יין לנזיר ואבר מן החי לבני נח. ותימא אמאי נקיט הני, לימא לא יושיט אדם נבלה לחבירו אי ישום איסור. בשלמא [אבר מן החי אלו] בן נח אצריך לאשמעינן דשייך ביה לפני עור, אבל כוס יין לנזיר אמאי נקיט ונר׳ לר׳ דדיקא נקיט הני דנזיר אינו מרגיש כ״כ באיסור יין, דלכ״ע שרי ולדידי׳ אסור. ומיירי כגון שאמר לו סתם הושיט לי כוס זה וכן בן נח אינו רגיל ליזהר באבר מן החי וכשאומר סתם יושיטהו לי אסור להושיט לו דיש לחוש דשמא רוצה להאכילו (כה) כיון שאינו אומר לו בפירוש אבל אם יודע שרוצה לאוכלו אסור בכל ענין. ונר׳ לר׳ דמיירי הכא אפי׳ אם היין של הנזיר ואבר מן החי של נ״י אי של הפקר, מדקאמר בסמוך דאי לא יהיב לי׳ שקיל לי׳ איהו, ואם ברשות אחרים היא היכא שקיל לי׳ ואע״ג דמסיק דקאי בתרי עברי דנהרא היינו משום דליכא לפני עור אי מצי שקיל לי׳ איהו, ומ״מ בדבר שהיא שלו מיירי ולכך צריך להעמידה דקאי בתרי עברי נהרא שאם היה אצלו היה שקל לי׳ איהו. א״ר:

ולא קתני לא יתן ש״מ. אסיקנא השתא דאי לא קאי בתרי עברי נהרא דהוה מצי שקיל איהו שהיא של עצמו אפי׳ יושיטם לו לא עבר אלפני עור, ומ״מ אסור ליתן למשומדים לעבודת כוכבים נבלות דעבר בלפני עור, דוסנין דל״ל דלידיה, ואפי׳ אית לי׳ יכול להיות דעבר אלפני עור כיון שיאכל שתיהן, אבל בתקרובות דהכא שאין לומר יקריב שתיהן, אלא שמקריב א׳ מהן איזה שירצה:

תניא כוותי׳ דר״ל וכו׳. וא״ת ולחשבי׳ בפ׳ החולין (דף ל״י.) בהדי הני תלת דהלכתא כר״ל, ואין לומר ההך פשיטא לי׳ דהלכתא כר״ל מדתניא כוותי׳ דבחליצה מעוברת נמי תני׳ כוותיה וחשיב ליה. וי״ל דהכא הלכתא כרי׳, ואע״ג דתניא כוותי׳ דר״ל דרי׳ ס״ל כחכמים דמתני׳ דפריך לקמן בשמעתין (דף ז׳:) חכמים היינו ת״ק ומשני חד תירוצא נשא ונתן איכא בינייהו דרבנן בתראי סברי נשא ונתן אסור, והכי סבר ר׳ יוחנן ואע״ג דאיכא אכתי תירוצי אחרים לקמן מאי איכא ביניהו. ר׳ יוחנן סבר כהאי לישנא, א״ר:

כשאמרו אסור לשאת ולתת עמהן לא אמרו אלא בדבר המתקיים פירש׳ מתקיים עד יום אידיהן דהוה (כו) לי׳ ביום אידו ואזיל ומודה, אבל בדבר שאין מתקיים, כגון ירק וכיוצא בו מותר

(כד) בגמרא הגירסא סטרנורא. (כה) אבל ישראל שאמר הושיט לי נבלה או אבר או שום איסור אין למוסרו שלהושיט לו כיון כנ״ל. (כו) דאזיל ליה קמיה ביום אידו כן איתא בכת״י.

10 מסכת תוספת ר' אלחנן עבודה זרה

מותר, ובסמוך פי' גבי דבר שאין מתקיים מוכרין להם אבל אין לוקחין מהם, דמרווח לי' שמתוך שאינו מתקיים מתאוה הוא למוכרו. ולפ"ז לוקחין מהם שפיר דבר המתקיים שאותו אינו מתאוה למוכרו, ויש ספרים דגרסו הכי בהדי' בסיום הברייתא דרב זביד דבר המתקיים אין מוכרין להן אבל לוקחין מהן, ותימא לי מאי קאמר הך ברייתא קמייתא כשאמרו אסור לשאת ולתת עמהן לא אמרו אלא בדבר המתקיים אבל בדבר שאין מתקיים מותר, והלא בין המתקיים בין שאין מתקיים יש צד היתר וצד איסור דמתקיים אסור לקנות ומותר למכור (צ"ל אסור למכור ומותר לקנות) ועוד ק"ל מה לי מתקיים לזמן מרובה מה לי אין מתקיים את"ל דטעמא דמתני' משום לפני עור (כדמספקא לן לעיל) ועוד דבסמוך דקאמר דדבר שאין מתקיים אין לוקחין מהן בשלמא אי טעמא דמתני' משום לפני עור כדמספקא לן לעיל שמוכר לו בהמות לעשות תקרובות אי בלקיחה מהן מה תקרובת שייך, וגם לפר"ת לשאת ולתת עמהן דמתני' במידי דתקרובות דוקא, אפי' ללישנא דמשום הרויחא קשה נמי אמאי אסור ליקח מהן, ורבי יעקב פי' אבל אין לוקחין מהן בתורת דורון כדפי' במתני', וקשה לי דאין לפרש כן לפי' דגרס דבר המתקיים לוקחין מהן דאי בתורת דורון ודאי אין לוקחין מהן כמו דינרא דההיא מינא. וגם קשה דלשון קיחה משמע דומיא דמכירה דבהדדה דאי בלקיחת דורון מיירי הו"ל אבל אין מקבלין מהן. ונ"ל שיש ליישב אין לוקחין מהן דבסמוך אפי' בלא קבלת דורון ונפרש לפירש"י דלשאת ולתת דמתני' לא איירי אלא בלמכור להן אי משום תקרובות לטעמא דלפני עור אי משום דארווח להון לטעמא דאזיל ומודה, אבל בלקיחה מהן לא איירי במתני'. והלכך האי דקאמר הכא כשאמרו אסור לשאת ולתת עמהן דהיינו למכור להן, ולשאת מהן מתנות (כז) ולתת להן החפץ, אלא בדבר המתקיים עד יום האיד, אבל בדבר שאין מתקיים מותר לעשות מו"מ דמתני' היינו למכור להם. והשתא לא איירי בלקיחה מהן מידי. ובברייתא דרב זביד מפרש לי' לרב זביד דבר שאין מתקיים מוכרין להם פי' דלא בי' לשאת ולתת דמתני' היינו למכור להם משום תקרובות לטעמא דלפני עור דאפ"י בר תקרובות היא לא חיישינן שמא יעשה בו תקרובות מיד כיון שלא יתקיים עד יום איד, אבל אין לוקחין מהן, יש בזה טעם חדש משום שמתאוה למוכרו, שמח כשמוכרו ואזיל ומודה, ובדבר המתקיים אסור למכור להם דהיינו מו"מ דמתני' אי משום תקרובות ועובר אלפני עור, אי משום הרווחה דארווח לי' ואזיל ומודה, ולפר"ת אסור משום תקרובות אפי' לטעמא דהרווחה, אבל ליקח מהן מותר דאינו מתאוה למכור ולא אזיל ומודה, ובהאי מו"מ לא איירי במתני'. והשתא ניחא לקיחה מהן במשמע ולא קבלת דורון, וניחא גירסת הספרים דשרי ליקח מהן בדבר המתקיים, וניחא האי דמוקי הכא אסור לשאת ולתת עמהן דווקא בדבר המתקיים, דבמכר מיירי דוקא כדפירישנא. ומיהו קשה לשון התוספתא ריש (פ"ק א') דמסיק בברייתא דהכא אף בדבר המתקיים לקח או שמכר ה"ז מותר דומה שהיא פי' נשא ונתן דמתני' ודומה דדיעבד מותר רק לכתחילה אסור ליקח כמו למכור בדבר המתקיים, ולשיטת רש"י מותר כדפירש"י דאינו מתאוה למוכרו. וגם לר"ת היא מותר למכור דמוקי כל המתני' דוקא למכור להן מידי דבר תקרובות. וי"ל דברייתי' דתוספתא דמשמע דאסרה ליקח לכתחלה בדבר המתקיים דנזרו לקיחה בדבר המתקיים אטו לקיחה בדבר שאין מתקיים, דאי שרות לי' אתי למיטעי וליקח מהן גם דבר שאין מתקיים, דל"ד למה שאין אנו אוסרין למכור להם דבר שאין מתקיים אטו דבר שמתקיים, דבזה לא יבוא לטעות ולמכור להם דבר המתקיים, שבזה ידוע יותר שיעשה ממנו תקרובות לטעמא דלפני עור או ארווח להון. ועי"ל דתוספתא דאסרה ליקח לכתחלה בדבר המתקיים ס"ל דבכל לקיחה מהן שייך אזיל ומודה שמזמנין לו מעות לצורך יום אידו. ובמכירה דוקא יש חילוק בין מתקיים לשאין מתקיים. ולפ"ז אתי שפיר הא דקאמר הכא אסור לשאת ולתת עמהן דמתני' איירי בדבר המתקיים דוקא משום דמתני' איירי לפ"ז בין במקח בין במכר אליבא דהך ברייתא, ולהכי לא מתוקמא מתני' בדבר שאין מתקיים שאין אסור בו כ"א מקח ולא ממכר. והוי השתא תרי טעמא במו"מ דמתני' דליקח מהן אסור בכ"ד, מפני שממציא לו מעות לצורך יום אידו, ומקרי מרווח להון דומיא דלהלותן, ואפי' בזבינא חריפא צריך הוא עתה למעות לצורך יום אידו ולמכור להם הוי או משום לפני עור או משום דמרווח לי' כדקאמר לעיל. ולפ"ז לא היינו מותרים עכשיו ליקח מהם שום דבר ביום אידם לפי הברייתא זו. ואם נפרש שאסרה ליקח מהן משום דמרווח להו שממציא לו מעות לגוי כוכבים ביום אידו ואזיל ומודי, רק לפי אותו

השעם

(כז) מעות כצ"ל

הטעם שפירש במתני' דאין אדוקין בע"ז עכשיו כ"כ דאולי ומודי משום מו"מ שלנו ביום אידם, ועוד כיון דכל השנה עיקר מו"מ שלנו אצלם בכ"ד לא אולי ומודי בשום מו"מ שנעשה עמהם ביום אידם. וגם לפי הבריתא דבסמוך לפי מאי דגרסי' בה דבר המתקיים לוקחין מהן וכמו שסובר רבינו שלמה מאחר שאין מתאוה למוכרו לפי"ז נוכל ליקח מהן כ"ד דלא שייך בי' טעמא דמתאוה למוכרו, כמו בלפני אידיהן בדבר שאין מתקיים עד יום אידם. ומיהו אותו הגיר' אינה ברוב ספרים. וגם התוספתא חולקת עלי' דקתני ואפי' בדבר המתקיים לקח או שמוכר הי"ז מותר, נראה לי. ועוד היינו יכולים לפרש שמה דבכ"ד ליקח מהן אסור משום דאתי לעשות תקרובות מן המעות. ונפרש שרגילין לעשות תקרובות גם ממעות. ולשאת ולתת דמתני' בין בלקיחה בין במכירה איירי ובין במקח ובין בממכר בעי לעיל אי הוה טעמא משום דארווח להון שממציא להם חפצם או המקח או המעות שהם צריכים או משום לפני עור. וא"ת אמאי מוקי בסמוך טעמא דלהלוותן משום מודה לוקי משום תקרובות כיון שעושין ממעות תקרובות הרבה פעמים ואיכא לפני עור. וי"ל דבעי לאוקמי איסורא דלהלוותן אפי' אית לי' לדידי'. דהא לשאת ולתת נמי נקיט הכא לפום טעמא דאזיל ומודה. והא לא תקשו לפי"ז איך נקנה מהן שום דבר. ואיך נלוה להן אפי' בריבית האיכא למיחש ללפני עור שיעשו מהן תקרובות כי עתה אין רגילין ליתן בה (כח) דבר מועט מאוד וליכא לפני עור, דאי לא יהבינן לי' שקיל איהו בודאי דא"א דלית לי' או שלו או שילוה משום עובד כוכבי' ולא שביק לתנו ע"י שלא נלוה לו. ועוד שיכול להיות שאין דין תקרובות ע"ז ממש במה שנותנין לכומרים עכשיו כדפי' במשנה ובריית' דבסמוך דרב זביד לא נגרוס בה דבר המתקיים ליקחין מהן, ולספרים דגרס לי' פליגו אברייתא קמייתא דאסרה מקח בדבר המתקיים כדמשמע בתוספת' כדפיריישית ולית לי' לברייתי' בתרייתא איסור מקח משום חשש תקרובות. א"נ אית לי' בדבר המתקיים כדמשמע בתוספתא. מיהא ס"ל דאין לי לתלות שהגוי מוכר דבר שיתקיים עד יום אידו לעשות תקרובות מן המעות. ומה שהביא ראיה בספר הישר במשנה דמעות אין עושין מהן תקרובות כדתנן להכן (דף נ"א:) מצא בראשו מעות כסות וכלים הרי אלו מותרים אינו ראיה דאדרבה משמע משום שהיו עושין מהן תקרובות וטעמא דהרי אילו מותרין משום דליכא כעין פנים, וליכא זריקה משתברות כיינים ושמנים וסלתות, כדאית' לקמן בפ' ר' ישמעאל (שב) נראה לי, וצורנו יאיר בתורתו עינינו:

ואפי' בדבר המתקיים נשא ונתן מותר, ודוקא לפני אידיהן, אבל ביום אידיהן אסור אם נשא ונתן דהכי אמרו בסמוך דמודי ר"ל ביום אידם:

דבר שאין מתקיים מוכרין להן אבל אין לוקחין מהן, דכיון שמתאוה למוכרו הואיל שאינו מתקיים עד יום אידו, אזיל ומודי כדפירש"י ויש תימא האיך אנו קונין מהם עכשיו ביום אידם ירקות ודבר שאין מתקיים כ"א מעט. ומתאוה למוכרן כמו שמתאוה למכור לפני האיד דבר שלא יתקיים עד יום האיד. ובלאו טעמא דזבינא דרמיא על אפי' שהקשיתי בריש פרקין דהיא הנאת מוכר לחו"ד כדמוכח בנדרים (דף ל"א) תימא כאן מסברא אמאי לא הוה כדבר שאין מתקיים דאין לוקחין מהן לרש"י. סיפא מקח ממש ילא קבלת דורון כפירו"ת. וצריך לחלק ביניהן או לומר דקים לן השתא דלא אולי ומודי בהכי, דכמה לוקחין היא מוצ"א דכפין עלי' זבוני טובא. ועוד אמר בירושלמי לקמן גבי ר' ירמיה זבן ריפתא לא אסרוהו דבר שיש בו חיי נפש. ועוד כי במשנה פירש"י דלא שייך בזמה"ז דאזיל ומודי כ"כ לפי שאין אדוקין בע"ז כ"כ:

ולא לוקחין מהן. ותימא לי אמאי לא גזרינן מכירה אטו לקיחה כדגזרינן בנדרים פ' אין בין המודר (דף מ"ב) דקתני התם המודר הנאה מחבירו הי"ז לא ימכור לו ולא יקח ממנו ולא ישאילנו ולא ישאל ממנו. לא ילוגו ולא ילוה ממנו ומפרש אביי דגזרינן מכירה ולקיחה אטו היא (כט) וכן כלהון גזירה כמו שהיא אומר גם בסמוך ופלינ אדרי' יוסי בן חנינא דאוקי לה התם כגון שנדרו הנאה זה מזה, וי"ל דהכא אין זה סברא לומר לגזור מכירה אטו לקיחה כיון דהוה איפכא אהדדי שהוא מתאוה למוכרו כדפירש"י, אבל כשקונה אותו אין לו שמחה כלל, ולא איחלפי אהדדי כדפי' נמי במשנה גבי שמח הוא לאחר זמן דלא הוה גזירה לאביי לפרע אטו לפורעו מאי לאו טעמא דשמח היא לאחר זמן מיחלף בלפורעם, ואע"ג דגזר אביי בלשאל מהן אטו להשאילן הכא לא גזרינן, (ל) וני"ל כי טעם גדול יש

(כח) צ"ל כי אם ותיבת בה נ"מ (כט) אם הגירסא אביי אמר גזירה לשאול משום להשאיל וכן כולהו (ל) עיין לעיל דף ב' ד"ה אמת ותבין:

יש בדבר כאן אין לנו טעם לגזור מכירה אטו לקיחה, ואע"ג דגזר אביי לשאול מהן אטו להשאילן וללות מהן אטו להלוותן, ולפרע מהן אטו לפורען, כי האיך אפשר שילוה ממנו ביום אידו, והם לא ילוה לו וכן שישאל להם והם לא ישאילו לו ויפרע להם חובותם שהם לא יפרעו לו את שלו, הלכך ודאי ראוי לגזור הא אטו הא. אבל במכירה ובלקיחה אין לאדם שום איבה אם אינו רוצה למכור חפץ שלו עתה או אם אינו רוצה לקנות, לעולם מצי לאשתמיטו ואין לנו לגזור הא אטו הא, אבל התם בנדרים (שם) איחלפו לקיחה במכירה, ומיהו אכתי קשה לי אמאי אצטריך התם (לא) לשנויי שנדרו הנאה זה מזה גבי מקח וממכר הא זבינא דשוו הויא הנאת שניהם המוכר והלוקח כדמוכח בפרק ארבעה נדרים (דף ל"א) וזבינא חריפא הוי הנאת לוקח דוקא, וזבינא דרמיא על אפי' הויא הנאת מוכר בדוקא. וא"כ לוקמא בזבינא דשוי כדמוקי בפ"ג דנדרים משנה דההיא פירקא גבי ליקח בפחות וימכר ביותר (שם) אבל שוה בשוה לא ובלא נדרו הנאה זה מזה הוי אתיא שפיר. ואם תתרץ דניחא ליה לאוקמא למשנת פ' אין בין המודר (דף מ"ג.) אפי' בההיא זבינא דאינו רק הנאת אחד, א"כ משמע דאפי' בהאי גזר אביי מכירה ולקיחה הא אטו הא. ואע"ג דהוי חד איפכא מחבירו דגזר אותו ענין שאינו הנאת המודר כמו דנאת המדיר אטו אותו ענין שהיא הנאת המודר דוקא ולא דנאת המדיר, וי"ל דאצטריך לשנויי התם שנדרו הנאה זה מזה משום אתרינא דהשאלה והלואה אינו כא' שניהן, נראה לי:

רבא אמר כולה משום דמודה היא, ואביי לטעמא בפ' אין בין המודר (דף מ"ג) בההיא דפריך לעיל דגזר כי הכא, ורבא לא גזר הכא הא אטו הא מצי סבר התם כר' בר חנינא דמוקי לה התם שנדרו הנאה זה מזה, א"נ בנדרים יחמיר רבא לגזור הא אטו הא יותר. נ"ל:

דאי תני לשאת ולתת משום דקא מידי, לההיא לישנא נקיט שיטתא, ולישנא דלפני עור א"צ לעשות בה צריכותא דלפ"ז אינה מעי האחרית:

אבל לשאול דמעותי קמטעט להו, ההיא לישנא קשה קצת לפי' ר"ת דמפרש טעמא דלשאת ולתת משום תקרובות דאפי' לטעמא דהאי הא כלפי זה מה לי לומר ממעוטי מכ"ש להו בלשאול מהן דמשמע הא אי לאו דממעט להן הוה נפיק מלשאת ולתת ואמאי והא טעמא דלשאת ולתת משום תקרובות, והאי טעמא אינו בלשאול מהן:

אשה לא תסוד אלא ללובן, כדפירש"י או להשרת שער:

הלכה כר"ש (לב) בן קרחה ועכשיו נראה לר' דאפי' במלוה בשטר יש היתר כדפי' במשנה.

דף ז' ע"א ר' מאיר אומר נותן לו דמי צמרו, דקסבר שינוי קונה וקנה הצובע את הצמר בשינוי וכל מה שעשה שלו אלא ישלם לו דמי הצבע (לג) והא דגזל רחל וגוזה [פרה] וילדה משלם את גיזותיה ואת ולדה דברי ר"מ בהגוזל קמא (דף צ"ה.) ולא אמרינן גזילה חוזרת בעינה הייט משום דבמזיד קנים בשוגג לא קנים. והכי מפרש' בהגוזל. והא כר' יהודא אית ליה התם דגזילה חוזרת בעינה דשינוי קונה, והכא לית ליה דשינוי קונה לר"י, שהרי מתכון הגזלן לקנות, וקינה משום תקנת השבים, אבל הכא דאינו מתכון לקנות לא קני בשינוי. א"ר בשם רבי יעקב, וצ"ע בשמעתין דקנסו שוגג אטו מזיד בפ' הנזקין (דף נ"ג:) דלא תקשי מידי לר"מ מהתם, וא"ת והיכא בעי להוכיחו בפ' הגזל (דף ק) דר"מ דאין דינא דגרמי מהך, ידים (לד) אי לאו דדחי דבידים קעביד, אדרבה יותר הוה מקיל מר' יהודא וי"ל דמשמע ליה נותן לו דמי צמרו אפי' נתקלקל הצבע כ"כ שאינו שוה דמי צמרו אפ"ה נותן לו דמי צמרו, א"ר. וק"ל דמנ"ל לתלמודא דמיירי ר"מ גם בענין דלא מיירי בי' ר' יהודא דבין שבח יתר על הוצאה ובין היציאה יתירה על השבח דאיירי בהו ר"י בשניהם השביח הצמר יותר מבתחילה, ומנ"ל לאוקמא ר"מ אפי' בנתקלקל הצמר מכמו שהיה, ועוד דסתם דאי לתני (לה) לאו הכי היא שיתקלקל מבתחילה כ"א בהקדיחתו יורה כדתנן בהגוזל קמא (שם) הנותן צמר לצבע והקדיחתו יורה נותן לו דמי צמרו צבעו כיעור אם השבח וכו' אלמא אפי' בצבעו כיעור היא כך דרך שיש שבח וכ"ש בלצבוע לו אדום וצבעו שחור דכתני בתר הכי לא משמע דמיירי כלל בנתקלקל מתחילה אלא נראה לי דס"ל לתלמודא דמאחר שהצבע הויא שוגג שטעה וסבר שכך אמר ליה אי לאו דדאין דינא דגרמי לא הוה מחייב ליה לקנות הצמר ולתן לו הדמים שהרבה פעמים אינו חפץ לקנותו:

(לא) כרבי יוסי בן חנינא (סכ) (לב) כרבי יהושע. (לג) דמי כצ"ל כל"ל (לד) תיבת ידים אין לו ביאור ונראה שנוסף (לה) דכתמה דנוסחה. בכ"ל כל"ל ותיבות דאי לתני ע"ש כן:

ר"י אומר אם השבח יתר על הוצאה נותן לו הוצאה, פי' מה שהוצ"א לכך בהוצאות ושכר טירחו, יתן לו. ואם הוצאה יתירה על השבח נותן לו את השבח. ובירושלמי מפרש בע"א. ובהבית והעליה פירשתיה. כ"ר:

אלא הלכה כר"י ל"ל, מחלוקת ואח"כ סתם היא. והי"נ הוי"א מצי למימר ר"מ ור"י הלכה כר"י ומיהו איכא דל"ל הני כללי בעירובין (דף מ"ו:):

ומחלוקת ואח"כ סתם הלכה כסתם. ותימא לר' מאי קשי' לי' הא ר' יוחנן היא דאית לי' הכי (שבת מ"ו. וש"נ) ולא אשתמיט דפריך תלמודא מטעמא דהלכה כסתם על שום אמורא כ"א על ר' יוחנן דפריך עלי' בכמה דוכתא ומי אמר יוחנן הכי והאר"י הלכה כסתם משנה ואפי' על ר' יוחנן גופי' אמרינן אמוראי נינהו ואליבי' דר' יוחנן בריש אלו טרפות (דף מ"ג.) ובסוף פ"ק דיבמות (דף ט"ז.). ונ"ל דודאי כ"ע אית להו שפיר דיש לנו לסבור כסתם משנה סתמא דמלתא כל היכא דלא פסקינן בהד"א דלא כסתם משנה, והיכא דאתמר אתמר ומ"מ לפסוק כסתם משנה א"צ בשום מקום דאפי' על הרבים לגבי יחיד פריך בכמה דוכתא כי פסיק כדפרישית פשיטא יחיד ורבים הלכה כרבים ומשני מ"ד מסתבר טעמא וכו' וכ"ש סתם עדיף דמסילא לא (לו) הוה הלכה כמותו כל זמן דלא ספיק מני' בהדיא ולהכי פריך פשיטא דהלכה כר"י דהא הוה מחלוקת ואח"כ סתם ויש לפסוק כמותו כל במה דלא מסתבר טפי טובא טעמא דמאן דפליג. דעדיף מרבים לגבי יחיד, דהתם זמנין דפסקינן כיחיד אע"ג דלא מסתבר טעמא דיחיד טפי טובא, אפי' במאי דמסתבר טעמא דיחיד טפי במקצת פסקינן כותיה אבל במחלוקת ואח"כ סתם אין לפסוק כיחיד החולק על הסתם עד דלהוי מסתבר טעמא טפי טובא. ואפי' נפרש שלא יהי' עדיף מרבים לגבי יחיד, יש ליישב דאצטריך לומר מחלוקת ואח"כ סתם היא ולא גרע הסתם מרבים לגבי יחיד, אבל אם הוה הסתם תחילה ואח"כ מחלוקת נתבטל כח הסתם לגמרי. ואפי' לענין להשוב כרבים לפי שמתחלה כשסתם ר' כאחד מהן היה סובר כמותו וכששנה אח"כ מחלוקת חזר בו מסברתו הראשונה לגמרי, ולא נראה לו ליפות כחו של זה משל זה, ול"ד לסתם דמתתכין את הדלועין (שבת קנ"ו.) שנפרש בסמוך דחשיב כרבים לגבי ר' יהודה שחולק על הסתם באותה בבא עצמה, דודאי יש יפה כחו של ר' שמעון משל ר' יהודה שבמקום ששנה דברי ר"י בלשון יחיד באותו מקום עצמה שנה דברי ר"ש סתם דמשמע שכל העולם סוברים כן חוץ מר' יהודה: ומודה ר"י. ורבי' שמואל היה אומר דשמא ר' יוחנן אית ליה הלכה כסתם משנה יותר משאר אמוראים, לענין סתם ואח"כ מחלוקת דבי תרי מסכתו' דאע"ג דאין סדר למשנה ס"ל דאין לנו לומר שחזר בו רבי מפסק שלו כ"ז דלא חזינן בהד"א כגון סתם ואח"כ מחלוקת בחדא מסכתא התם אין הלכה כסתם אפי' לר' יוחנן כדאמרינן בחולין. אבל מחלוקת ואח"כ סתם בחדא מסכתא הוה לכולהו אמוראי הלכה כסתם. ולפ"ז הוה ניחא הא דאקשה ר' בסוף פ' המוצ"א בשבת (דף פ"א:) דקאמר ר' יוסף דתני לה משום השרת נימין וק"ל מי אמר רב יוחנן הכי והאמר ר"י הלכה כסתם משנה ותנן (נזיר מ"ב.) נזיר חופף ומפספס וכו' ומאי פירכא והא מחלוקת היא דר' יהודא ורבנן במסכ' ביצה בפ"ב (דף כ ג.) בדבר שאין מתכוון גבי קירוד וקורצוף דראב"ע ס"ל כר"ש ור' יהודה כחכמים דהתם כר' יהודא דאסר, וכן בעגלה של קטן דבית"ר הכי בסמוך אולי בתר דרבנן ור"י לטעמייהו דסברו כיותי' וגזרו טפי מגיה. ועוד הקשה ר' בהא דאמר בסוף שבת (דף קנ"ו) גבי סוקצה דאמר ר' יוחנן הלכה כר"ש ופריך ומי אר"י והתנן וכו' ומאי פירכא כיון דמחלוקת בשבת וסתם בביצה ובשתי מסכתות אין סדר למשנה. ולפ"ז ניחא דלר' יוחנן אין חילוק בין תרי מסכתו' לסתם נידא, וא"כ תקשי מ"מ האיכא סתמא כר' יהודא בדבר שאין מתכון דההיא דפ' כל הכלים אין נגררין חוץ מן העגלה וכו' בסוף פ"ב דביצה (דף כ"ג.) וי"ל דבהא איכא למימר מאי אולמא האי סתמא מהאי סתמא. ורבי' משה ברבי' משה הקשה על פירושי, דלקמן בסוף פירקין (דף כ"א.) גבי פלוגתא דר"מ ור' יוסי במכר ושכירות בתים ושדות קאמר רב הודה אמר שמואל הלכה כר' יוסי ואע"ג דהוה מחלוקת ואח"כ סתם דבתר הכי סתם כר"מ דדייק בתרא או אפי' אף במקים שאמרו להשכיר מכלל דאיכא דוכת' דלא מיגרי וסתמא כר"מ וכו', ואין נראה דאין פוסק כר"י במה שסותר אח"כ כר"מ דאוסר להשכיר להם בתים בא"י כ"א בשאר דברים, ואי איתא דכי איכא מחלוקת ואח"כ סתם סברו שאר אמוראי כר' יוחנן לא היה להם לפסוק דלא כסתם כי היכא דר"י כי פסיק דלא כסתם פרכינן עליו ומי אמר ר"י הכי. א"ר. וקשה לי נמי בפ' כל גגות (דף צ"ב) כי הך קושיא דפ' המוציא שפירשתי. דפסיק ר"י כר"ש בין ערבו בין

(לו) תיבת „לא" נראה מט"ס

בין לא ערבו ופריך והא אמר ר"י הל' כסתם משנה ומייתי סתם משנה דפ' חלון (דף ע"ו) דאקמה. ובההיא תירוץ לי ר' דאינו חושב סתם ואח"כ מחלוקת מה שמתיר ר"ש בפרק כל גגות מה שאסר התם משנה בפרק משלפניו דבכל גגות לא שרי ר"ש בהדיא אעפ"י שעירבו דשייך למיגזר דלמא אתו לאפיקו מאנו דבתים לחצר, ומההיא דאמר רש"י בפ' מי שהוציאו דקא מייתו סתם היא דשמעינן ליה דקאמר התם ור"ש לטעמי' דלא גזור דתנן אמר"ש וכו' והלכך חשיב לה מחלוקת ואח"כ סתם בתרי מסכ' אמרינן, וא"ת נהי דאין לו דין סתם הויא מיהו כרבים לגבי יחיד כמו שמפרש רבא הך דר"ש מס' יו"ש (דף ב') דקאמר גבי שבת סתם לן תנא כר"ש הלכה כר"ש דתנן מתתכין את הדלועין וכו' ותימא לר' התם היכא חשיב לי' סתם הא סתם ואח"כ מחלוקת היא ואין הלכה כסתם. דר"י פליג עלה ובפ' החולץ (ד"ף מ"ב.) קרי"א סתם ואח"כ מחלוקת כה"ג כשהתנאים חלוקים על הסתם עצמו אחריו. ואין חילוק בין פלוגתא דחד תנא אחר הסתם לתרי תנאי כדמוכח בר"ש בא סימן (דף מ"ט.) כדפי' התם בנדה ומפרש דקרי לי' משום דבלשון סתם היא שנוי והוי כיחיד לגבי רבים וא"כ ה"נ הוי כיחיד לגבי רבים. ולמה הצריך לי רב הונא לפסוק הלכה כמותו. וי"ל דה"א דמסתבר טעמי' דאידך כדמשני בבמה דוכתי. א"ר:

איכא למימר משום דקתני לה גבי הלכתא פסיקתא. ותימא לר' והא בהך דכל המשנה אין הלכה כן כדאיתא התם בפ' השוכר את האומנין (דף ע"ז:) גבי ההיא דפועל יכול להחזיר בו אפי' בחצי היום. וי"ל דסוף סוף הלכתא פסיקתא נגהו. וש"מ דלפסוק הלכה כאידך כי דרך שם התנא ומשום דפליגו עלי' א"ל לי' בהאיך לא פליגנא עליו בהך. וע"י דאיכא למימר דהכא באידך לישנא דהתם לא פליג רב דהתם אהך וכל המשנה, א"ר:

הנראה שתעמוד. ופירש לשון הנראה לשון ביתמיה' היא ולא שייך עתה נראה אם תעמוד וי"ש לישב דה"ק עתה נראה שתעשה מה שאני חפץ שתעמוד עמי לעריב. ועוד יש לפרש לשון שאילה הנראה בעיניך שתעמוד כ"י. א"ר. בשבת מפרש דפליגו אם הרהור אסור או מותר:

הנשאל לחכם וטימא לא ישאל לחכם ויטהר. וא"ת ולמה לא ישאל והלא שמא החכם השני יחזור את הראשון ויוכיח לו שטעה בדבר משנה או בשיקול הדעת ויחזור בו גם הוא, וי"ל דוודאי אם מודיעו פלוני (לז) כך הנעשה את דברו ואם תוכל להחזירו החזירו זה מותר לעשות אבל הכא מיירי כגון שנשאל לשני סתם ואין מודיע הוראת הראשון וה"א דלא ישאל לשני לסמוך עליו אם יתיר כי שמא הראשון לא טעה והוראתו קיימת ושווי' חתיכה דאיסורא, ואין הוראת השני ברורה יותר מהוראת הראשון בפלוגת' דתרי תנאי ואתרי אמורא דלא טעי לא האי ולא האי אפי' בשיקול הדעת. וע"כ אין לו לסמוך על הוראות השני, וגם החכם עצמו אם הי' יודע הוראות הראשון לא הו"ל להתיר סתם אם לא אומר לו בפירוש אני אומר כך אבל אינך יכול לסמוך עלי שכבר נאסר בהוראת הראשון כדאמ' (נדה דף כ:) חכם שטימא אין חבירו רשאי לטהר, וכן ההיא חכם שטימא אין חבירו רשאי לטהר זה היכא דליכא טעות בדברי הראשון אבל אם טעה יחליק עליו גם יחזירהו אם יוכל דדיני ממונות הטמאות והטהרות מחזירין בין לזכית בין לחובה לכ"ע היכא דטעה בדבר משנה ואיכא מ"ד דאפי' בשיקול הדעת מחזירין כל כמה שלא נשא ונתן ביד אבל במקום שדבריהם שקולין מודו כ"ע דחכם שטימא אין חבירו רשאי לטהר כיון שאין יכול להחזירו כדקתני הכא ולפ"ז יכול נפקי שיפורי דפלוני ואסרו ודפלוני ושרו אפי' התיר אחר שאסר הראשון כגון שנודע שטעה הראשון בשיקול הדעת דסוגיא דעלמא דלא כותי' ואמנם בפ' אין מעמידין בסופו (דף מ'.) ובפ' ר"י לקמן (דף נ"ו:) הוי דברי המתיר קודם. ומיהו אפי' דבריהם שקולים יש ליישב ההיא דנפקי שיפורי דפלוני ואסרו ושיפורי דפ' ושרי לקמן כגון שהוראה נשאלה לפניהם בבהמ"ד ביחד א"נ מאן דשרי דבר ברישא אלא דלא נפק שיפורי דידי' לאלתר, א"ר. ועוד הארכתי קצת בפ' כל היד גבי ילתא וכו' ההיא דילתא (נדה כ':) פריך התם והיכא עביד הכי איכא נמי בפ' אילו טרפות (דף מ"ד:) גבי בדקה רבה ברוב חללה ואכשרה, ובספר הישר פי' דהנשאל לחכם וטימא לא ישאל לחכם ויטהר, אינו מקפיד על הנשאל כלל כ"א על החכם, ומיירי כגון שיודע החכם שהראשון חולק עליו, והנשאל יכול לשאול לגמרי לכל מי שהוא רוצה, כדאמרינן בעלמא אתא לקמי' דפלני ואסור ואתא לקמי' דפ' ושרא ומיירי ההיא כגון שלא שמע השני הוראת הראשון ולהכי לא פריך בפ"ב דנדה (דף כ':) על ילתא שהראת דם א' לשני חכמים היכא עבדה הכי כ"א על החכם עצמו דקסבר תלמודא דמסתמא הוא

הודיעה

(לז) סמך כך כל"ל.

הודיעה לשני הוראות הראשון. וקשה לפ"ז ההיא דשפורי דמשמע דידע המתיר הוראות האוסר ויכול ליישבה כמו שפי' לפי' ר'. אבל תימא לפירושו אמאי תני הנשאל לחכם ואסר לא ישאל וכו' כיון שעל הנשאל אין שום איסור במה שיעשו. אבל לפי' ר' אתי שפיר ומיירי כגון שאינו מודיע לשני הוראת הראשון, וה"פ לא ישאל ויסמוך על הכחם השני אבל אם מודיע פי' אמר כך תחזירהו אם תוכל זה מותר כדפירי'. א"ר. והא דאמר בירושלמי חכם שטיהר אין חבירו רשאי לטמא להתיר א"חבירו רשאי לאסור, א"כ אתי שפיר לפי מה שפי' דליכא טעותא בדברי הראשון ותלה הוראתו. ואין לחבירו כח להביא איסור בתתיכה שהתיר חבירו. ואולם לפ"ז לא אתרצא ההיא דנפקו שופרא דפ' ושרו במה שדברי המתיר אם אין תלמיד שלנו חילק עליו. ובלא זה היינו יכולים לפרש כגון אם הנהיג חכם אחד במקומו כגון ר' יוסי הגלילי בבשר בחלב (חולין קט"ז.) ור"א במילה בכורתים עצים וכו' (שם וש"נ) ואין חכם אחר רשאי להנהיג שם איסור מפני כבודו של ראשון, ומיהו השתא לא הוי דומיא דאין חבירו רשאי לטהר ולהתיר לכן נראה יותר כדפי'. א"ר:

ור"י בן קרחה אומר בשל תורה הלך אחר המחמיר וכו' אמ"ר דכל איכא דאמרי שבתלמוד שאינו מפורש בתלמוד איזה לשון עיקר פירש"י בשל תורה הלך אחר המחמיר כרבנן דזיל בתר רובא (לח) ור"י ב"א פי' דסברא היא דכל איכא דאמרי לגבי לשון ראשון כטפל לעיקר וכן הי' ר"ת רגיל לומר ושוב חזר לומר דבשל תורה הלך אחר המחמיר ובשל סופרים הלך אחר המיקל כי הכא דפסקינן כר"י בן קרחה, א"ר. ודומה לי שכן מפורש בה"ג בהלכות טרפות. ונ"ל שמצינו סוגיות דתלמוד שנוטות כפי' דאיכא דאמרי כגון הלוהו ודר בחצירו צריך להעלות לו שכר (בבא מציעא דף ס"ד:) ובההיא דתוספות דרבנן בפ' כל היד (דף ט"ז:):

וכולן שחזרו בהן וכו'. ופי' רש"י אגזלנין ואעמי הארץ וחזרו מרשען למוטב וקשה לפי' מאי עולמות דמשמע שכבר קבלם פעם אחרת. ועוד האיך יכול להיות זה דלא יקבלו ע"ה לעולם לרים, וכי בשביל שהיו ע"ה תחלה יצטרך להיות ע"ה כל ימיו ואין לו תקנה כלל אין זה (חסר) ועוד דבבכורות בפ' עד כמה (דף ל':) דקתני ע"ה שקבל עליו דברי חבירות ונחשד לדבר א' נחשד לכל התורה כלה דרים, ש"מ דאי לא נחשד לד"א יש לו דין חבר לרים. ועוד היכא קאמר ר"י איתר בממטוניות פי' חזרו למוטב בממטוניות. ולא בפרהסיא אין מקבלין אותן דא"כ דעתן לחזור לסורן ולכך אינן רוצין לחזור בפרהסיא כ"א בסתר, מה שיטה היא זו אדרבה ירא שמים בסתר עדיף. וכי דרך רשעים היא כך שעושין בגלוי רשע, וחסידות ופרישות בסתר עושין. ונראה לרבי יעקב דהכי פי' וכולן ע"ה וחשודין על השביעית ועל המעשרות איירי בהו לעיל ובתוספתא דדמאי איתני בתר ההיא דע"ה הבא לקבל עליו, וכו' שחזרו בהן פי' שאחר שקיבלו עליהן דברי חבירות חזרו לסורן אין מקבלין אותן עולמית כי לא יטהר אחרי מת (לט) ועוד הואיל וקבלו וחזרו בהן ולא יכלו לעמוד בה ר' יהודה אומר בממטוניות אם חזרו לסורן בממטוניות ובגלוי דם עושים עצמם חבירים אין מקבלין אותן דאין תשובתם אלא לפנינו ומגנבים דעת הבריות בפרהסיא מקבלין אותן דאין עושין דעת התחתונה כאילו אינו רואה ולא גונבים דעת הבריות, וכשחוזרו יקבלו ישובו בכל לב. איכא דאמרי עשו דבריהם בממטוניות פי' עשו דברי חבירות שלהם בממטוניות אף בסתר מקבלין אותן שישובו בכל לב כבתחלה בפרהסיא לא הכרנו בהם מעולם שהיו עושין (מ) בפרהסיא ובצנעא לא היו נזהרין השתא גונבים הבריות הוי וכן יעשו גם עתה ולכך אין מקבלין אותן. א"ר:

דף ז' ע"ב **דתנן** ר"א אומר השבת מתעשרת וכו' הכא משמע דלב"ע שבת בר עישורי היא ובורע וירק חורא היא, דפליגו ר"א ורבנן בהך משנה וקי"ל כרבנן פ' בא סימן דף נ"א) פריך תלמודא חדא מגו חדא דשבת מטמא אוכלין מדחייבת בפאה, וכל החייבות בפאה חייבות במעשר וכל שחייב במעשר מטמא טומאת אוכלין ופריך אמתני' דסברה אינו מטמא טומאת אוכלין, ולפריך בההיא מהך משנה החייבות במעשר בלא דיוקא דפאה. ותירץ ר' דניחא למיפרך ר"ע אדר"ע דבההיא דפאה איירי ר"ע התם ובההיא דטומאת אוכלין:

גברא אגברא מאתריה (מא) באותם שהיו דייני גזירות חשוב לי' בפ' בתרא דכתובות (דף ק"ה.):

איכא חדא דעבדינן כוותי'. הך דבמה מדליקין (דף כ':) דנחום המדי אומר אין מדליקין בחלב

(לח) ובשל סופרים הלך אחר האחרון. כ"כ בתוס' דף ז' ד"ה בשל ובפרק כירה דף מ"ב ע"ב ד"ה והיינו, בשנו. וכן הוא בהדיא בפירש"י פרק אלו טריפות דף כ' ע"א ד"ה כי פליגי דאקשתא. (לט) נ"ע אם אין כאן ט"ס. (מ) כי אם בפרהסיא כנ"ל בל"ל. (מא) גברא רבה אתא ומאתרין:

בחלב מבושל לא אייתי דנהי דלית לי' נשתקע הדבר מ"מ לא עבדינן כוותי' וכן יש לומר גם בהך דהמוכר את הסְפינה (דף ע"ח.) נחום המדי אומר מכר (את) החסור מכר כליו ועוד ההיא תליא באשלי רברבא דחשיב התם תנאי טובא דכולהו ס"ל כי מובן איניש מידי הוא וכל מאני תשמשתי' מובן:

ואין שיחה אלא תפלה שנא' ויצא יצחק וגו'. וא"ת והא בתפלת השחר קאמר דיצחק תיקן] תפילת המנחה מדכתיב לשיח ואין שיחה אלא תפלה שנא' אשפוך שיחי לפניך וי"ל דתרוייהו גמרי אהדדי דמאשפוך לפניך שיחי שמעינן דלשוח בשדה הוי לשון תפילה ולא בין האילנות כמו תחת אחד השיחים או לדבר עם שום אדם, והדר ילפינן מה שיחה דיצחק הוה תפלה קבועה מדכתיב לפנות ערב ש"מ דלקביע אותה שעה לתפלה כתבי' וילפינן דשיחה דהנהו קראי דהכא הוה נמי תפילה קבועה דהיינו י"ח ברכות, א"ר:

דף ח' ע"א ור"א סבר לא ילפינן ממשה. ותימא דמעיקרא הוי קשה לן קראי לא כמר דייקי' וכו' טעמייהו והשתא מסיק לר' יהושע דיליף ממשה ור"א סבר לא ילפינן ממשה כ"ש דקשיא טפי מ"ט דר"א ואו"ר דמתחלה היה ק"ל טפי שסברתם חלוקה והפוכה לגמרי דמר תופס לעקר האי קרא והאחר מהפך ודורשו וחבירו עושה איפכא ואין לא' מהן טעם מה ראה לתפוס חזה עקר יותר, אבל השתא ל"ם בדרשת הפסוקים דלעיל כלל אלא דמר יליף ממשה ומר לא יליף ממשה ולפ"ז מיישב כ"א הפסוקים:

אם בא לומר אחר תפילתו אפי' כסדר יוה"כ אומר. ותימא לי האיך נהגו בארץ אשכנז לומר באמצע תפלה בסלח לנו סדר סליחות ופסוקי וידוי דהיינו כעין סדר יוה"כ, וגם ארוך מגני הרבה יותר מדאי, דהא משמע הכא דלא שרינן כסדר יוה"כ כ"א אחר תפילתו אבל בתוך תפלה באמצע ברכה לא, דמפני וידוי רבה שאין אומר אין נראה שיהי' חשיב הפסק פחות, דוידוי זוטא וסליחות ופסוקים שאומר כמה וכמה היה יותר אריכות והפסק מסדר יוה"כ ונ"ל דשמא הכא איירי דווקא בצרכי יחיד אבל בצרכי צבור מותר להאריך כעין מה שמפרש ר' יעקב באל ישאל אדם צרכיו בג' ראשונות וג' אחרונות דהיינו צרכי יחיד אבל צרכי צבור שואלין, וכן או"ר. ועוד או"ר דאפי' בצרכי יחיד יכול להיות מותר דטפי יש להתיר בשומע תפלה ובסוף כל ברכה וברכה ממה שיש להתיר אחר תפילתו קודם שעקר רגליו, והכי משמע השתא לישנא דקאמר אעפ"י שאמרו שואל אדם צרכיו בשומע תפלה והוה מספק דלא שרינן כ"א בשומע תפלה מפני שעקרה כוללת כל התפילות ביחד וראוי לתבוע כל משאלות לבו אבל בסוף תפילתו אחר שלש אחרונות שהם של שבח הוה ס"ד למימר שלא יחזור להרבות בתחנונים אפ"ה גם שם אם ריצים לומר כסדר שרגילים לומר שם ביוהכ"פ אומר, וכ"ש בשומע תפילה, וכן בסלח לנו, דמעין הברכה היא, וה"נ קאמר לעיל אעפ"י שאמרו שואל אדם צרכיו בש"ת אם בא לומר בסוף כל ברכה כו' דמשמע דאצטריך לאשמועינן סוף כל ברכה וברכה דלא הוה שרינן בהו להאריך, אע"ג דשרינן בש"ת, וה"נ בעי למימר הכא אע"ג דשרינן להאריך בש"ת לא הוה שרינן אחר (שגמר) תפילתו כמו בש"ת אי לא דאשמועינן בהדי':

מִקֳּרָן כתיב. ה"נ ר"ת דאי גרי' אֲקָרָן אין זה מוכיח לשון יחיד יותר ממקרין אלא גרס' מִקְּרָן ולהכילא כתיב יו"ד דלשתמע הכי:

וסטטריא וקרטוסים וכו' לפניו אסור היה דקאי אקלנדא אלא לפי שהזכירה כבר לא הוצרך להזכירה עוד:

מלמד שהמקום גורם. וא"ת והא ירושלים חשובה מקום אשר יבחר לגבי קדשים ומעשר שני, והכא מ"ש דלא מקום כ"א לשכת הגזית דלא מצינו למימר דההיא חנות חוץ לירושלים דהא קתני התם בר"ה (דף ל"א) גבי י' גליות מחנות לירושלים, כדאיתא בפ' איזהו מקומן (דף נ"ה) ולכך היו בלשכת הגזית שחציה קודש וחציה חולין. וההיא דמצאן אבית פאגי והמרה עליהן (סנהדרין י"ד:) לא נקטיה משום שהוא חוץ לירושלים דלישתמע הא מצאן בירושלים היה דמראתו המראה אדרבה מצאן אבית פגי משמע בתוך ירושלים כדאמרי' במנחות (דף צ"ה.) לעולם היה רגיל לומר שתי הלחם כשרות בעורה וכשרות אבית פאגי דהא לא קי"ל חוץ לחומת בית פאגי כמה בביצד יבולים ולא נקטי' נמי מפני שסמוך חוץ לירושלים דהוה סמוך לחומה דאפי' באמצע ירושלים מצאן ואין בהר הבית אין המראתו המראה כ"א כשמצאן בלשכת הגזית כדפי'. וההיא דנקיט בית פאגי נראין הדברים שהי' סמוך להר הבית כי היא לא היה באמצע העיר אלא בצד דרום לעיר כדכתיב ועליו עיר מנגב. מ"ר.

ותימא

ותימא לי מנ"ל שיש קפידא בשאר חייבי מיתות שיהי' סנהדרין דלשכת הגזית במקומן הא לא כתיב האי קרא אלא בזקן ממרא. ועוד דעל זקן ממרא לא כתיב אלא על שעת הוראה כדממעטינן מצאן אבית פאגי והמרה עליהן אבל על שעה שמתחייב דהיינו כשחזר לעירו ושנה ולימד בזה לא מצינו קפידא שיהיו סנהדרין במקומם באותה שעה ומיהו בזה י"ל דהמראה אתחלתא דעבירה היא, ותפרש לפז"ה דלא דנו דיני נפשות זהו דין מאותן שעשו עברה אחר הגלות אבל אותם שחטאו קודם יכלו לדין, ומיהו עוד קשי' לי דל"ד מיעוטא דהכא, לדהתם, דהא הכא ממעטינן דוקא כשגלו הסנהדרין משם אבל אם במקומם עומדין בלא גלות אם אירע כך בשעת העברה לא היו במקום שלהם בלשכת הגזית לא ימיתו בכך מלדין והתם דממעט מצאן אבית פאגי פי' לפי שעה מצאן שם כדפי' ועיד פי' בפ' קמא דסנהדרין (דף י"ד:) גבי מצאן אבית פאגי ובפ' בתרא דסנהדרין (דף פ"ט.) גבי אין ממיתין אותם אלא בב"ד שבעירו וכו':

יצאו מה שיצאו. מה שכתב בסדר אליהו יצאו מהן שבע וכו' שיבוש היא ובימי רב ענן שלמד לו אליהו את סדרו לא פש כולי האי ושים סופר הגיהו באותיו סדי"ר אח"ב:

ממתן תורה עד השתא ליכא כולי האי ועוד דכי מעיינת בהו כו'. ופירש"י דל"ג ועוד דהדא פירכא היא ממתן תורה ועד השתא זהו עד סוף ד' אלפים לבריאת העולם ליכא כולי האי ליכא אלפים, דתרי אלפים, ופירש"י (מב) דהאי אלף משכחת קודם מתן תורה, ויש ליישב דני רש"י שפיר ועוד כדכתב בספרים דתרי מילי נינהו והי"פ אילימא ממתן תורה ועד השתא בזמן שהיו עומדין בימי האמוראים קאמר דיצאו מה שיצאו ליכא כולי האי הלא אין כאן שני אלפים אפי' ממתן תורה עד ימות רב אשי וכ"ש בימי רב ענן שהי' קודם לו שלמד לו אליהו סדרו כדאמר בכתובות (דף ק"ו.) שהרי כתב בכתב רב שרירא כי רב אשי נפטר בשנת תשל"ח למלכות יונים וצא מהן ש"פ שמשך מניין מלכות יונים בפני הבית וישאר שנ"ח אחר הבית ואילו שני אלפים תורה בשתתחיל ממתן תורה לא ישלימו עד קצ"ב (מג) ותמ"ח אחר חורבן, דקע"ב אחר חורבן נשלמו האלף ד' אלפים וצא חסר תמ"ח שחסרת מן האלף השלישי מלפני מתן תורה וזהו הרבה משנ"ח, קצ"ב ותמ"ח, ושפיר קאמר השתא דממתן תורה ועד השתא ליכא כולי האי, ואיך יאמר יצאו מהן מה שיצאו ועוד דכי מעיינת בהו וכו' פי' ועוד בלאו קושין דליכא כולי האי יש קשי' אחרת דהיכי אמרת שני אלפים תוהו בלא תורה ולא יותר כי מעיינת בהו וכו' איכא תרי אלפים שלמים ופירש"י דאלף השלישי דהיינו אלפים ותמ"ח, מרי"י. ותימא לי לפי כתב ר"ב שרירא דא"כ ר' פרידא שחיה ד' מאה שנין כדאיתא בערובין (דף נ"ד:) או חיה אחרי רב אשי הרבה אי נולד אחר החורבן דהא מן החורבן עד ס"ף ימי רב אשי ליכא אלא שנ"ח כדפי'. וגם ר' יוחנן מפורש בסדר תנאים שחיה יותר מני מאות שנה ודבר תימא היא לפי שיטה ו'. ואמנם נראה לי להביא ראיה מהך שמעתי' גופי' בלא כתב רב שרירא דממתן תורה ועד האמוראים ליכא תרי אלפי דקאמר לקמן ממאי דלמלכות יונים מנינן דלמא ליציאת מצרים מנינן ושבקא לאלפא קמא ונקט לאלפא בתרא פי' הניחו העולם להזכיר בשטרות הכלל של אלף הראשון ולקחו הכלל של אלף רביעי דאל"כ למה הניחו אלפא קמא יותר מאלפא בתרא אם לא לפי שלקחו להם הפרט. ועוד דגרסי' בתר הכי בספרא לשנא אחרינ' ושבקא כללא ונקטי פרטא אלמא דבתוך אלף שני דמיציאת מצרים ואילך עומדים א"כ לא הוי תרי אלפא ממתן תורה עד האמוראים. נ"ל:

דף ט' ע"ב **האי** מאן דלא ידע בכמה שני בשבוע נפקי חדא שתא וכו'

ופירש"י דבית שני קם ת"ך ובשנת תי"ך שאחר החורבן ולפ"ז יש לחשוב ולמצוא שמיטה לשנת תתקי"ם לפרט, כיצד, קע"ב דאחר חורבן עד ששלמו ד' אלפים, ומשם ואילך תתקי"ם ועוד שנת ת"כ דשרית בהדי' שנות חרבן (מג) והם אלף וקי"ג שקיל מכל מאה תרתי ותן עם הי"ג דרי ליה שנה יתירים על היובלות והיא שמיטה. ופירש"י לא נהי"ר ואנב רהישא לא עיין בה דכולא סוגי' דערכין (דף י"ב:) מוכחא דבשנת תכ"א חרב הבית כמו שאפרש והיא היתה מוצאי שביעית ומה שפי' דפריך בערכין האיך יכול להיות דשנת תכ"א (מד) מוצאי שביעית לר' יהודא הא בית שני קם ת"כ אייתי תמני"א מתמני"א יובלו ושים על הכי היתירים הרי כ"ח והיא שנת השמיטה וגם פי' דמשני התם הנך ש"ית ענין עד דסליק עזרא וקדיש לא קחשיב ונשאר מכ"ח כ"ב והכ"א שביעית נמצא דבמוצאי שביעית חרב הבית, ליתא דהתם לא פריך הכי וגם לא פריך לר"י כלל התם כ"א לרבנן דהכי פריך התם מכדי בית שני כמה

(מב) תיבת ופ רש"י ט"ס ונכונו ל"ל ותמ"ס מנה (מג) ל"ל קע"ג, (מג) סורבן כל"ל (מד) ת"כ כל"ל.

קם ת"כ פי' מלבד שנת החורבן ד' מאות תמניא יובלו פי' כרבנן ארבסרי תרי שביעי פשו להו שיתא פי' ואשתכח דבשנת תכ"א שהוא שנת חורבן היתה שביעית והיכי מצי למימר דמוצאי שביעית היתה. ומשני הא מני ר' יהודא היא דאמר שנת הנ' עולה לכאן ולכאן אתיא ח' מחי' ונשים יובלו (סה) על עשרים הנ"ל כ"ח ואשתכח דבמוצאי שביעית חרב הבית פי' דבשנת תכ"א חרב הבית וכיון דבשנת ת"כ היא שנת כ"ח שמיטה הויה לה שנת תכ"א מוצאי שביעית וזה מוכיח מה שפי' דבשנת תכ"א חרב הבית ורב אשי משני התם כדי להעמידה כרבנן דהנך שי"ת שנין עד דסליק עזרא וקדיש לא קחשיב פי' והנ"ל ד' מאות ח' יובלות וארביסר תרי שביעי ושנת תכ"א שאחריה דהיא מוצאי שביעית חרב הבית. וגם רבי' שלמה חזר בו מפי' זה לפי' רבי' שמואל בתוספותיו שפי' לפנינו בע"ז בע"א ופי' רוראי בשנת תכ"א חרב הבית וא"ת א"כ מה צריך כאן לומר נטפי חדא שתא והלא שנת תכ"א היא תחלת שבוע ומאן נתחיל למנות ופי' דשנת תכ"א נמי מנינן לה בשני הבנין והואיל ורובא בבנינו עד ט' באב כדפי' רבינו שלמה גם לפי פי' שלו גבי שנת ת"כ לפי' תאחר השמיטה שנה אחת אחר שמיטה ובשנת תתקמ"א לפרט היתה שנת השמיטה שרש"י הי' עושה שנת ת"כ תחלת שבוע והיא עושה שנת תכ"א תחלת שבוע ולפירושו אין ראוי לומר אותו לישן שאומר העולם קע"ב לאחר חרבן נשלמו ד' אלפים כיון שהיא מונה שנת תכ"א משנות הבניין אלא כך ראוי לומר קע"א לאחר חרבן נשלמו ד' אלפים ולכך הוצרך לומר התלמוד נטפי חדא שתא על שנות החרבן כדפרישית. ולפ"ז קשה דבכה"ג לא מנה בבית שני אלא ד' מאות ועשרים ומשם ואילך מתחיל למנות שנת החרבן כדקאמר מלכות הורדים מאה ושלשה ומכאן ואילך צא וחשוב אחר חרבן הבית ש"ם דמשנת ת"ב ואילך מנינן שנת החורבן וקאמר נמי אי טעי תנא לשיילי לספרא כמה כתוב ונטפי עלייהו עשרין שנין וכו' וזהו לפי אותו חשבון שירצה למנות שנים של חרבן מת"כ ואילך, ועוד דקאמר ר' חנינא בסמוך אחר ד' מאות שנה לחרבן הבית וכו'. ע"כ מתחיל למנות משנת ת"כ ואילך דאי משנת תכ"א חשיב ובשנת תכ"ב מתחיל למנות ד' מאות שנה היכי קאמר בתר הכי דמתני' טפ"א תלת שנין שהוא מונה אחר ד' אלפים ורל"א שנה לבריאת העולם וקע"א לאחר חרבן נשלמו ד' אלפים כיון שתחשיב שנת תכ"א בשנות הבנין צריך קע"א עם רל"א הרי הם ד' מאות ותלת (סו) שנין מלבד קשה לר"ת בין לפי' זה בין לפירש"י דקאמר תלמודא וסימנך כי זה שנתים הרעב בקרב הארץ ואתנח הסימנין על מה שאמרנו ושקיל מכל מאה תרתי ל"ל לאתנוחי סימנין אהא הו"ל לאתנוחי סימנין אנטפי חדא שתא כעין סימנין דכולא שמעתתא והו"ל למימר וסימנך נקי יהי' לביתו שנה אחת או פסוק אחר. ונראה לר"ת כנר"ח האי מאן דלא ידע בכמה שני בשבוע נבציר תרתין שנין או נטפי ה' שנין ונחשוב כללא ביובלו וכו' וסימנך כי שנתים הרעב בקרב הארץ ועוד חמש שנים וסימנא מעליא היא דמייתי זה שנתים שעברו כבר לסימן לנבצר תרתי שנין ולנטפי חמש שנין מייתא ועוד חמש שנים, שהיו עתידות לבוא. ולהכי נ"ר' לא מיירי השתא מידי משנות החרבן אלא במלכות יונים. וה"פ נבצור ב' שנין או נטפי ה' שנין מ"ראש מלכות יונים כי חשבון מלכות יונים מתחיל שנת מ"א לבנין הבית כדקאמר בסמוך דשי"ת שנין דמלכו בעילם לא חשיב ול"ד שנה שאמר לעיל שעמדה מלכות פרס בפני הבית הרי מ' שנה ובשנת מ"א מתחיל חשבון מלכות יונים ובציר מני' תרתין שנין ויתחיל למנות שנת מ"ג לפי שהיא תחלת שבוע או ניטפי חמש שנין ויתחיל למנות ל"ו לבנין שהוא תחלת שבוע. ולפ"ז יהי' כמו כן מכוון חשבון השמיטה כמו לפי' ר' שמיאל שנת תתקמ"א לפרט כיצד מראש מלכות יונים עד לאחר חרבן יש ש"פ וקע"ב והיא תקנ"ב בציר מיניה תרתין שנין להתחיל חשבונך לתחלת שבוע ויהי' תקן צרף עם תתקמ"א שיש לנו אחר ד' אלפים הרי אלף ותצ"א וי"ד מאות הם ממש שביעית וכן צ"א שנה הם ממש שביעית נמצאת השמיטה שנת תתקמ"א, ור' מצא עוד ג' אחי' בספרים שהשמיטה מצומצמות לשנת תתקמ"א כדפי' לה וגרסי' הכי מאן דלא ידע בכמה שני בשבוע לחשיב כלהו שני מישנברא העולם ונטפי חדא שתא ונחשב כללא ביובלי וכו' כיצד ד"א ותתקמ"א הם מ"ט מאות ומ"א שנה והכל שביעית, ואבנם לגירס' זו לא אמר ר' פפא כ"א לסימנא בעלמא ולא הזכיר כלל מנין לנו דכך היא אמת דמה ענין חשבון שמיטין להתחיל מישנברא העולם. ושוב מצא רבי' תם בסדר עולם דרבנן כי שנת רס"ד (סז) לבריאת העולם לפרטו היתה שמיטה והיא שנת ד"א וה' מאות וס"ד לב"ע ולחשבון הזה תמצא השמיטה לשנה הזאת שנת תתקמ"ב

(סה) אתיא חי' תחי' יובלין כביר על עשריס כל"ל (סו) ל"ל ותרתי מנין (סז) ה' [ומאות] וס"ד לפרטיה, כל"ל;

תתקמ״ב שאנו עומדין בה שהרי משנה שאחר דס״ד שהיא תחלת שבוע עד תתקמ״ב יש שע״ח קח שין ושקול מכל מאה תרתי וחדא מן הן, יתן אילו הז׳ שנים עם כ״ח הנותרות ה״ה ל״ה יהכל שביעיות. ונ״ל לר״ת שוא״ת השמיטה היא עיקר והיא מאוחרת שנה אחר של רבינו שמואל וכן אחר אותה שהיה רגיל גם היא לחשוב לנר״ח כדפי׳ והטעם נ״ל משום דבניסן נברא העולם ומתשרי דבתרא מנינן שמיטה. ולא הבין ר״ס אי קאמר דמאי לנו באן לבריאת העולם והלא אין אנו מתחילין חשבון שמיטין לב ע כ״א מבית שני. וכשתתיישב בדבר נראה שבך ר״ל דבית שני נעשה ביום ג׳ לירח אדר כדכתיב (עזרא ו׳) ושיציא ביתא דנא עד יום תלתא לירח אדר ולא התחיל חשבון השמיטין עד תשרי שאחריו א״כ לא חרב הבית במוצאי שביעית כ״א בשביעית דהא בצרת שתא קמייתא של בנין הבית מתחלת חשבון השמיטין שאעפ״י שלא הסדת כל שנה ראשונה לגמרי כ״א עד תשרי מה בכך [illegible] [illegible] בט ב חרב הבית והי׳ קודם תשרי נמצא דבין שלא התחלת למנות כ״א מתשרי שלאחר הניסן הרי לא חרב הבית במוצאי שביעית, ואת״ל דמתחילין שנות הבית למנות מאדר ולניסן עלתה לו שנה או היה קשה בלא פי׳ ר״ת דאין תחלת חשבון שמיטין בתחלת שנות הבית. ובזה י״ל דלא התחיל אלא מניסן וכשהגיע לתשרי עלתה לו שנה לשמיטין, וא״ר כי הדבר צ״ע יצ עבריש פ״ק דר״ה, ובסדר עול׳ ובספר עזרא אימתי מתחילין למנות בין אם מתחילין למנות מהבנין בין אם מתחילין אחר י׳ שנין דסליק עזרא וקדייש כדאמר רב אשי בערכין (דף י״ב:) ומה שפירשתי לעיל דמוכח בערכין דבשנת תכ אחרב הבית אל תתמה מ״ש דבבית שני מונה כאן ובפ״ק דערכין דעמד ד׳ מאות ועשרים ושנת תכ״א לא חשיב הואיל ולא נשלמה, ובבית ראשון מונה דעמד ד׳ מאות ועשר שנה ואע״ג דשנת עשר נ״פ׳ חרב הבית כדמוכח בערכין שם דקאמר י״ז יובלות מנו ישראל משעה שנכנסו לארץ עד שנה שיצאו ואי אתה יכול לומר משנכנסו מנו שא כ בית חרב בתחלת יובל ואי אתן (מח) י״ד שנה אחר שהכתה העיר דמוכח קרא שאז הי׳ יובל פי׳ אלא אחר י״ד שנה דביב״ש וחילוק התחילו למנות יובלות ומשבו הי״ז יובלת עד י״ד שנה אחר חרבן וקאמר התם דשנת חרבן בית ראשון מוצאי שביעית היתה וא כ שנת עשר חרב שהיא שנת ל״ו ליובל, וי״ד שנה אח כ היתה שנת חמישים, ומ״ש דבבית שני לא חשיב שנת תכ״א בשנות הבנין כי י״ל שכמו שהחשבון

מכוון יותר אומר בשניהם בזה ת״י ובזה ת״כ. ועוד נ״ל טעמא דלא מנינא לשנת ת״א בבית שני משום דקרא (דניאל ט׳) דשבועים שבעים נחתך על עמך ועל עיר קדשך היא מכוון כך, יע׳ שנה דגלות בבל עד סוף ת״כ דבנין יש שבועים שבעים, ותימא לי דבמס׳ נזיר בפ׳ ב״ש (דף ל״ב:) פריך ולא ידעי׳ אימת חרב הכתיב שבועים שבעים נחתך על עמך וגו׳ ואסיק ומי ידעי׳ בהי יומא ולמה הוצרך לתרץ דמשמע דפשיט להו בהי שתא הא מצי לאסתפוקי דשמא יחרב בשנת ת״כ נ״פ׳ כמו שבית ראשון חרב בשנת ת״י ומניין להו כולהו בשני הבנין כדכתב ארבע עשרי שנה אחרי אשר הוכתה העיר, ואו״ר דשמא סברא יש לו לתלמוד שהי׳ יודעים מסתמא אם יחרב בשנה אחרונה דע׳ שבועים אי בשנה שאחריו. ולי נראה דמסתמא אותם נזירים שעלו מן הגולה ומצאו שחרב הבית נדרו סמוך לחורבן שנדרו נזירות מועטת ל׳ יום, או יותר, בשנה אחרונה דהיינו שנת תכ״א וכבר שלמו שבועים שבעים מלבד אותה שנה וא״כ תו לא מצי לאסתפוקי אלא בהי יומא. והרי׳ שמ״ע׳ תמ״ע אההיא דמוכח הכא ומערכין שמתחילין למנות שמיטין מתחלת בית שני למ״ד (חולין ז׳) קדושה ראשונה קידשה לשעתה וקדשה לע״ל א״כ מנו שמיטין כל ע׳ שנה דגלות בבל ושנת ת״י דבית א׳ היתה תחלת שבוע כדפי׳ נמצא דשנה שלפני תחלת הבנין דבית ב׳ היתה תחלת שבוע דשנת הבנין היתה שנה לשבוע, ובשלימא לפי׳ ר״ת דבבית ב׳ מנו יובלת למסקנא דפ״ק בתרא דערכין (דף ל״ב:) אתי שפיר דהואיל משגלו שבט גד ושבט ראובן בטלו יובלות ועתה התחילו למנותן בטיל לי׳ חשבון שמיטין שעשו עד עתה מכאן ואילך שלפי היובלות יש לנו למנותן הואיל ונתחדש מבנין הבית ואילך חשבין יובלות אבל לפירש״י (מט) שסובר דלא נהג יובל בבית ב׳ למה שינו סדר חשבון השמיטין. וי״ל לפירש״י דס״ל כמ״ד דלא קדשה לע״ל וגם ר׳ יהודה דמוקי התם ברייתא כוותי׳ סבר לא קידשה כדפי׳ נמי בריש ניטין גבי אשקלון. ור׳ יוסי דאיירי התם בערכין נמי לא קידשה ס״ל דהא אית לי׳ תרומה בזה״ז דרבנן ואפי׳ לר״י דס״ר עולם דאמר קדושה שני׳ קדשה, ראשונה לא קדשה מיהא. ועוד מאן לימא לן שמנו שמיטין מה״ת בבבל שמא כיון שכלם לגמרי גלו מאי והי׳ אז בטיל דין שמיטת קרקע מאי שמא לא מנו שמיטין, ומיהו א צ כ״ז כי פיר״ת עיקר שמפרש

שבבית

(מח) ואי אתה מונה בי״ד שנה, (מט) עיין רש״י גיטין דף ל״ו ע״א ד״ה בשביעית בזמן הזה :

שבבית ב' נהגו יובלות. א"ר:

דף יד ע"א **ספרא** דווקנא כתבי'. והנך שית שנין וכו' מכאן הביא ראיה ר' להכשיר שטר אחד שהיה כתוב בו כל הפרט כדינו אלא ששכח לכתוב לב"ע דאין לו לפוסלו ולומר שהיא מאוחר הרבה דהא הכא מוכח דאע"ג דהוה האי שטרא משונה משאר שטרות כשבא לתלות שאינו מאוחר, וגם אין לנו אחר ב"ע שיהי' סברא לתלות שבו התחיל הסופר מניינו והניח מנין כל כותבי שטרות אלא יש לי לומר דוודאי לב"ע קאמר, ושכח לכותבו או לא חש לכותבו לפי שהוא דבר פשוט שלב"ע ר"ל, ועוד נ"ל להביא ראיה מהא דמוכח בסמוך דכל שטרות שבימי חכמים לא היו מפרשים בשטר דמונין למלכות יונים דמדקאמר בסמוך ממאי דלמלכות יונים מנינן דלמא ליציאת מצרים מנינן אלא דבר ידוע למה היו מונין ולא היה צריך לפרש הי"נ לא היו צריכים לפרשו, ואפי' לא היה שום סופר כותב לב"ע היו כלם כשרים, ואין סברא לומר דהכא מדשינה לסתום והאחרים רגילין לפרש לב"ע, א"כ חשבון אחר תפס, דאדרבה כיון שדבר פשוט היא לא חש להאריך, וגם אין נראה לדחות שבימי חכמים היו כותבין למנין שאנו מונין כאן ולכך היה במפרש, אלא משמע דסתמא כשר בלא שום פירוש. נ"ל ומודה ר':

ושבקיה לאלפא קמא ונקטיה לאלפי בתרא. לישנא אחרינא ושבקא בללא ונקטא פרטא מכאן משמע שאם כתב תתקי"מ או שנת תתקמ"א וכיוצא בו אעפ"י שלא הזכירו האלפים כלל וגם לא כתב תתקמ"א לפרט כ"א סתם כשר לפי מה שפירש לעיל דכשר שטר בלא הזכרת לב"ע, וכ"ש שאם כתב שנת מ"א לפרט אעפ"י שדילג גם האלפים גם המאות, כיון שפי' מ"א לפרט של עולם או מ"א לפרט:

ואמר ר' פפא לשטרות. פירש"י ל"נ לר' דמפרש ששכחו כל העולם מתי עמד המלך והכל פי' בר"ה ובפ"ק דב"מ:

שאין להן לא כתב ולא לשון. ותימא וכי מזו אומות הן מה לשון ראוי להיות להם, ופי' ר' דכתב מלכות ולשון מלכות קאמר כעין חכמת יונית שמלכים ושרים משתמשין בה וכן ראוי לכל אומה חשובה ואמרינן בעלמא (מגילה דף י'.) והכרתי לבבל שם ושאר וכו' שם זה הלשון ואני הייתי מפרש דאמר בב"ר שהציף הים ל' משפחות בדור הפלגה מע' אומות וקאמר מהיכן עמדו בישמעאל ובני קטורה ואלופיו והשתא קאמר שאעפ"י שעמדה אדום תחתידם כי לא נשאר מן הל' משפחות כ"א מעט מכל אחת ואלו עמדו תחתיהם לא ירשו אדום את לשונם:

וקתני יום גנוסיא ויום הלידה. פי' והא קתני במתני', ואית ספרים דגרסו והא תניא ותימא ולייתו מתני' וי"ל דהוא"ל ועתיד להביא בסמוך הברייתא הביאה מתחלה בקיצור והמתרץ שתירץ הא דידיה הא דבריי' לא ידע לשון הברייתא כ"א בקיצור במה שהביא וכפי מה שלא ידע המתריץ לשון הבריתא היה יכול לתמוה למה לא הקשה מן המשנה. ועי"ל דבריתא אחרת ת"א ובמתני' הוה ניחא טפי לתרץ הא דידי' הא דבריה שאינו שונה בקוצר יום גנוסיא ויום הלידה דהוה משמע דבאדם אחר משתעי אלא דקתני יום גנוסיא של מלכים, והדר תני יום הלידה, משמע דתרי מילי נינהו, לכך הקשה מברייתא:

דף י' ע"ב **שדר** לי' גרגירא. פירש"י גרדה אחר הזנות, שדר לי' כוס ברתא שחוט הבת, שדר לי' כרתי א"ל יכרת זרעו, שדר לי' חסא א"כ חוס עליה ותימא לומר שחזר בו ר' מעצתו הראשונה וגם תימא שהי' אומר לשוחטה וכי כל העושה עבירה שוחטין אותו הי"ל שיניחנה, ונראה לרבי' יעקב כפי' ר"ח שדר לי' גרגירא כלומר נאפה גירא הנואף והנואפת וגו' בתרגום ירושלמי גיירא וגיורתא, שדר לי' ר' כוס ברתא כלומר כסה עליה פן תהי' לבוז, שדר לי' כרתי וכי תייעצנה שישחטנה ויכריתנה והי' סבר שהיה אומר כוס שחוט שדר לי' חסא לא אמרתי אלא שתכסה עליה כי וודאי יש לך לחוס עליה וע"י ששיגר לה חסא כלומר חוס עליו הבין שטעה בלשון כוס ברתא ששלח לו תחלה:

א"ל א"כ לימא לי' לדהוא דגנא אבבא וכו' ותימא דמתוך דברי אנטונינוס הו"ל לר' חנינא להבין שהי' מת דאל"כ מה גבורה יש להקיץ אדם שהוא ישן ומאי קאמר בתר הכי אימא דקטיל אין משיבין על הקלקלה ונ"ל דלא גרסינן א"כ אלא סתמא לי' להדוא דגנא אבבא וכו':

חד קטל אבבא דבי ר' אע"ג דעובדי כוכבי' לא מעלין ולא מורידין צריך הי' להורגם פן יודע הדבר לשרי הארץ ע"י ואם בא להורגך השכם להורגו או שמא הי' מינין אדוקין בע"ז וכן אמרינן בפ"ק דחולין (דף י"ג:) אין מינין באומות דאין זה הורדה לבור דהשתא דישראל מורידין בעובדי כוכבים מבעי': ה"נ:

כל נשיאה ולא כל שריה. ול"נ נשיאים ולא כל נשיאה דהא מלכי' וכל נשיאיה כתיב, או"ר שיש ביוסיפון שבני רומי בטלו פ"א מלך עליהם שלקח לו אשת איש בחזקה, והיה להם ג' מאות ועצים ויש שממונה על כולם ואומר דהיינו

דהיינו נשיא דהכא ולמקין ימים מלך עליהם בחזקה מלך אחר שקרעו את אמו בעת לדתה אותו ונקרא קיסר לשון כריתה בלשון יון ועי"ש אותו המלך נקראים כולו קיסר:

מחצה לאהרן ומחצה לבניו. אומר דפלוגתא היא דרבי חנינא ורבנן בפ"ק דיומא (דף י"ז:) ובסוכה (דף נ"ה.) גבי לחה"פ דר"ח סבר הוי החצי לאהרן ורבנן סברי שאין לאהרן ממש מחצה אלא חסר מעט, וה"נ יכול להיות לרבנן שהי׳ חסר מעט לר"ע מן המחצה, וכן בפ׳ מ׳ שמת (דף קמ"ג) גבי אבילו ואיסטרטונו. א"נ יש שום דרשה לרבנן משום מקום למה הם ממעטים מעט חלק אהרן מהיות לו מחצה שלם אבל מידים הם דלשון לאהרן ולבניו גרידא הי׳ משמע מחצה לאהרן ממש. א"ר:

אנטינינוס שימש לר׳. במדרש אמרינן חלב מטמא חלב מטהר ומייתי ראיה מאנטינינוס דחלב מטהר דכשנולד ר׳ היתה גזירה שלא למול והצריכו להיליך ר׳ ואמו לפני המלך והחליפה אמו של אנטינינוס את בנה בר׳ ומצאו שלא הי׳ מהול וסטרוהו לשלום, בירושלמי דמגילה (פ"א) מדקדק אם נתגייר אנטינינוס אם לאו וקאמר התם אנטינונוס אתא לקמי׳ דר׳ א"ל את מאכילני מן לויתן (נ) אתה מאכיל א"ל ומה נעבד בשר באימר פסחא דכתיב וכל ערל לא יאכל בו הדא אמרה דלא אתגייר אנטינונוס, פי׳ עד עתה, כיון דשמע כן אזל וגייר גרמי׳ וכו׳ הדא אמרה דאיגייר אנטינונוס וכו׳:

דף י"א ע"א **שלא** פסק משולחנם וכו׳. פי׳ שהי׳ שולחנם מלא כל טוב והי׳ צריכים דברים הללו לחתך המאכל ולהקל מעליהם. ואע"ג דר׳ לא נהנה אפילו באצבע קטנה כדאיתא בכתובות (דף ק"ד.) רבים הי׳ אוכלי שלחנו:

לא בימות החמה ולא בימות הגשמים. צנון בימות הגשמים וחזרת בימות החמה כל אחד בעת שהיא מצוי הי׳ על שלחנו מפני רוב המאכלים שהי׳ להם:

מכלל דר"מ סבר וכו׳. ושריפה לאו חוקה היא יכול להיות דלאו חוקה היא דאצ"ל דחוקה היא לר"ם:

ואנן היכי שרפינן והכתיב ובחוקותיהם לא תלכו. ומסיק דלאו חקה היא, ויש תימה ומאי קושיא והא אמרינן בפ׳ ד׳ מיתות (דף נ"ב) ר"י אומר מצות הנהרגין מניח ראשו על הסדן וכו׳ ולא שרי להתיז ראשו בסייף משום שנא׳ ובחוקותיהם לא תלכו, ורבנן כיון דכתיב סייף באורייתא לאו מנייהו קא גמרינן דאלתיה הא דתניא שורפין על המלכים וכו׳ אנן היכי שרפינן והא כתיב ובחוקותיהם לא תלכו אלא כיון דכתיב שריפה באורייתא לאו מינייהו קא גמרינן. ובהא י"ל דרבנן דהכא היינו ר"י דלית ליה התם ה"ט דלאו מנייהו קא גמרינן ולהכי פריך עליו אי לאו (נא) חקה אנן היכי שרפינן שרוצה לישב דרבנן דהכא היינו ר"י. ומ"מ עוד יש תימה דמאי קאמר התם (בסנהדרין נ"ב:) דאלתיה הא דתניא שורפין על המלכים אנן היכי שרפינן והכתיב ובחוקותיהם לא תלכו מאי קושיא ליה הא מסקינן הכא דכ"ע שריפה לאו חוקה היא ונראה לר׳ דתרי גווני חוקה היא דשריפה חוקה היא דהכא היינו שעובדי כוכבים חושבין מה ששורפין על המלכים ולשם ע"ז מתכוונין וחמור משאר דרכי אמורי שלהן שאינן אלא תורת פסול בעלמא והלכך חקה דשריפה אע"ג דכתיב באורייתא ולאו מנייהו נגמרי׳ יש לנו לפוסלו. והלכך שפיר פריך הכא היכי שרפינן דכיון דמטעם חוקה פלחו בה לע"ז א"כ לשם ע"ז עושין שריפה זו ואין מועיל כאן טעם דלאו מנייהו קגמרינן ולענין זה הוצרך לתרץ כאן דלכ"ע שריפה לאו חקה היא ואכתי שייך בה טעם החקה שייך בשאר דרכי האמורים דאינם לשם ע"ז אלא דת העובדי כוכבים ומנהג תורת שקר שלהן והיינו דדייקו רבנן התם דאלתיה הא דתניא שורפין כו׳ אנן היכי שרפינן והכתיב ובחוקותיהם לא תלכו וכו׳. אלא כיון דכתיב שריפה באורייתא לאו מנייהו קא גמרי ה"נ כיון דכתיב סייף באורייתא לאו מנייהו קגמרי ושרי דסייף נמי אינו אלא מנהג של הבל ודתם ומועיל בה טעם דלאו מנייהו קגמרי למישרי. וא"ת ור"י מה לי שריפה דשרינן מה לי סייף דאסור לר"י א"ל דסבר ר"י דודאי שריפה שמצינו שהתיר הכתוב לשרוף על המלכים אין לי לאסור אבל סייף לא חשוב כ"כ כתיבה באורייתא דאיכא לקיימא הריגה דקרא בקופיץ ואפי׳ עיר הנדחת דכתיב בה (דברים י"ג) לפי חרב מצי הוה קופיץ בכלל חרב ורבנן סברי דאין לי לדעקור הפסוק אלא בסייף אפי׳ ברוצח דלא כתיב לפי חרב משום טעמא דקופיץ מיתה מנוולת היא או כדאמר התם, ועי"ל דסבר ר"י דשריפה לאו חוקה היא כלל אלא כיבוד גמור הוא למלך כשאר כיבודים ואינו

(נ) חסר כאן וכצ"ל: א"ל אין, א"ל מן אימר פסחא לית את מאכילני ומן לויתן את מאכילני א"ל וכו׳ (נא) תיבת ילאו, מ"מ וצ"ל אי חוקה וכו׳

ואינו דומה לחקה כלל. א״ר. ובשם ר׳ יעקב פי׳ בסנהדרין על קושי׳ שנייה שפי׳ מאי פריך התם דאלת״ה היכי שרפינן והא מסיק הכא דשריפה לאו חוקה היא דמסקנא דקאמר הכא דשריפה לאו חוקה היא והיי (נב) לאו חוקה היא לאסור מטעמא דמפרש בסנהדרין דלאו מנייהו קגמרינן. ומיהו קשה דמסיק הכא אלא חשיבותא היא משמע שבא לתרץ דאינה חוקה אלא חשיבות בעלמא ועוד הארכתי שם קצת וא״צ רק כדפרישית:

עוקרים על המלכים. ותימא דהכא לא פריך והא איכא צער ב״ח כדפריך בסוף שמעתא ושם אפר״ש:

עיקור שיש בה טריפות אסור. פי׳ אסור לעשות אע״ג דלא יאכלוהו אסור לגרום לה טריפות בידים הואיל ובהמה טהורה היא ובה״ש ידע תלמודא דמיירי בבהמה טהורה ואין נראה לי׳ דמה איסור יש לגרום לה טריפות אם אסורה באכילה וכי קדשים הם שאסור לגרום להם פסול איסור ואי משום בל תשחית דראוי׳ קצת למלאכה ולוולדות האי טעמא שייך בבהמה טמאה כמו בטהורה, ועוד דוודאי מותרת היא באכילה כמו שאפר״ש, אלא הפי׳ עיקור שיש בה טריפות אסור באכילה ושאין בה טריפות מותר באכילה והכי קתני בהדיא בתוספתא דשבת (פ״ח) עוקרים על המלכים ולא מדרכי האמורי עיקור שיש בה טריפות אסור באכילה ומותר בהנאה ושאין בה טריפות מותר באכילה והשתא מוכח בהדיא דמיירי בבהמה טהורה. וא״ת אסור באכילה פשיטא. ויש לומר דמותר בהנאה אצטריכי ליה וגם סיפא דאין בה טריפות מותר אפילו באכילה ולא אסרינן לה משום כבוד מלך:

דף י״א ע״ב **יום** תגלחת זקנו והעברת בלוריתו בין עם הנחת בלורות בין עם התגלחת הי׳ עושין תגלחת זקנם להכי תני תגלחת זקנם בתרוייהו:

מתקל זוזי פ״זא. והא דאמר בפ׳ הנזקין (דף נ״ח.) גבי המסילאים בפז מתקל תרין איסתרי פ״זא נחית לעלמא. חד מונה ברומי דההיא זוזא פשיטא זוז מדינה ואסתרי היא סלע מדינה ויש בו ד׳ זוזי מדינה. ואם תרצה לפר״ש כאן זוזא צורי ויש לפרש איסתרי דהתם סלע צוריים שכמו שקורין סלע מדינה איסתרי קרי נמי סלע צורי איסתרי ומיהו אינו רגילות בתלמוד לקרותי איסתר. ועי״ל דלאו דוקא קאמר התם תרי אסתרא דאין סברא דנחית לעלמא מדה מועטת למאוד:

סך קירי פלסתר פירש רבי׳ יעקב קירא קירי. ורבי׳ תם מפר״ש שיצחק קורא קירי שהיה יצחק אבי עשו ואותו הי׳ מכבדים וקוראין אותו אדון רק שאומר חשבון ברכותיו שאמר ליעקב הוה גביר לאחיך ולעשו אמר ואת אחיך תעבוד פלסתר. ואעפ״י שאמר כך כמו כן והיה כאשר תריד וגו׳ מים הברכה שבירך את יעקב קורין פלסתר אחרי שאינה קיימת אבל אין סברא שיקראו את יעקב אדון:

עטלוזה של עזה. פירש שוק של בהמות כמו נשחטין באיטלז וההוא דבעי עוטליוזה של עזה מהו ה״פ אם יש עבודת כוכבים בעזה ויש עיירות קטנות סביבותי׳ הא ודאי מיקרי חוצה לה אבל עיטלוזה של עזה שסמוכה לכפר מהו מי שרי מתני׳ או לאו ועוד בפי׳ ר׳ שמואל ודומה שהגידו ר׳ שלמה ל״א ועיקר עיטליזה שם עבודת כוכבים שהי׳ מחוץ לעיר ועובדים אותה בני המגרש שבחוצה לה יום א׳ בשנה וקאיבעיא ליה מהו לשאת ולתת עם בני עזה ביום איד שחוצה לה וקשי׳ לן ללשון דאצטרך אביי למימר בסמוך דלא חשו לדמי עבודת כוכבים ביד עובד כוכבים וקמ״ל קולא טפי מרבא דרבא לא שרי אלא לענין יום אידם ואביי שרי אפי׳ לענין חששת דמי עבודת כוכבים ביד עובד כוכבים משמע נמי דמייתי ראיה מלא הלכת לצור מימיך וכו׳ דמשום קורבה לא חשו אבל באותי מקום עצמו שהאיד שם חשו וחשו ומאר שייך הכא למיחש משום דמי עבודת כוכבים ביד עובד כוכבים יותר מלפני אידהן דאסר לעיל (דף ו׳:) נשא ונתן מותר לר״ל ואפילו למ״ד נשא ונתן אסור וכן ביום אידם דאסור אפילו לר״ל ולא משתמיט דליתסר משום דמי עבודת כוכבים ביד עובד כוכבים אלא משום קנס דנשא ונתן דאסור ונ״ל דמיירי הכא כגון שיש שם ע״ז מחוץ לעיר ויש שם שוק שכל עיקרו עשוי לשם עבודת כוכבים ולהכי שייך למיחש לדמי עבודת כוכבים ביד עובד כוכבים וכן אומר ר׳ ולפ״ז לא נצטרך לומר כל מה שמאריך רבי שלמה בדאביי דלא חייש שמא הוא מבני העיר אותו העובד כוכבים ואיכא למיחוש לדמי עבודת כוכבים דלא חיישינן לדמי עבודת כוכבים אפילו הוא מבני העיר וכ״ש אההוא מחוצה לה דלא חיישינן דלמא שייך לבני תוכה וחשוב בהכי יום אידו ויהא שייך בו דמי עבודת כוכבים כמו בבני

(נב) נ״ל ופיכוסו לסו.

בכני תוכה ועוד דלא משמע דאיירי אביי כלל ביום אידו מיהו לרבא יכול להיות מותר אפילו באכסניא ולכך אינו יכול להביא ראיה מבשר נבילה ליום אידם וכ"ש דהתם איכא למיחש דלמא מהדר אפי' דאפי' יוצא ונכנס מותר נ"ל. וכן המשנה דעיר שיש בה עבודת כוכבים נ"ל דמיירי ביריד והכי אמר בירושלמי עיר שיש בה ע"ז תוכה אסור מפני שיש בה צלם והא תוכה אסור רשב"ל ביריד שני ומה בין תוכה ומה בין חוצה לה תוכה ע"י שהיא נהנה מן המכס תוכה אסור וכו':

דף י"ב ע"א **דלמא** מהדר ישראל אפי' וא"ת מאי אריא דקמ"ל היתר

אע"ג דזמנין דמהדר אפיה הא אפי' יוצא ונכנס הו"ל להתיר כדשרי' בעלמא וא"ר דלמא לאו דוקא נקיט מהדר אפיה. ולי נראה דיוצא ונכנס לא שרינן הכא ששניהם אכסנאים ואין הגוי מכירו ואין נתפס עליו כגנב כ"כ ואינו מירתת ומודה ר' דאפשר לחלק כך. ועוד קשה לי דאי לאביי תלינן לקמן (דף ל"ג.) אימר חמרא זבין וכו' הכא נתלי הכי ופשטא משמע משום דעטליזה של עזה רחוקה קצת שרי דלהכי מייתי ראיה מצור:

ושדי עובד כוכבים נבילה בקדירה. וא"ר כגון להחליף הבשר טוב ברע אבל אם להחטיא את ישראל לא חיישינן שיעשה כ"כ כדאמר בפ"ב (דף ל"ה:) קופסא דמורייסא בלומא דחמרא בארבעה ולא חיישינן שמערבין בשביל רשע להחטיא להכשיל שום ישראל. ואולם רבי' שיי' פי' כדרבא דאין ראיה מנבילה משום דלא חיישינן התם הכי משום דלית לי' הנאה לעובד כוכבים ואי חזא לי' ישראל תבע ליה בדינא ואינו סובר כפי' ר'. ולפי' ר' י"ל דלרבא ה"ט דלא חייש למיחש דלמא מהדר ישראל אפיה וכו' משום דאפי' יוצא ונכנס מותר ואין חילוק בין אכסניא לשאר מקומות דשרינן ביוצא ונכנס אעפ"י שלאביי יש חילוק כדפי' לעיל נ"ל:

לא חישו להם חכמים משום דמי עבודת כוכבים ביד עובד כוכבים. ותימא דבפ' בתרא (דף ס"ד.) דדמי עבודת כוכבים ביד עובד כוכבי' מותרים ורבינו שלמה הגיהו בכאן דאביי לא שמע לי' ההיא מתני ורבא קאמר דאי איכא למיחש לדמי עבודת כוכבים הוי חיישינן דליד לקדרות אלא מו"מ ביום אידם בע' מנייהו ופשיט לי'. ומיהו עוד קשה מפ' אין מעמידין (דף ל"ג.) גמ' ההולכים לתרפות, דתניא עובד כוכבים ההולך ליריד וכו' עד מ"ש ישראל וכו' עובד כוכבים נמי ניסא עבודת כוכבים זבין דמי עבודת כוכבים איכא בהדיה אלמא דמי ע"ז ביד גוי אסורין וא"ר די"ל לפירש"י דאין התלמיד רוצה להוכיח משם דלא כאביי דאסר הכא ולהכי קאמר גוי נמי ניסא ע"ז זבין דמי ע"ז ביד גוי וכו' אלא מאי אית לך למימר אימר חמרא זבין וכו' ודוחק הוא ורבינו יעקב פי' דדיקא דמי ע"ז ביד גוי דפרק בתרא (דף כ"ד.) דפירע חובו מהן בהא לא אמרינן כל שאתה מתהנה מפני היה במיהו, שהגוי מבטל ע"ז כשמוכרה כיון שרעתו לפרוע הדמים לישראל, אלא הא דאסרינן הכא ובפ"ב לפי שדעת הגוי להקצות הדמים לקנות מהם חפץ אחר של ע"ז או ע"ז עצמה כאשר ייטב בעיניו ורבינו שלמה פי' עוד פי' אחר הגוי לא מחזיקינן דמי ע"ז שבחוצה לה דניסא דמים הללו שלוקח בהם בהמה לע"ז של בני תוכה הם ונקרבים הוי' לע"ז ואסורא דאורייתא דכתיב ולא ידבק בידך, ולפי' זה אין זה דמי ע"ז ממש שהקריבו לע"ז, אלא תקריבי ע"ז הם ואעפ"י שמוכיר שלוקח בהמה זו לע"ז, הצ"ך עדיין לומר שהדמים שלוקח מן הגוי תחתיה, הוו תקרובת לע"ז להזכיר שאותו איסור היא מלא ידבק בידך חמור יותר, אבל חששא אחרת שיעשה מן הבהמה שמא תקרובת אינה חמירא כ"כ. וקשה לי' לפירוש זה דאפילו הקריב המעות לע"ז לא מתסרי למאן דבעי כעין פנים אפי' דרכה בתקרובת המעות כדאמרינן באבני מרקולים (ע"ז דף נ') בעינן כעין פנים וליכא. וגבי ע"ז שדרכה במקל וזרק מקל בפני' חייב ואינה נאסרת (שם דף נ"א) ואין רגילה להיות כעין פנים במעות אלא בנסכא משברת לה כגון שברה לפני ע"ז ובפירש"י לא הויה בו כלום מקושיא דדמי ע"ז ביד גוי מדפ' בתרא דנהי דמהניא לא תקשו מידי דלא איירי בדמי ע"ז ממש מ"מ יקשה מפ' אין מעמידין לפ' בתרא כדפי' וגם לא תיכל לדחות בהך דאין מעמידין דאליבא דאביי מיירי דהא אביי לא איירי בה הכא מידי. מ"ר:

רבא אמר לא חשו חכמים משום בישולי גוים. פי' לדמי ע"ז שהיא איסור חמור יותר הוי חיישינן אי שייך למיחש. והאי דלא חיישינן הכא דתלינן אימר חמרא זבין אימר גלימא זבין כדאמר בפ' אין מעמידין (דף ל"ג) אלא מ"מ בי"ם אידם בעי מנייהו בעטליזה של עזה מהו מי אסרינן משום קורבה או לא. ותימא לי כי פשיט לי' דישרי א"כ מ"מ לה לחוצה לה מיתר דמתניתן וא"כ אפי' לדמי ע"ז בידי גוי לא ניחוש כי היכי דלא חייש הכא במתניתין והיכי קאמר דאי איכא חששא דדמי ע"ז ביד גוי הוה אסרינן משו' קורב' ושמא י"ל דלגבי מו"מ דיום אידם לא מתסרא משום

משום קורבה דידיה טפי מטתני' אבל לגבי דמי ע"ז דחמיר מתסרא משום קורבא. ועי"ל דמתני' מיירי בלא שוק והויא כשאר ימי איד דלא חייש למיחוש משום דמי ע"ז ביד גוי, והכא דאיכא שוק כדפירי' לעיל בעטלוחה של עוה אסור טפי:

רבה בר עולא אמר לא חשו משום צינורא וכו' לענין בישולי גוים היו חוששין, אם ראוי לחוש, וכן ליום אידיהן. אבל לפני אידיהן לא החמיר ולצינורא מדמי לי' דקיל טפי:

והא ר"י אמר רב כ"מ שאסרו חכמים וכו'. אע"ג דאמר בפ' במה אשה (דף ס"ד) תנאי היא ניחא לי' לישבה ככ"ע דין מראית העין כמאן הלכתא פריך (נג) בפ' במה אשה שם ובפ' אעפ"י (דף ס'):

דף י"ב ע"ב **פרצופות** למה לי. דנהי דמנשק לע"ז אינו חזור כמשתחוה מ"מ איסור דאורייתא איכא ושמעינן מהני דלעיל דאסור:

להחם לו חמין בשבת. דאע"ג שהוא חי הרבה אחר ששתה העלוקה כדמשמע בבכורות (דף מ"ד:) מ"מ סכנה חשיב כמו גב היד או גב הרגל דחשיבו מכה של חלל (לקמן דף כ"ח.) אעפ"י שפעמים מתרפא מאליו הי"נ סכנה איכא אעפ"י שפעמ"ם שהוא חי אח"כ כדקאמר התם מעשה בא' שביקש להשתין ולא השתין ונמצא כרסו צבה, ופריך ותיפוק לי' משום עלוקה פי' שמא אותו האיש שתה עלוקה המוצצת דם וכיון ומצצה ליחה ודם שבגופו, ומשני בשתותת דמשתין בשתי' ולא בקלוח וניכר שהוא ע"י מניעת השתנה בא לו אותו החולי משמע שצבה כרסו אבל משמע שיכול לחיות הרבה:

לא ישתה אדם מים וכו'. פירש"י דל"ג מן הנהרות ומן האגמים בהך ברייתא אחרונה דה"ה נמי בכלים וזה פי' לפי הגירסא שאומר אח"כ ניקרקש בנכתם וכו' ר' אומר דבערבי פסחים (דף קי"ב) גרסי בהך סכנתא דשברירי מן הנהרות ומן האגמים בלילה ולא גרסי' בה ניקרקש בנכתם ול"נ (נד) בה אי איכא אחרינא בהדי' ליטא לי' פלניא פלניא וכו' אבל יש שם ברייתא אחרת דקתני בה בלילי רביעית ובלילי שבתות ובההוא ל"ג התם מן הנהרות ומן האגמים ול"ג בה ההוא לחש דאסרה לה אמך אודהר וכו' ובההיא גר' ניקרקש בנכתם וכו' וקאמר התם ואי לא ליטא הכי ליל שנין אנוגרין וכו' מ"ר:

עיר שיש בה ע"ז והי' בה חנויות מעוטרות וכו' וא"ת אמאי שרי שאינו מעוטרות הא אסרינן לעיל לשאת ולתת ביום אידיהן ולפני אידיהן לגמרי ואין שום חילוק ואו"ר בשם רבי' מאיר זצ"ל דמכאן ואילך מיירי המשנה בעיר שיש בה ע"ז ויש בה שוק או יריד וליכא יום איד, דביום אידם ודאי אסור לשאת ולתת עמהם, ומה שפירש"י דדבר שאין מתקיים דוקא אסור ליקח מהם משום דאזיל ומודה, אבל מה שאנו מתירים ליקח מהם ביריד הוה דבר המתקיים, לא ניחא דהא ר' ירמיה זבין פיתא דלקמן בשמעתין אין זה דבר המתקיים, ואית דגי' פרתא ואין נראה דהו"ל למימר תורתא ועוד בירושלמי גר' על ההוא עובדא שא"ל חבירו לאותו שקנה לו סנדלא ואתה לא לקחת לך גליסקא מ"מ וכו' ועוד דלכאורה משמע דביום אידם אסרינן בדבר המתקיים בין ליקח מהם בין למכור להם וכו' כדפי' לעיל בההוא סוגיא:

בוורד על הדס דקא מת"ני מריחא. וא"ת והא רבא ס"ל בפ' בתרא (דף ס"ו:) דריחא לאו מילתא היא וי"ל דה"מ כגון פת חמה וחבית פתוחה וכגון בת ת"הא דאין עשוין עיקרן לריח אבל הכא וורד והדס דעיקרייהו לריחא עבידו וכן קטורת מועלין קודם שנעשה מצותו ואח"כ לית בהו מעילה אית בי' איסורא דעיקר הנאתו לריח עשוי, רבי יעקב, ועוד יש להוסיף דאפי' וורד והדס (נה) עבידו לריחא היה אסור דהאיכא הנאה בריח דידהו וכיון דאיכא הנאה כל הנאות דע"ז אסורו ואע"ג דכל איסורין שבתו"ה אין לוקין עליהן אלא כדרך הנאתן (פסחים כ"ד:) איסורא מיהו איכא, אם לא לצורך חולה שאין בו סכנה דבההוא אמרינן בפירוש (שם דף כ"ה:) מידי דרך הנאתו קעבידנא, אבל בעלמא משמע מילקי היא דאינו לקי אבל איסורא מיהו איכא, ואמרינן נמי התם הגיח חלב חי ע"ג מכתו פטור דמשמע פטור אבל אסור. ועוד דאמר התם הכל מודים בכלאים שלוקין עליהם שלא כדרך הנאתן מ"ט לא כתיב בהו אכילה ובאיסור ע"ז נמי לא כתיב הנאה באורייתא אלא לא ידבק בידך מאומה מן החרם כתיב בתורה במילה (נו) ובע"ז כתיב (תהלים ק"ו) ויאכלו זבחי מתים ובדברי קבלה בכתב, וראוי ללקות עליו שלא כדרך הנאה כמו על הכלאים כפי הכתב בתורה, והאי דאיכא מאן דשרי בת ת"הה ישראל בדגוי ואע"ג דכעין איבור ע"ז מחמירינן בסתם יינן היינו משום דליכא הנאה התם כדפרישית (נז) בכונסה אליו משום שתי' היה ראוי לאסור, מי הוה ריחא דידי' מילתא הואיל

(נג) צ"ל פיכסתי (נד) אולי צ"ל וגרס נמי (נה) נ"א היו עבידי לריח כצ"ל (נו) תיבת "במילה" אין לו פירוש וצ"ל גבי עיר הנדחת (דברים י"ג) (נז) עי' תוס' דף ק"ו ע"ב ד"ה אביי, ותבין:

הוא״ל ויש ר״ח חוק ביותר דומה כאילו מכנים הממש לתוך גופו ולכך אוסר מי שאוסר כי שתיה גסה אסרו חכמים באיסור הנאה בין שהוא דבר הראוי לשתי׳ וא״נ הויא שתי׳ גסה מותרת בחק, יש לאסור בת תיהא, כיון שיחשב הריח שלה כממש שכיון שהשתי׳ של יין זה אסו״א לזה האדם המריח ואם היה שותה עכשיו לא היתה שתי גסה יש לאסור הריח הדומה לממש כמו השתי׳ עצמה מדרבנן לכל הפחות אעפ״י שאינו נהנה מן הריח ובשתיה נהנה, ותדע דמשום דחשיבה לי׳ כממש הוא שאוסר מדאוסר מה״ט [פת] שעי״ג פי׳ החביות על תרומה כי למה יש לאסור הפת אא״כ יחשב כאילו נכנס בה הממש של תרומה, ואפילו את״ל כמו ואכלו זבחי מתים יש להתיר מן התורה בתקריבת ע״ז שלא כדרך הנאתן כאלו כתיב בתורה, מ״מ יש לאסור שלא כדרך הנאתן מדרבנן כדפרי׳:

אבל מעוטרות בפירות מותרות. ותימא דאמר בפ״ב (דף ל״ג) גמ״א הה״לכים לתרפות, ישראל ההולך ליריד של גוים בהליכה מותר בחזרה אסור ומפרש התם התלינן דע״ז זבין דאו חמרא או גלימא ובין דכא הוא דמזבין ליה פי׳ ולא הוי עובר ללכת ליריד אלמא משמע דהוא׳ עושה עבירה בהליכתו ליריד. והכא שרינן בעוטרי׳ בפירות לר״ל ולר״י נמי שרינן שאינן מעוטרות כלל כדאמרינן במתני׳. וי״ל דלקמן מיירי כגון שכל החנויות מותרות (נח) כדני דמתניתין לר״י בפירות ולר״ל בורד והדס דוקא. ועי״ל לר״ל דסבר דפלוגתא הוא בסמוך וברייתא דלקמן (דף ל״ג) כר׳ נתן דאסר בסמוך בין נהנה בין מהנה. א״ר. ומ״מ ק״ל דהא בסמוך תניא הולכין ליריד של גוים ולוקחין מהם בהמות עבדים ושפחות ומוקי ר׳ יוחנן בסמוך בלוקח מבעה״ב דלא שקלי מיני׳ מוכסא בלוקח מבה״ב קבוע. מ״מ בעה״ב שאינו קבוע שרי לכ״ע כדלקמן בסוף שמעתא וא״כ אמאי לא תלינן שאותו ישראל שהלך ליריד הלך לדברי היתר ובסמוך משמע דלאו דוקא מתיר בהמה עבדים קרקע וה״ה פתא ובגדלא שאין נראה לומר שכל היריד מעוטר לגמרי ואין בו מקום לתלות בהיתר כמו בעה״ב שאינו קבוע. וי״ל דלקמן בפ״ב [מיירי] כגון שידוע לנו שהלך לשם לקנות שום דבר והביא מע״ת כדקאמר התרא זבין או ע״ז ולהולך שם למכור לא שרינן כ״א לקנות דוקא דמשום מעשיהו שרי כדלקמן בשמעתין. ומיהו תימא לי דבהא ברייתא [בשמעתין] איסור נושא ונותן בשוק של ע״ז משמע בין לקיחה בין מכירה, וקתני נמי מע״ת ובלי מתכות וליכם ליה המלח, והתם מע״ת משמע שמכר שום חפץ ולקח בו מע״ת שאסרין ואעפ״י שידוע שאינו דמי ע״ז הוא״א דבהמה ופירות בפות ובלים דלא אסרינן אלא משום מעמא דנהנה מהנה ולקמן משמע דלא אסר אלא משום דאמרינן ע״ז זבין וכו׳.

דף י״ג ע״א **מהנה** מותר. ותימא דאמר בפ׳ כל הצלמים (דף מ״ז) גבי מי שהי׳ כותלו סמוך לכותל ע״ז ונפל וכו׳ והא קשבקי רווחא לע״ז, אלמא מהנה אסור. ויהי מצי למימר דלר׳ יוחנן מיירי לקמן דאסיר מהנה, מיהו א״ר דלר״ל נמי נ״ל שהוא דומה כבונה בית לע״ז דיהוב לי׳ רווחא ובונה לתוך שלו, ומהנה כהאי יש לאסור לכ״ע. מ״ר. ובשם ר״ת פי׳ בתוס׳ פ׳ דכל מהנה אסור לר״ל חוץ מזה שאינם חפצים ושמחים בהנאה זו של נתינת המכס, שיותר היו חפצים שינוח עטרה בראשו ובראש חמוריו ויפטר מן המכס כבסמוך ומה שאין רוצה ליטול העטרה ולהניח בראשו אין כ״א קלון ע״י ושרי:

מהנה מותר. והוא דע״ז שיש לה הנאה או מרוין נרנין מכנה בטובה ואין נרנין מכנה שלא בטובה נפ״ש לקמן בפ׳ כל הצלמים:

מניח נמצא נהנה. פירשי׳ דנהנה מריח של עטרת שהוא מניח בראשו, ושמא יש לפרש בלא שום הנאה מן העטרת נמצא נהנה דלא שקיל מני׳ מוכסא ע״י העטרה פטרוהו מן המכס:

מן הארכובה ולמטה. פירשי׳ אעפ״י שאסורה בהנאה, אסור לגרום לה טריפות בידים, ולכך צריך לעקור מן הארכובה ולמטה, ות״ה מה יש לחוש אם תטרף כיון דלא תיאכל, וא״ר דמגי בעיקר מן הארכובה ולמטה דהוה הכירא וקנסא ומגי בהכי אע״ג שמחשי׳ במעות להוליך לים המלח, ופירות להרקיב:

אלא בית הפרס דרבנן, דין הפרס פי׳ בפ׳ בכל מערבין:

ללמוד תורה ולישא אשה. א״ר דדוקא נקט הני כדשיבח גם במגילה [דף כ״ז.] גבי מוכרין ספר ישן ליקח חדש ולא כפי׳ השאילתות שפירשו דנקט הנך דקילי וה״ה שאר מצות:

ולישא אשה. והא דאמר בסוף כתובות [דף ק״א.] אחיו נשא גיורת ומת יבמי והוא ירד אחריו, התם בנישא אשה בח״ל להשתקע עם קאמרינן, אבל לישא ולשוב לא״י מיד ודאי שרי:

י״א

והא איכא צער בע"ח. לעיל (דף י"א) גבי מלך לא פריך שכמו שהתיר לשרוף לכבוד המלך כמו שכתוב בקרא, ולא חיישינן לבל תשחית, ה"נ מותר לעקור, דמסתמא כ"ז היו רגילין לעשות למלכים, אבל הכא משום קנסא לא הי' לנו לתקן בענין שיעשו צער בע"ח נ"ל. ומבל תשחית לא שייך למיפרך הכא כלל שהרי חכמים אסרוהו בהנאה:

אמר אביי אמר קרא את סוסיהם תעקר. והוא"ל ושרי רחמנא בעלמא עיקור הקילו חכמים להתירו כאן הואיל ולצורך מצות תקנוהו. ותימא למ"ד צער בע"ח דאורייתא בסוף פ' אלו מציאות (דף ל"ב:) האיך התירוהו כאן למ"ד אין כח ביד חכמים לעקור דבר מה"ת והמ"ל דהך ברייתא דוקא למ"ד צער בע"ח דרבנן ודוחק הי"א ונ"ל דאתי שפיר לפי' ר' שרגיל לפרש ביבמות דאפי' למ"ד אין כח ביד חכמים לעקור דבר מה"ת מודה הוא דהיכא דאיכא סברא קצת שיש כח לעקור כדפי' גבי יש חופה לפסולות ובריש האשה רבה (דף פ"ט) גבי מתירין אשה ע"פ ע"א:

אין מקדישין וכו' בבכורות בפ' בתרא (דף נ"ג.) אמרינן דבטלי מעשר בהמה אחר חורבן מה"ט דאתי בה לידי תקלה. והקשה רבי' יעקב דאמר בפ' במה בהמה (דף נ"ד.) דראב"ע הי' מעשר מעדריו תריסר אלפי עגלים בכל שתא והיא הי' ילד וקטן בשנים בפני הבית שאחר הבית הי' עדיין ר' יוחנן בן זכאי כדאמר בר"ה (דף כ"ט.) ואחריו מלך ר"ג עד שמינו ראב"ע ואז לא עדיין כ"א בן י"ח כדאמר בברכות בפ' תפלת השחר (דף כ"ח.) ושמא לא בטלו מעשר בהמה כ"כ סמוך לחורבן. וצ"ע אם אשטרופוס הי' מעשר לו כשהי' קטן מעשר מעדרו משמע שהי' מעשר היא בעצמו ואני הייתי רוצה לומר דהיינו עישור שנותנין למלך, והיא ארנונא ולא מיירי במעשר בהמה מידי, ואין ר' מודה:

אין מחרימין בהמה בזמה"ז. פירש"י דסבר סתם חרמים לבדק הבית ואתו בה לידי תקלה, ונ"ל דלמ"ד סתם חרמים לכהנים מיירי שפיר ואפי' במפרש בהדיא לכהנים ניחא דהא אמרינן בערכין (דף כ"ט.) ובבכורות בפ' דכל פסולי המוקדשין (דף ל"ב:) דחרמי כהנים כ"ז שהם ביד בעלים הרי הם כהקדש לכל דבריהם ואתו בהם לידי תקלה:

ואם הקדיש והעריך והחריב בהמה תעקר וכו'. והקשה ר' יעקב דאמרי' בערכין (דף כ"ט.) האי גברא דאחרימינהו לנכסיה [במטלטלי.?א] אתא לקמי' דר' יהודא א"ל שקיל ד' זוזא ושדי בנהרא ולשתרי לך. ותירץ ר"ת דהכא מיירי במטלטלין והתם מיירי במקרקעי דלא שייך לאסרינהו אסורא דלעולם דכ"ש דאתו בהו לידי תקלה, וקשה קצת דקאמר התם בתר הכי על מילתא אחריתי הא במטלטלי והא בקרקעות ופריך והא מעשה דפומבדיתא במקרקעי נמי הוה מדקאמר נמי משמע בתרוייהו הוה בין מקרקעי בין מטלטלין וא"ר דכ"ש ניחא דמהיכא פשיט לי' לתלמוד דמקרקעי נמי הוה. אלא י"ל מדשרי לי' ר"י ע"י פדיון ש"מ דמקרקעי נמי הוה דאפילו הוה במטלטלי במקרקעי נמי הוה אבל אין לתרץ לפירש"י שפי' לעיל דמוקי הך דאין מחרימין כמ"ד סתם חרמין לבדיה והאי דהתם מיירי כמ"ד סתם חרמים לכהנים שא"כ לא הו"ל לפדותם אלא ליתנם לכהנים כדקאמר בתר הכי אמר עולא אי הוה התם הוי יהיבנא כולהו לכהנים:

דף י"ג: ע"ב **מעות** וכלי מתכות יוליכם לים המלח, ק"ל כיון דמצריך הכא ים המלח א"כ לא סגי בשאר נהרות כ"א בשחיקה כדמוכח בפסחים בפרק כ"ש (דף כ"ח.) גבי מפיר וזורה לרוח וא"כ היכא קאמר בההוא דערכין (דף כ"ט) גבי האי גברא דאחריםנהו לנכסי' אמאי קאמר שקול ד' זוזא ושדי בנהרא הו"ל לאצרוכי ים המלח או שוחק ומטיל לים או לשאר נהרות והכא מצריך ים המלח, וכן בעלמא (נזיר כ"ד) גבי מעות הקדש כגון גבי מפריש מעות לנזירותו ומת יוליכם לים המלח והתם קאמר שדי בנהרא וכן בפ' הוציאו לו ביומא (דף נ"ה:) קאמר ולישקיל ד' זוזא ושדי בנהרא ושאר לשתהי גבי ולא הי' שופרות לקיני חובה ושמא שקול ושחוק ושדא קאמר. ועוד תימא שעכשיו שמחללין כ"ם רבעי רגילים לישול זוז ולפדותם ולהשליכם לבור ולמה לא אצטריך או ים המלח או שחיקה. וע"ד ק"ל הכא מ"ש במעות וכלי מתכות החמירו לצורך ים המלח ופירות כסות וכלים אמרו ירקבו ולא חיישינן שמא יבא לידי תקלה קודם והו"ל למימר ישרפו או יקברו כיון דבמעות וכלי מתכות לא סגי לן בשאר נהרות:

ואיזהו עיקור נועל דלת בפניה. תמה ר' בבכורות שיש לנו בזמה"ז למה אין מותר להכניסם לכיפה ולהמיתם מאליהם ע"י נעילת דלת כי הכא דשרינן בהני קדשים להכניסם לכיפה בשלמא בימי התנאים ואמוראים שמוכח בהרבה מקומות שהי' ממתינים עד שיפול בו מום ומעשה בזכר של רחלים זקן דהתם (בכורות ל"ה.) שצרם לו נוי באזנו דמשמע שלא הי' להם תקנה כ"א בנפילת מום והו לפי שלא היו רוצים להכניסם

להכניסם לכיפה אלא ממתינים שיפול בו מום ויאכלו במומם אבל מ"מ מי שרוצה להכניסם לכיפה ואינו מוצא מי שירצה ליקח אותו וימתין עד שיפול בו מום למה לא יכניסם לכיפה, וי"ל כי שמא, להכניסו לכיפה לפי שצריך להמתין שמא ימצא שום כהן שיקח אותו או שמא יפול בו מום ויתנה לכהן ויקיים מצות נתינה, דתנן בבכורות (דף כ"ו:) עד כמה ישראל חייב ליטפל בבכור בהמה דקה שלשים יום ובגסה חמשים יום, משמע ולא ייתר ומ"מ אם אינו מוצא כהן שיקחנו יש לו להמתין עד שימצא, אבל תוך ל' או תוך נ' אפי' אמר לו כהן תנוהו לי אל יתנהו לו כדקאמר התם ומיהו לפי טעם זה היה אפשר עדיין לתקן עכשיו בלא המתנת נפילת מום כגון שיתנהו לכהן והכהן יכניסנו לכיפה. ומיהו י"ל שאין זו נתינה כיון שמתחילה ניתנו לדעת שיכניסנו לכיפה ולא יהנה ממנו. ועוד נ"ל מ"א דמשום הפסד קדשים אסור להכניסו לכיפה דשמא יופל בו מום ויאכלנו כמוהו בלא שום פדיון. אבל בקדשים דהכא שייך להתיר יותר הכנסת כיפה דאינו הפסד קדשים, ואפי' יופל בו מום לא יאכל כמוהו בלא פדיון, נ"ל:

נועל דלת בפני' ייפ"ל. וא"ת מאי קשיא לי' לתלמודא שהי' לנו כאן לעשות עיקור דמפרסותיו מן הארכובה ולמטה, והלא אז היתה בעלת מום ועדיין היתה צריך לפדיתם ומן המעות מה יעשו. וי"ל דשדא להו בנהרא או בים המלח דהכי הוה עדיף טפי כדי שלא להפסיד קדשים לגמרי, אע"ג דצריך לטרוח לאבד המעות וגם יש צער בע"ח: ולעיל פי' הא זימנין דקאמר תלמודא שדא בנהרא זימנין דמצריך ים המלח:

אמר אביי משום בזיון קדשים. ק"ל לאביי דלא חייש הכא לטעמא דנראה כמטיל מום דבפסוק, מה הי' דחוקים בימי חכמי התלמוד אחר חורבן להמתין בבכור עד שיופל בו מום כדמוכח במס' בכורות וגם בר"ש פ' בתרא דבכורות (דף נ"ג.) קאמר גבי בכור בזה"ז דאפשר להציל בו מתקלה כדר"י דמותר להטיל בו מום בבכור עד שיצא לאויר העולם וכו' אבל הא פשיטא לי' דמשנולד אסור להטיל בו מום אפי' בזמה"ז, ואמאי יטילו מום בידים דמטיל מום בקדשים לא הוה כדקאמר בסמוך ואפי' נראה כמטיל מום לא הוה דלית לי' לאביי הכא טעמא דרבא דכיון דאי לאו טעמא דבזיון קדשים הוה שרינן הכא להטיל בו מום ולעשות עיקור דאיכא צעב"ח, כ"ש דלתקנת אכילה הי' לנו להתיר כיון דאם לו נראה כמטיל מום לא חשיב לי' הכא דאין לומר דאביי א"ת לי' שפיר טעמא דנראה כמטיל מום אבל לא היצריך לי' ההא בתר הכי תירוצא דבזיון קדשים פרכינן ונשחטי' ונשוי' גיסטרא. וי"ל כי היכי דאוסי' עיקור משום בזיון קדשים, אסור נמי לגרום לו מום, דכיון דחי ומתקיים ירואין אותו תדיר במומו איכא בזיון קדשים אפי' בהגרמתו וצ"ע:

ונשחטי' משחט. פירש"י ישוחט בחוץ לא מיקרי דאיירי בקדשי בדק הבית.

יקשה לי' דקאמר בסמוך מה נראה כמטיל מום מ"מ מעליא היא, והא בקדשי בדק הבית לא כתיב איסור הטלת מ"מ כ"א בקדשי מזבח כתיב (ויקרא כ"ב) תמים יהי' לרצון כל מום לא יהי' בו ועוד דקאמר הכא וכי השתא דלא חזי להקרבה לית לן בה משמע דבראוי להקרבה קיימינן ונראה לרי' דלעיל מיירי בקד"ש מזבח ומ"מ לא מחייב [בזמן הזה] משום שוחט בחוץ הואיל ולא חזו לפתח אהל מועד ואפי' שלמים ששחטן בחוץ קודם פתיחת דלתות ההיכל פטור למ"ד מחוסר פתיחה כמחוסר מעשה דמי בפ' שני שעירים במס' יומא (דף ס"ג:) כ"ש בזמה"ז דלא איכא מזבח כלל שמא לא מחייב משום שחוטי ח"ץ. ור"י נמי דקאמר בפ' קדשי קדשים (דף נ"ט.) כל הקדשים שהיו שם קודם שנפגם המזבח פסולין אלמא דחוץ הם, ואינם ראוים לפתח אהל מועד, ואע"ג דקדשים שהקדישו בשעה שאין מזבח כשירין לכשיבנה ולא אמרינן בהו דחוי מעיקרא הוי דחוי כדמשמע בזבחים בפ' קדשי קדשים (שם) ומ"ש ר' יוחנן כל הקדשים שהיו שם פסולין לעולם אפי' אחר שיעשה המזבח שלם בתיקונו זה דוקא כשהיו שם גם קודם שנפגם דהו"ל נראה ונדחה מ"מ כיון שאם נשחטו בלא מזבח פסולין אין חייבין על שחיטתן בחוץ כ"ז שאין מזבח כמו שאין חייבין על שחיטתן בחוץ קודם פתיחת דלתות ההיכל ומיהו קשה דר"י אדר' יוחנן בפ' השוחט והמעלה [דף ק"ו] אמר המעלה בחוץ בזמה"ז ר"י אמר חייב ומשמע דה"ה שוחט ואמאי והלא אינו ראוי לבוא לפתח אהל מועד, ואמ"ר דדוקא נקט מעלה דהכי משמע ודאי מדלא אפלגו בהשוחט בין ר"י ור"ל דהתם מיירי בקטורת בראיתא בפ' קדשי קדשים (דף נ"ט.) מזבח שנעקר מקטירין קטורת במקומו א"כ מצי לאוקמי אפי' במנחה את"ל דקריבה בלא מזבח במקומה כקטורת כי שמא בלא מזבח יכול כהן לקדש מנחה בכלי שרת ולקמוץ, ול"ד לקידוש (נש)

מנחה

(נש) קידוש מנחה כנ"ל

מנחה וקמיצתה לשחיטת הזבח להצריך מזבח דגבי שחיטה כתיב וזבחת עליו אבל גבי קידוש מנחה לא כתיב, וחסרון מזבח בשעת הקטרה דמנחה בחוץ לא משוי ליה אינו ראוי לפתח אהל מועד דכיון דראוי׳ מנחה להקטרה בפנים אם היה שם מזבח להקטיר עליו חשובה ראוי בפנים דכיון דאין כאן חסרון אלא שאין מזבח להקטיר עליו, והוה כמו שוחט בחוץ קדשים בזמן הבית והמזבח, בשעה שאין שום סכין לשחוט בה בפנים דמסתמא דחסרון סכין דהקדש בפנים לא חשיב אינו ראוי לפתח אוהל מועד שאעפ״י שנשחט היטב אינו ראוי. ועי״ל דאפ״י הקטרת מנחה בפנים במקומו של מזבח כשרה כמו קטורת דמדקאמר בפ׳ קדשי קדשים (שם) מודה רב בדמים משמע דוקא בדמים בלא הקטרה, א״צ יש להעמידה כגון שבנה המזבח במקומו דהשתא הוה ראוי לפתח אהל מעד אעפ״י שאין בית דכיון דקידשה לע״ל והוא הקריבה חוץ, ואו״ר. וק״ל לפי׳ תינח בקדשי מזבח משני שפיר מפני שנראה כמטיל מום, אבל בקדשי בדק הבית מה יתרץ בקדשי בדק הבית תקשי מה שהקשה למעלה, דמאי נראה כמטיל מום שייך לומר כיון שאין בדם שום איסור הטלת מום כלל, ועוד אפי׳ תימא דקרי לי׳ נראה כמטיל מום מדרבנן ותימרא בעלמא הא מ״מ קשה דפריך מום מעליא היא הא בקדשי בדק הבית אינו מום מעליא, ולכך לא יכול רבא לומר מפני שמטיל מום ובכל הקדישות קאמר תנא בהמה תעקר בין בקדשי מזבח בין בקדשי בדק הבית, ועוד דחרמין הם קדשי בדק הבית, וצ״ל דבקדשי ב״ה מיירי שפיר כפירש״י ושייך בה שפיר איסור הטלת מום הואיל ואין יוצאין מידי מזבח לעולם וראי׳ לדברי דאמרינן בפ׳ בתרא דתמורה ודף ל״ג.) דקדשי ב״ה תמימים יקברו פי׳ דבעי העמדה והערכה ובעלי מומין יפדו, וקאמר התם א״ל ר׳ ירמיה לר׳ זירא לר״ש דאמר קדשי ב״ה לא היו בכלל העמדה והערכה אמאי תמימים יקברו ומשני משום דחזו להקרבה כדתניא המתפיס תמימין לב״ה כשהן נפדין אין נפדין אלא למזבח שכ״ד שראוי למזבח אין יוצא מידי מזבח לעולם ש״מ דבעי העמדה והערכה כדין קדשי מזבח מטעם דחזי להקרבה ומהאי טעמא שייך בהו איסור הטלת מום אפי׳ מה״ת ולכל הפחות אפי׳ מדרבנן, והא דפריך מום מעליא היא, ולא תקשי אי איתא דאינו אלא מדרבנן, מאי קאמר מום מעליא היא, שפיר קשיא לי׳ דלא הו״ל למימר דרך מתמא מפני שמטיל מום בקדשים וממילא הוה ידעינן ד איסור הטלת מום דשייך בקדשי בה״ב קאמר משום דחזוא להקרבה ומדקאמר נראה כמטיל מום נראה שיש שום טעם טפי בעלמא דאינו מטיל מום ממש כשאר מטיל מום בקדשי בדק הבית והקשה לי על מה שאני אוסר מה״ת דבמנחות בריש פ׳ המנחות והנסכים (דף ק״א). משמע דהא דמתפים תמימי׳ לב״ה אין יוצאין מידי מזבח לעולם הוי מדרבנן דקאמר שמואל התם בריש פירקין אפי׳ הם טהורים נפדין גבי המנחה והנסכים, וקאמר התם אי שמיע ליה לשמואל הא דתניא המתפים תמימים וכו׳ הוה הדר בי׳ פי׳ דה״נ טהורים אין נפדין מסתמא, ומשני שמיע לי׳ ולא הדר ביה לאו אמרת כיון דלא שכיחי לא מיפרקי ה״נ כיון דלא שכיחי לא מיפרקי משמע דאינו אלא מדרבנן, והוה מצי למימר דהיינו דוקא לשמואל, אבל לשאר אמורא׳ דהתם דאמרי טהורין אין נפדין ס״ל דמתפים תמימין לב״ה אינן יוצאין מידי מזבח לעולם הוה מה״ת ומיהו אין נראה לר׳ לומר כן דע״כ לשמואל לכל הפחות קושיא דתמורה לר״ש אמאי יקברו תמימים או משמע אפי׳ לשמואל ודאי תירוצא דתמורא ושוב אין לנו הוכחה מתמורה דהוי מה״ת, אלא י״ל דאפי׳ מדרבנן הוה מ״מ ניחא כדפי׳, נ״ל. ועוד נ״ל ראיה מההוא שמעתין (מנחות ק״א.) דלמ״ד טהורין אין נפדין דוהו מה״ת, דקאמר ר״א כולן טהורין אין נפדין חוץ מעשירית איפה של מנחת חוטא שהרי אמרה תורה מחטאתו על חטאתו, ואמאי אתיא קרא דמחטאתו על חטאתו כיון דאותו שאין נפדין זהו מדרבנן, והו״ל למימר חוץ מעשירית האיפה של מנחת חוטא דבטמאה (ס) היא דלא חזיא למילתי׳ כשהעשיר והוא הקדישה לצורך מנחת חוטא, אבל אי ס״ל דשאר טהורים אין נפדין מה״ת אתי שפיר בפשיטות דקאמר חוץ ממנחת חוטא דגלי בה קרא שהיא נפדית, והא דפריך הכא ולהוי כמטיל מום בבעל מום קדשי מזבח נראה דפריך דבקדשי ב״ה אינה נראת פירכא כיון דאינו אלא מדרבנן וקא׳ שלא הו״ל לומר נראה כ״א סתם. ועל הא דק״ל לפי׳ רבי׳ מה תירץ התלמוד בקדשי ב״ה, ומתרץ ר׳ דבקדשי ב״ה נתרץ דגזרי׳ שלא לנשר פרסותי׳ גזרינן אטו קדשי מזבח דהשתא נמי דקאמר דנראה כמטיל מום בקדשים לא קאי הי״ט אלא לקדשי ב״ה, דקדשי מזבח הוי נראה כעובר מטיל מום בקדשי מזבח שאסור להטיל בהם מום, וקדשי ב״ה היא

דגזרינן

(ס) דבטמאה כצ״ל.

דגזרינן אטו קדשי מזבח דנראה כמטיל מום לא שייך בהו שלא הזהירה תורה עליהן אין נראה כעובר בהטלת מום בהם. ואין לאסור מטעם נראה כמטיל מום בקדשים אי לאו משום גזירה אטו קדשי מזבח, והכי אמרינן בפ' ראשית הגז (דף קל"ה.) ובפ"ב דבכורות (דף י"ד.) דקדשי ב"ה אסור בגיזה ועבודה גזירה אטו קדשי מזבח, לכך מחקתי דדמי ודמי דכי היכי דגיזה ועבודה אסור מן התורה בקדשי מזבח, ה"ה הטלת מום כל כמה דלא קים לן טעמא דתמים יהיו לרצון: ולהוי כמטיל מום בבעל מום. תימא דמשמע

דפריך סתמא לכ"ע ואמאי והא לרבנן דר"ש שרי מדאורייתא כדאמר בפ' כל המנחות באות מצה (דף נ"ו:) ובפ' כל פסולי המוקדשין (דף ל"ג:) הכל מודים במחמץ אחר מחמץ שהוא חייב, כי לא נחלקו אלא במטיל מום בבעל מום דר"ש סבר כל מום לא יהי' בו ורבנן סברי תמים יהי' לרצון. וי"ל דודאי לא פריך הכא אלא לר"ש, וגם בפירש"י הוכיר דפליגתא דתנא היא הכא. וכי פריך ור"ש והא כתיב תמים יהי' לרצון, ה"ה מצי לשנויי דאתא למעוטי בזמה"ז כדקאמר הכא אלא ניחא לי' לשנויי אפי' בזמן ביהמ"ק, דקאמר התם למעוטי פסולי המוקדשין לאחר שנפדו ומצאתי בשם הר"ר יעקב מאורליינש שהקשה אמאי לא פריך הכא ממחמץ אחר מחמץ שהכל מודים שהוא חייב אע"ג דלא חזי לא לדמי ולא לגופא כשהחמיצה המנחה אחר שקדשה בכלי שרת אינה נפדית ולא חזיא תו לגופה ותירץ התם אע"ג דאיהי לא חזיא אחריני חזיא לאפוקי בזמה"ז דלא איהו חזי ולא אחריני חזי, וזה אין נראה לי דאם צריך תירוץ אחר מלבד מה שתירץ התלמוד דהכא לא חזו לא לגופה ולא לדמי הו"ל לתלמיד לעשות אותו תירוץ דההוא דלגופי ולדמי אינו מועיל אבל נראה דאין קשה כלום ממחמץ אחר מחמץ דשאני הכא דכתיב תמים יהי' לרצון ויש לי למעט הטלת מום בבכור בזמה"ז והיק התם בהדי' אפילו מאן דפטר במטיל מום בבעל מום מחייב במחמץ אחר מחמץ כדפי'. נ"ל:

דף י"ד מאי אצטרובלין תורניתא. מה שפירש"י מין ארז היא כדאמר (ר"ה כ"ז) שיטה תורניתא אין נראה לר"ת כלל דה"כ פריך כל שאין לו עיקר אין לו שביעית אטו שיטה מי אין לו עיקר מתקיים בארץ בימות הגשמים. ועוד הא תבואה דאין לה עיקר מתקיים בארץ בימות הגשמים ויש לה שביעית. ועוד דכי

הוכי דפריך לקמן דקל טב ה"א דלא מזבנינן הכי נמי ליפרך הכי שיטה ה"א דלא מזבנינן הא שאר אילנות מזבנינן והא אין מוכרין להם במחובר לקרקע (לקמן י"ט.) ואומר ר"ת דהאי תורניתא לאו היינו דר"ה (דף כ"ג) אלא מין ארמה היא או כיוצא כעין כבריתא דבפ' אר"ע בשבת (דף צ.) ובפ' דרואה כתם בנדה (דף ס"ב) דפריך נמי התם כה"ג דקאמר מאי בורית כבריתא ופריך כבריתא מי אית לי' שביעית וכו' ושם בשבת ח"ר בו ר' שלמה מפירושי דהכא ופי' ר' (סא) דתורניתא דהכא דומה שהיא כעין כבריתא דהתם מ"ר:

זבין פיתא. (סב) תימא דהא פת עובד כוכבים אסור ושמא איירי במקום דליכא פלטורין ישראל דאיכא דשרי לקמן, או לצורך עבדו גוי או לצורך בהמה קנאו. ואין נראה אלא דלאבילה קנאו דקאמר בירושלמי על ההיא מעשה שאמר ול"ו ואתה לא לקחת לך גליסקא מימך שנייא היא דאמר ר' יוחנן לא אסרן דבר שיש בהן חיי נפש ותימא דרב אשי פירש טעמא דרתירא משום מיעוטייהו בפת מאי מיעוטייהו שייך אדרבא הם שמחים למכור דבר שאין מתקיים כדקאמר לעיל דאין לוקחין מהם, וצ"ל דמ"מ שייך בהם טעמא דמיעוטייהו, והכא לא תקשו דלעיל אסור לקנות מהם דבר שאין מתקיים, והכא שרי דהך שמעתי' מיירי ביריד יום אידם כדפי' במתני':

בהמה מאי מכניס תחת כנפי השכינה איכא. ואינך אמוראי סברי דבבהמה איכא מיעוטייהו טפי מבעבד, שבהמה היא ממון גמור הראוי להתקיים ביד הלוקח והמוכר הפסידה כדאמרי אינשי זבנת קנית זבין איביה, אבל עבד גוי ליכא כולי האי מיעוטייהו שאין זה כ"כ ממון גמור, ואדרבא העבד שהוא גוי ואבל משל ישראל ומטעמו ונהנה ממנו ושמא לא יקבל עליו לימול וליכנס תחת כנפי השכינה. מר"י:

מוכססין ובנות שוח, והקשה רבי יעקב דקאמר הוסיפו עליהן, מעיקרא מה קסבר ולבסוף מאי סבר בשלמא אלכסין ואיצטרובלין י"ל דמעיקרא סבר דאינו פירא גמור, ולבסוף החמירו בהם לחושבן, אבל בנות שוח פירא מעליא הויא כדקאמר בפ"ק דשבועות (משנה ב) דמיתרות קייץ למזבח בבנות שוח שהיא לקנוח לסעודה ובנות שוח שבע ובנות שוח חדא מילתא היא כדאמר בב"ר שגרמו שיחא לעולם או גרמו ז' ימי אבילות לעולם. ותירץ רבי יעקב דגרסינן מוכססין בנות שוח ולא גרסינן ובנות שוח בוא"ו ומביא

(סא) נ"ל ופירש. (סב) ד"ה זבין שייך קודם ד"ה מאי.

ומביא ראיה מפ״ק דבכורות (דף ח.) דקאמר הזאב והארי והדוב והנמר והברדלס לג׳ שנים כנגדו באילן בנות שוח וגבי נחש קאמר לז׳ שנים ולאותו רשע לא מצינו לו חבר ויש אומר מוכססין בנות שוח ושם פירש״י דמוכססין מין בנות שוח ולא בנות שוח ממש. ומיהו נ״ל שהיינו יכולין לדחות ראיה דהתם ולגרוס כמו שיש ספר שכתב בו שם בבכורות וי״א מוכססין ובנות שוח והוה נמי ההוא בנות שוח כההיא בנות שוח דלעיל ולעיל נקיט לי׳ לענין שהפרי עצמו משמתחיל לנסור לג׳ שנים כדתניא (ר״ה דף ט״ו:) בנות שוח שביעית שלהם שניה שעושות לשלש שנים, וגבי נחש מייתי לה למימר שמשעת נטיעתו עד שנושא פירות ז׳ שנים כעין מה שאומר התלמוד בחרוב. ומיהו קשה לר׳ דתניא הקלים שבדמאי וכו׳ וחשיב בנות שוח במס׳ דמאי (פ״א) ומייתי לה בפ׳ כיצד מברכין (דף מ:) ומשמע דלאו פירא חשיב היא בנות שוח ולכך הקילו בהן לענין דמאי, ע״כ משמע דה״נ גרס בנות שוח היה בנות שוח פירא בפ״ע ולא חשוב כ״כ וגרים ובנות שוח. ודוחק היא לומר דחשיבי שפיר אלא שמצוים ביותר ולכך לא נחשדו בהם ע״ה. ועוד קשה לי דבנדרים משמע דתאיני חיורי לאו היינו בנות שבע וגם משמע שם שבנות שבע חשובות דקאמר שם בפ׳ ד׳ נדרים (דף כ״ז.) נדר מן הכלכלה והי׳ בה בנות שבע ואמר אילו הייתי יודע שבנות שבע בתוכה הייתי אומר תאנים שחורות ולבנות אסורות ובנות שבע מותרות משמע דבנות שבע חשיבי וגם משמע דלאו היינו תאנים לבנות. וע״כ נ״ל לפרש דבנות שבע ובנות שוח שני עניני תאנים הם דהה אתי שפיר טפי, ונפרש דבנות שבע חשיבי ואוכלים אותם בקינוח סעודה, אבל בנות שוח לא חשיבי, וג׳ מיני תאנים הם, סתם תאנים, ובנות שוח, ובנות שבע כדמוכח נמי הך דנדרים דאיכא שחורות ולבנות מלבר בנות שוח, ולרעות קורא בנות שוח ע״ש שתאנים גרמו שיחה לעולם ותולה את הקלקלה במקולקל. וליפות קורא בנות שבע, ע״ש שגרמו ז׳ ימי אבילות לעולם׳ דמסתמא מן היפות אכל אדם הראשון שהי׳ העץ טוב פרי למאכל ונחמד להשכיל וכן נראה לר׳, ועוד תירץ ר״ת לגירסא ובנות בוא״ו דמעיקרא סבר דבנות שוח לפי שעושות לג׳ שנים לא הוי כשאר אילן דנהו דאין לומר דמשום דאין עושת פירות אלא מג׳ שנים לג׳ שנים לא חשיבו דהא לאו טעמא היא מידי ועוד דהא בכל שנה יש בהם פירות נגמרים כדמוכח בירושלמי על ההוא משנה דבנות ש״ח שביעית שלהם שנייי במס׳ שבועות, אלא שפירות שחונטים בשנה זו נגמרים לשנת ג׳ ופירות האחרים שחונטים לשנה שנייי נגמרים לשנת ד׳ וכן לעולם. ולא כפירית שפי׳ בחזקת הבתים (דף ל״ו) גבי ל׳ אילנות וה״מ דלא אפיק בכל שתא ושתא אלא העשרה מהם כגון בנות שוח שעושות לג׳ שנים. ומ״מ יש ליתן טעם דהיא״ל ואין עיקרן נגמרין בשעה שחונטין בה לא אזלינן בהו בתר חנטה כשאר אילנות וגם לא אחר שנה שניה ושלישית שאין להם זמן קבוע ליגדל רובם ולהיות עיקרם גדל באחת מן (חסר) ולבסוף סבור דס״ם נוהגת בהם שביעית לילך בתר שנת החנטה כשאר אילנות כדקאמר התם שביעית שלהן שניה, מ״ר:

כגון דאמר זה וזה. פירש״י שאמר תרנגול שחור ולבן למי ור׳ מפרש שבידי ישראל תרנגולים לבנים ושחורים והוא אומר על לבן ושחור זו״ז מכור לי והכי משמע בסמוך דקאמר אימתי בזמן שאמר תרנגול זה לבן דכיון דקאמר לבן ל״ל לומר זה אטו קמן קאי ורש״י הצריך לפרש זה לאו דוקא אבל לפי׳ רבי׳ אתי שפיר דמיירי שהוא לפני (דף י״ד ע״ב) וכן זה וזה תרנגול לבן למי ויהיב לי שחור ושקיל וכו׳ פירש״י לר׳ יהודה קבעי ור׳ אומר דבעי שפיר לרבנן דאע״ג דאסרי אפי׳ תרנגול בין התרנגולים משום דהתם דעתי׳ ללבן וקונה שחור מפני הלבן שעמו אבל הכא אעפ״י שאמר תחלה תרנגול לבן למי כיון שאח״כ ראינו שקנה שחור לבד אעפ״י שמא לא ימצא לבן א״כ לאו דוקא הי׳ שואל לבן אלא לנוי בעלמא ויכול להיות מותר אפי׳ לרבנן:

חצב קשבא. פירש״י לשון אחר תמרים כמו (מגילה ז׳:) מלא טסקא דקשבי ואין זה ראיה שהיא תמרים, ומיהו בגיט״ן בריש פ׳ הזורק (דף ע״ח.) אמרינן נמי טסקא דאכלי בי׳ תמרים וקשה לר׳ דמאי אר״א פירות דקל טב אפילו דלאו דקל טב נמי ע״כ דומה שהוא מין אחר. וכמדומה לי שלכך פירש״י דדקל טב ודקל ביש שנו מיני אילנות שכך שמם, שלא רצה לפרש דדקל ביש קורא כל סתם שאר תמרים שאינם מדקל טב, שא״כ לא היה צריך לשנות חצב שהיא מן תמרים, מדקל טב, אלא ישנה תמרים סתמא ויהיה כולם בכלל, לכך פי׳ דשני מינין הן טב וביש, שלכך הוצרך לשנות פירות דקל טב, ופירות קשבא פירש״י שהיא מין עשב נאה והיא חצבא שבו תיתם יהושע לישראל את הארץ ובערוך פי׳ בערך קשב ההוא נברא דקץ קשבא מחבריה (ב״ק דף נ״ח.) פי׳ קשבא ציני והוא מין דקל, והוא דקלא פרסאה שהוא מעולה ושמן,

ודקלא

ודקלא ארמאה היא דקל כחוש. ובערוך חצב ופי׳ חצבא מקטע רגליהן דרשיע (ביצה כ״ה:), שהוא מין עשב שיורדין שרשין בארץ אמות הרבה מלשון ויחצבו להם בורות ונקרא אדרא ושם פי׳ אח״כ דקל טב חצב ונקלא פי׳ בגמרא חצב קשבא פי׳ קנה שעושין ממנו הציקרא והוא מתוק:

דף ט ו׳ע״א ואף רב הדר בי׳. ותימא לר״י והא איכא אמורא לקמן דלית להו טעמא דגוי חס על בהמתו שלא תתעקר רבינא דמשני בריש פ׳ אין מעמידין (דף כ״ג.) הא לכתחילה הא דיעבד על קושיא דאין מעמידין וכו׳ ההוא דלוקחין מהן בהמה לקרבן, ור״י דאמר לקמן (דף כ״ד:) פחותה מבת ג׳ שנה נעקרת וכו׳ לית להו הך תירוצא דגוי חס על בהמתו שלא תתעקר, והיכא מתרצין הך משנה ולקמן אפרש בע״ה:

אין מוכרין להם בהמה גסה עגלים וסייחין. וא״ת הא אמר גבי רב הונא (לקמן בשמעתין) דובין פרה לגוי דאימר לשחיטה זבנה. ומפרש ר׳ שמואל בשם רבי׳ שלמה דה״מ פרה דאין רגילין לעשות בה מלאכה, אבל מתני׳ דהכא איירי בשוורים שרגילין לחרוש בהם, ועגלים וסייחין נקיט לרבותא דאע״ג דהשתא לאו בני מלאכה נינהו אפ״ה אסור למוכרם וקשה לר״ת דאדרבה בכ״מ בתלמוד מצינו דהיא בת מלאכה השוכר את הפרה לחרוש בהם וכו׳ (ב״מ פ׳) השואל את הפרה, ושאל אחת ושכר אחת שתי פרות היו חורשת בהר המשחה בפסחים (דף י״ד.) לא ימסור לו פרה החורשת בשביעית בגמרא (לקמן) אבל שוורים אין התלמוד רגיל להזכיר כ״כ על חרישה שמחמת שהיו אסור לכרסם לא הי׳ כ״כ ראוים למלאכה, ואע״ג דאמר בהמוכר פירות (דף צ״ב.) דרובא לרדיא זבני, ונראה לר״ת דבין שור בין פרה אמרינן איסור לשחיטה זבני ושרי, ודוקא עגלים אסור במתני׳ לפי שהם קטנים ורגילים להשהותן עד שיגדלו ואין לי לתלות דמיד אחר שיגדלו ישחטם הואיל וטרח לגדלם יותר מעלה על לבו לעשות בהם מלאכה ואין לי לתלות בשחיטה אלא היכא דאיכא למימר דלשחיטה לאלתר זבני ולפי״ז נקיט עגלים דוקא וסייחין לרבותא דאע״ג דלא חזו השתא למלאכה אסור למוכרם. ובהמה גסה דקתני בבהמה טמאה, וכפי׳ זה ראיתי שפי׳ רש״י בגמרא גבי איפר לשחיטה זבנה שפי׳ ומתני׳ דקתני אין מוכרין בהמה טמאה אפי׳ בקטנא. ובטהורה דמפרש לי׳ גוי דלקיימא בעינה, מ״ק. תימא לי אמאי אסרינן למכור להם בהמה משום חשש רביעה, היכי דאית לי׳ בהמה לדידי׳ הא אסרן לעיל גבי תקרובת וגבי כוס יין לנזיר דכי אית לי׳ לדידי׳ לא עבר משום ולפני עור והכא משמע דפסיק ותני לאסור למכור להם, אפי׳ כי אית לי׳ לדידי׳ בהמה. וא״ת משום רביעה, ניסר למוכרם במקום שנהגו שלא למכור בהמה דקה והיכי שרינן משום דתלינן לשחיטה זבני וי״ל דלפי שעה אין לחוש לרביעה כיון דתלינן שישחטנה לאלתר ואע״ג דאמר בריש פ׳ אין מעמידין (דף כב:) אני ראיתי שלקח גוי א׳ אווז מן השוק רבעה חנקה ואכלה, מ״מ אין לי לעשות גזירה לאסור למכור משום הך חששה דלא שכיחה. וא״ת בהמה דקה דאסור למכור במקום שנהגו שלא למכור ואמאי והאיכא למיתלי דלשחיטה זבנה. וי״ל דבהמה דקה רגילין יותר להשהותה מפרה, עז לחלבה, רחל לגיזתה. ול״נ דאי הוה אמרינן דהיתירא דלשחיט׳ זבנה אינה כ״א במקום שנהגו למכור בהמה דקה, ואין חשודין שם כ״כ על הרביעה לא הוה קשה מידי אלו שתי קושיות אמאי אסרינן אע״ג דלשחיטה זבנה משום רביעה ואמאי לא שרינן בהמה דקה משום דאימר דלשחיטה זבנה מ״מ משמע שבמקום האמוראים היו חשודין ממעשים דריש אין מעמידין (דף כ״ב] אני ראיתי שלקח כו׳. שלקח ירך וכו׳. וא״ת מ״ש בהמה שבורה דאסרינן לרבנן דר״י, ואע״ג דאינה עומדת למלאכה, ומ״ש שור ופרה תלינן לשחיטה כ״ש עגלים שבורים דראוים לאכילה שהו״ל לתלות דזבנינהו לשחיטה וי״ל דשבורים כגון עגלי׳ ובהמ׳ טמאה דאסרינן שלמים אסרינן נמי שבורי׳ משום דכי היכי דשלימים משהי להו שבורים נמי משהי להו כדאמרינן (לקמן דף ט ז.) בגמרא דמרביע׳ן עלי׳ ויולדת, והלכך הרואה אותם בביתו של גוי עובדי כוכבים וסבור שישראל מכרם העגלים השבורים סבור הוא שמכרן שלימים, ואז היו אסורין למכור לגוי, ומתוך כך יבוא להתיר למכור להם שלימים אבל שור ופרה אפילו משהו להו הגוי לפעמים, מה יש לחוש לכך שיבוא למוכרה הא ודאי דמותר ולמוכרי לגוי דהא תלינן דלשחיט׳ זבין לה והא ליכא למיחש כשיראו את השור והפרה ביד גוי שמשהי אותם למלאכה דאמרי שישראל מכרם לו בפירוש כדי לחרוש בהם. דלמה יש לתלות שמכר לו, כ״א סתם, מ״ר. וא״ת בשבורה נקיבה נזר תלמודא משום דמרביע עלי׳ ויולדת ולהכי משהי לה אבל בזכר מה צריכין לקיימו וי״ל דלפעמים גם הזכר משהו לי׳ כדי להרביעו על כמה נקיבות, מ״ר. ועל פי׳ רבינו יעקב קשה מסוגיא דשור של פטם מהו ובגמרא אפרש, ואעפ״י שפירשתי שמותר למכור להם

להם שור ופרה משום דלשחיטה ובנה. ויש תימא על מה סומכין העולם למכור להם עגלים וחמורים אפי׳ כשתתיר להם הסוסים, מטעמא דר״י בן בתירא. ואומר ר׳ יעקב דבגמ׳ אסרינן למכור בהמה גסה לגוי משום שאלה ומשום שכירות ומשום ניסיוני ויש ליתן טעם ולומר כי אין אנו רגילים להתעסק בבהמה שלנו ואין סכירות כ״כ קול שלנו ולא שייך לסיגור בהו משום ניסיוני כדאמר בגמ׳ דשרי למזבן חמרא אידא דספסרי דאי משום נוסיוני הא לא ידעה לקלא דאולה סחמתיי ואי משום שאלה ושכירות לא משאילה ולא מוגור וכו׳ ומטעמא דשאלה ושכידות נמי י״ל שלא נאסור עכשיו לפי שאין אנו רגילין להשכיר לדם ולא להשאיל שאין עיקר סוסים שאנו רגילין לקנות עכשיו להשתכר בהם לגוים תמיד כ״א איש לצורך לכל הטוב בעיניו. מ״ה. וצ״ע. ובסוסים יש להתיר בלא טעם זה מטעמא דפסקי׳ בגמרא הלכה כבן בתירה דמתיר בסוס ומיהו אומר ר׳ דאין זה היתר פשוט ובן בתירא לא שרי אלא מטעם דאין עושין בו מלאכה שחייבין עליו חטאת שלא היו רגילין לעשות מסוסים כ״א רכיבה והאוכף שעל הסוס אע״ג דמשמע בשבת שחשובה הוא משוי ואינו מלבוש הבהמה כמו טרדעת החמור וי״ל כי כשאדם רוכב ע״ג הסוס בטל האוכף אגב האדם ואגב הסוס הואיל והוא צורך הרוכב ומזה הטעם אין כ״כ ראיה להתיר עכשיו לפי שבימי חכמים היו סוסים מיוחדים לרכיבה או לשדות כגון סוס״א דבי זיארין בפ׳ המוציא בשבת אבל עכשיו רגילים לחרוש בהם ולהוליך משאוי עליהם ולהנהיגם בקרון מ״ר. וגם יש תימא עוד סוף סוף כשהגוי מפרש שקונה לחרישה ולכיוצא בה הוי לגוי לאסור למכור כדמפרש [רש״י] בגמ׳ גבי לשחיטה ובנה דמהני׳ בבהמה טמאה א״נ בטהורה היכא דפריש לי׳ גוי למלאכה בעינה לי׳. ומ״מ אם היינו יכולים לומר דשאלה ושכירות וניסיוני לא שייך בהו השתא כדפי׳ להתיר למכור עגלים וחמורים, הוה אתי שפיר. וע״ד הי׳ נראה לומר כי בימי חכמים שהי׳ ישראל הרבה ביחד והיו יכולים למכור זה לזה אז אסרו חכמים למכור לעובדי כוכבים אבל עכשיו שאין לנו למי למכור אין סברא שגזרו חכמים שיאבד אדם בהמות שלו ובביתו לא יקיימם לעולם כ״א בע״ה שצריך להם. וע״ז סמכו העולם לנהוג היתר ברוב דברים הללו ותמחמ״ר הבא להיות ערום בירא״ה תע״ב מ״ר. וכה״ג אמרינן לקמן בשמעתין אין מוכרין להם תריסין ודייק אי משום דמיגנו עלייהו אי הכי אפילו חיטי ושערי נמי אמר רב פפא אי אפשר ש״מ דאע״ג דראוי היה לאסור למכור להם חיטי ושערי לא רצו חכמים לאסור משום דלא אפשר הי״נ הא נמי סברא שלא החמירו חכמים בענין זה ומיהו אין זה ראיה דפשיטא דחיטי ושערי לא נגזור עלייהו כלל, אבל הא דנאסר למכור להם צריך ראי׳ להתיר:

ושמעה לקליה ואזלא מחמתי׳ ואית ולמה צריך טעמא דאולא מחמתי׳ תיפוק לי׳ דמצוה על שביתת בהמתו, ואומר ר׳ דמשום שביתת בהמתו לחוד לא הוה גזרינן איסור מכירה אי לאו איסור רבה דמחמר אחר בהמתו מ״ר. וצ״ע אי שייך איסור בבהמה שאינו שלו דאי איתא דשייך ולאו דוקא נקיט בהמתו הוה מצי לפרושי הכי א״ל עובד כוכבים תא נסיה נהלי׳ קניי׳ בשאלה וו למאן דבעו למימר השתא שאלה קניי׳ ולהכי ליכא איסורא אי לאו טעמא דאולא מחמתי׳:

ישראל ששכר פרה מכהן יאכילנה כרשיני תרומה. ק״ל אמאי לא תני ישראל ששכר פרה [מכהן] אעפ״י שמזונותיה עליו וכו׳ כדקתני בסיפא. וע״ד ק״ל דפריך ואי שכירות קג״א אמאי לא יאכילנה כרשיני תרומה פרה דידי׳ הוא אמאי פריך מסיפא ליפרך מרישא אמאי יאכילנה כרשיני תרומה והי׳ נ״ל לפרש דרישא דיאכילנה מיירי שמזונותי׳ על הכהן דאי מזונותי׳ על ישראל לא יאכילנה כרשיני תרומה. ולפ״ז ניחא דדוקא פריך מסיפא, ותני דוקא בסיפא אעפ״י שמזונותי׳ עליו ולא ברישא:

אעפ״י שמזונותי׳ עליו לא יאכילנה כרשיני תרומה. תימא אמאי לא יאכילנה והלא תרומה מותרת בהנאה לישראל כדאמר בריש פדק כל שעה (דף כ״ג) והרי תרומה דכתיב לא תאכל ותנן מערבין לנזיר ביין ולישראל בתרומה פי׳ אלמא מותרת בהנאה ומשני אך תרומתכם וכו׳ ותי׳ ר״ת דכל הנאות מותרות לישראל חוץ מהנאת כילוי שהיא כעין אכילה והוי סברא שתהי׳ לכהן דוקא וכדתני במס׳ תרומות (פרק יא) מדליקין בשמן שריפה במבואות האפילות וע״ג החולים ברשות כהן. דדוקא ברשות כהן שכהן נהנה בדבר ואז מותר להנות הישראל. והא דאמר בפסחים בפ׳ כ״ש אבא שאול גבל של בית ר׳ הוה והי׳ מחמין לו חמין בחיטין של תרומה שנטמאת להו לכהנים של בית ר׳ אבל לישראל נרידא לא כיון דהנאה של כילוי היא כך פי׳ ר׳ יעקב. וקשה לר׳ על פי׳ אהך מילתא נופא דכי מזונותי׳ על הכהן אמאי לא יאכילנה כרשיני תרומה, והלא אין הישראל נהנה בדבר כ״א הכהן שמזונותי׳ עליו. ועוד ברישא בישראל

ששכר

ששכר פרה מכהן אמאי יאכילנה שמזונותי' על ישראל והא איכא הנאת כילוי לישראל ולפי' דפרישית לעיל בסמוך דהך רישא מיירי דאין מזונותי' על ישראל לא הו' קשה מידי אמאי יאכילנה דהנאת הכהן היא דאיכא כיון שמזונותי' עליו ומסיפא נמי לקים אמאי לא יאכילנ' דהחמירו שלא יאכילנה כיון שהיא של ישראל, ודוחק היא, ואומר ר' דלא תלי טעמא בהנאת כילוי אלא כדפירש"י דקנין כספו שייך בבהמת כהן כמו בעבד כהן טפי מבשל ישראל ולכך ברישא שהבהמה של כהן יאכילנה ובסיפא שהיא של ישראל לא יאכילנה. והר"ר משה ב"ר אברהם פי' כמו כן והביא ראיה מדאמר בביצה (דף כ"א.) נפש שומע אני אפי' נפש בהמה במשמע. ור"י מצא ראי' בת"כ בפרשת אמור אל הכהני' ויליד ביתו הם יאכלו בלחמו הם אוכלין ואין הבהמה אוכלת יכול לא תאכל כרשינין ת"ל ונפש וההוא דמדליקין בשמן שריפה וכו' לא הו' טעמא כלל משום הנאת כילוי אלא דילפינן תרומה טמאה מטהורה דמה טהורה אין לך בה אלא אכילתה דהיינו אכילה ממש אלא לכהנים אף תרומה טמאה אין לך בה אכילתה דהיינו הדלקתה אלא לכהנים. וכה"ג מפרש התם בפ' ב"מ (שבת דף כ"ו.) דקאמר התם אין מדליקין בטבל טמא בחול ופירש"י דכ"ש בטבל טהור. ואומר ר' דאין זה כ"ש דאי משל טבל טמא דמותר להדליק אחר הפרשה ואפ"ה אסור להפרישו (סג) קודם כ"ש טבל טהור דאסור להדליק אחר הפרשה שהיא תרומה טהורה, שיהא אסור קודם הפרשה. ע"כ חמור הוא אחר הפרשה מקודם הפרשה דהא איכא למ"ד החולין הטבולין לתרומה לאו כתרומה דמי, וכן חולין הטבולין לחלה מותר לטמאות למ"ד לאו חלה דמי. ור' מפרש דדוקא טבל טמא דנקיט דהיינו דרשא דדריש התם משני תרומות מה תרומה טהורה אין לך בה אלא משעת הרמה ואילך אף תרומה טמאה אין לך בה אכילתה דהיינו הדלקתה אלא משעת הרמה ואילך ומזה הטעם יש לפרש במשניות אף תרומה אין לך בה אכילתה [דהיינו הדלקתה] אלא לכהני' כדפרישית מ"ר, ומיהו אומר ר' דצ"ע מנלן דאסור להאכיל טבל לבהמתו דאמרינן (ברכות לא) מערים אדם על תבואותו ומכניסה במוץ כדי שתהא בהמתו אוכלת (ופטורה מן המעשר) הא לאו הכי אס"ר להאכיל לבהמתו וה"נ אמרינן ובפ"ק דחולין (דף ז) גבי עובדא דר"פ בן יאיר. ואמאי מהיכי תיתי דאסור להאכיל טבל לבהמתו וגם להדלקי' טבל טהור לא מצינו איסור כדפרש"י ומשום הפסד כהן לא משמע דהוי ויכול להיות דאע"ג דמאין מדליקין בטבל טמא: לא שמעינן דכ"ש בטבל טהור, מ"מ בטבל טהור הי"ה דיכול להיות, וצ"ע:

השתא דאסרת שכירות לא קניא וכו'. וא"ת והא בפ' הזהב (ב"מ דף נ"ו.) אמרינן דשכירות יש לה אונאה דכי תמכרו ממכר [כתיב, ולא כתיב] ממכר עולם. וי"ל דמכר ודאי מיקרי, אעפ"י שהיא לפי שעה, אבל ביתו של שוכר לא מיקרי ע"י השכירות, מ"ר:

אימא לשחיטה ובנה. ותימא לרבי' יעקב דבהניזקין תנן (גטין ס"א:) משאלת אשה לחברתה חשודה על השביעית נפה וכברה ורחיים ותנור אבל לא תטחון עמה, ואמאי נתלה דאיסור תבואה זו אינה של שביעית כדתלי הכא איסור לשחיטה זבנה, ושם פי', מ"ר:

דף ט"ו ע"ב **מי** דמי התם אין אדם מצוה על שביתת בהמתו בשביעית פירש"י דהתם דאינו אדם מצוה על שביתת בהמתו בשביעית לית לן למיסר כ"כ, דליכא למיגזר משום שאלה ושכירות וניסיוני. אבל הכא דאדם מצווה על שביתת בהמתו בשבת יש לאסור יותר. וקשה לר' אם נפרש כן דא"כ מאי פריך אביי והרי שדה שאדם מצוה על שביתת שדהו בשביעית וכו' מאי קושיא הא התם ליכא למיגזר משום שאלה ושכירות וניסיוני דהא לגוי לא אסרו כן למכור שדה בשום זמן גזירה משום שכירות דלא שכיח כ"כ שכירות בשדה דנאסור מכירה אטו שכירות, ודוקא לישראל חשוד גזרו מכירת שדה בשביעית משום לפני עור. ועוד קשה מאי קאמר מי דמי התם אין אדם מצוה על שביתת בהמתו בשביעית לכך יש להתיר דליכא למיחש לשאלה ושכירות ונסיוני, מה בכך אי ליכא למיגזר משום הכי, וה היינו יודעים מתחילה דליכא איסורא התם אלא משום לפני עור, והיינו סרסים איס"ר מכירה משום לפני ע"ר ואיס"ר מכירה דמשום שאלה ושכירות ונסיוני. ומפרש הכי מי דמי התם אין אדם מצוה על שביתת בהמתו בשביעית הלכך אין שום גנא' כ"כ אם נתיר למכור ע"י תלייה דלשחיטה זבנה הואיל ואין איסור חרישה בשביעית בבהמה שאין בעל הבהמה עובר אם יניח לגוי לחרוש בה שדהו של גוי, שכיון שאינו מוזהר על הבהמה לחרוש אלא על הקרקע מליחרוש, ראוי להתיר מכירת הבהמ' לישראל החשוד ע"י תלייה דיוכל לשוחט' אבל

(סג) להדליקו, כצ"ל:

אבל לענין חשש המלאכה דשבת שתלוי האיסור בגוף הבהמה שמוזהרים בעלים עלי' שלא תעשה מלאכה, אין נכון כ"כ להתיר ע"י תליי' דלשחיטה זבנה, והשתא פריך שפיר והרי שדה וכו' דאע"ג דאם יהי' ברשות ישראל זה כשאחר חורש בה בשביעית, הוה עליו איסורא דאורייתא, ולא החמירו חכמים משום גנאי זה שלא להתיר למכור ע"י תלויה. מ"ר :

לא ימכור לו שדה ניר בשביעית. דוקא לישראל חשוד אסור ומשום לפני עור ובית הילל שרי אבל למכור לגוי הוי שרי לכ"ע, דמשום שכירות לא הוה גזרינן דלא שכיח כ"כ כמו בבהמה :

והרי כלים וכו. ותימא מאי קשיא לי' דשאני התם דליכא למיתלי כמו שמתרץ הוא עצמו דהא בהנך דשרי דלעיל קתני מפני שיכול לשוחט' מפני שיכול להוביהו. דנ"ל דאיכא למיתלי קצת גם הכא דלשנה הבאה קני להו, אע"ג דלא שכיח שיקנה כלים הללו לצורך שנה הבאה והוה קשיא לי' דבתליי' מועטת כי הך הוי למישרא דעיקר טעמא תלוי במה שאין אדם מצוה על שביתתם. מ"ר :

והדקר. פירש"י פישויר בלע"ז וכן משמע בריש ביצה יחפור בדקר ויכסה שהיא כלי העשוי לחפור בו עפר ולדבריו לא קאי כלי המחרישה אדקר. ור' מפרש שהיא קלטריא ברזל שמסמחרישה החורש והמחתך את האדמה וההוא דביצה נמי איני נראה לפרשו פישויר שאין דרך לנועצו ולהניחו נעוץ מבע"י.

לגוי מזבן לי' לישראל לא מזבין לי'. תימא דהכא מסקינן כאביי לחומרא ולעיל מסיק איפכא במכירת פרה לגוי דתלינן אימור לשחיטה זבנה, וי"ל דודאי לעיל יש להתיר ע"י דתלינן בשחיטה אבל הכא יש להחמיר בישראל החשוד למכור לגוי כיון שיודעין אנו שאינו מקפיד למכור או לישראל או לגוי אין לנו לתת מכשול לפניו ולמכור לו שעל ידי כן שמא יעבור, ולא תקשה נמי אי גרסי' לעיל רבה במעשה דלעיל דפריך לרב חסדא מי דמי וכו' מ"ש דלעיל בעי למיסר ולא נתיר מטעם דלשחיטה זבנה והכא בעי למישרי ע"י טעם דלגוי מזבן לי', דאיכא למיסר דלעיל אין לתלות כ"כ בשחיטה דרובא לרדיא זבנה, אבל הכא כך יכול למכור לגוי כמו לישראל מ"ר. ואין לתמוה מ"ש דבגוי אמרינן דאלפני דלפני לא מיפקדינן (לעיל דף י"ד.) והכא אמרינן למכור לישראל החשוד למכור לגוי אין לנו למכור לו שום דבר שאסור למכור לגוי, כדי שלא יעשה עבירה ע"י שנמכור לו. נ"ל :

דף ט"ז ע"א **לפרסאי** דמגנו עילוון, ועי"ז אנו סומכין עכשיו כמו כן למכור להם כלי זיין :

אלמא לא מקבלת זכר. אין להקשות דמשמע באלו טריפות (דף נ"ז) דמצי סבר ר"י טריפה יולדת דפריך התם ודילמא קסבר ר"י טריפה יולדת ומשבחת, והכא קאמר לבשתלד דודאי איכא למיסר יולדת היא, אלא שזאת שהוא שבירה אינה מקבלת זכר, והכי מוכח לישנא דלא קאמר דלא יולדת. מ"ר :

איבעיא להו שור של פטם מהו. זה קשה לפי' רבי' יעקב ופירש"י שפירשו במשנה דשוורי' מותרי' למכור לגוי דתלינן אימור לשחיט' ובנגהו כמו בפרה דריה דלעיל, דא"כ מאי בעי הכא בשור של פטם הא אפי' שאר שוורים שרינן למכור לגוי משום דאימור לשחיטה זבנה כ"ש שור של פטם ועוד דבהנהו לא פשוט מידי אפי' בשור של פטם וכ"ש בשאר שוורים דאין לו להתיר, אבל לפי' ר' שמואל דמפרש דבשוורי' לא תלינן דלשחיטה זבנה אתי שפיר דבשוורים דעלמא פשוט לי' דאסור ובשור של פטם מספקא לי' אם נתיר אם לאו משום דקאי טפי לשחיטה ואומר ר' דנקיט שור של פטם משום דאתי לכלל מלאכה חשובה כדקאמר בסמוך דאי משהו לי' עבוד מלאכה על חד תרין, וזה יודע השואל מתחילה, ולבסוף מפרש לי' תלמודא ואזיל ומשום דחזי יותר משאר שורים למלאכה חשובה ראוי לאסור בו יותר ולהכי מספקא לן בשור של פטם, ואע"ג דבשאר שורים שרי, כך יש לפרש ר' אם נרצה לפרש שור של פטם שהוא מפוטם כבר. ומיהו ר"ת לא היה מפרשו כשהי' מפוטם כבר כי בזה אין לחוש דילמא משהו לי' אלא י"ל אימר לשחיטה זבנה טפי מפרה כיון דלאלתר ראוי לשוחטו וסתמי' לשחיטה קאי, אלא הי' מפרש שור של פטם שעומד לפטם וקונהו הגוי לפטמו דכיון שלקחו שלא לשוחטו לאלתר אלא להשהותו לפיטום יש לחוש בו יותר מבסתם שור ופרה דכיון דמשהי לי' לפיטום מימלך לשהויי נמי בתר הכי לעשות בו מלאכה. ומ"מ קשה לי דקאמר בתר הכי א"ד לא אסרו רבנן התם אלא משום דסתמי' לאו לשחיטה קאי אבל ההוא דסתמי' לשחיטה קאי אפי' לרבנן שרי משמע דדוקא משכח טעמא דהיתרא משום דסתמי' לשחיטה קאי, הא שאר שוורים דסתמייהו לאו לשחיטה קאי כדאמר רבא לרדי' זבני אסורי ושמא יש לדחות דלא נקיט סתמי' לשחיטה כ"א לאפוקי

לאפוקי השמתי (סד) למלאכה אבל הא פשיטא לי׳ דשאר שוורים שרי. גימגוים (סה):

אבל האי דכי משהי ליה אתי לכלל מלאכה אסור. ואי״ת מה לו לומר דאתי לכלל מלאכה, תיפוק לי׳ דמשום דמשהו לי׳ לפיטום יש לנו לאסור כמו בשבורה דהוה אסור אי הוה משהו לי׳ לשום דבר. וי״ל דבשבורה אי הוה מקבלת זכר הי׳ משהין אותה זמן מרובה, והרואה אותה תמיד אומר מכרה לו שלימה, אבל משום השהיי מועטת של צורך הפיטום לבד לא הוה גזרינן. ואני אומר אף למכירה דאין רגילין לעשות בה מלאכה או משום דאינה בת מלאכה או משום דאין רגילות לעשות בה מלאכה:

דף ט״ז ע״ב **רב** אשי אמר סתם ארי שבור הוא אצל מלאכה, פירש״י דכר״י

אתיא דמתיר בשבורה, ור׳ פירש דאתי אפי׳ כרבנן דרבנן אסרו שבורה משום דמשהי לה וכשיראוה בבית גוי יהי׳ העולם סבורים שמכרה לו הישראל שלימה, אבל בארי מה יש לחוש אם יאמרו שמכרו לו הישראל הלא לכתחילה ודאי יש לנו להתיר למוכרו לו, כיון דאינו בר מלאכה כלל, ואין לחוש בו בשום פעם לשאלה ולשכירות ולנסיוני, מ״ר. ומה שפי׳ בקונטרס למעלה בפתרון המשנה (דף י״ד:) דטעמא דר״י בן בתירה דסוס עשוי לרכיבה והחי נושא א״ע, ולהכי הויא לי׳ מלאכת הסוס מלאכה שאין חייבין עליי חטאת, מוכח בשבת בפ׳ המצניע (דף צ״ד.) דמיוחד לרכיבת אדם מודו לי׳ רבנן דשרי לזבוני משום דהחי נושא א״ע ובסוס המיוחד לעופות הוא דפליגו עליו. ואי״ת מנלן דפליגו עליה משום דאין החי נושא א״ע דילמא פליגו עליו מטעמא דרבי דהכא דאסר משום שני דברים (סו) וי״ל מדכייל לי׳ ת״ק דמתני׳ בכלל בהמה גסה א״כ טעם איסור כשאר בהמה גסה שבשעת מכר שייך בה שאלה ושכירות ונסיוני, מ״ר:

מתקיף לה ר״נ ב״י וכו׳. כאן מחוק הוא מן הספרים האי מתקיף לה כתוב בסמוך גבי רבינא רמי מתני׳ אברייתא וכו׳ ושם פירש״י ה״ג מתקיף לה ר״נ ב״י וכו׳ ואנ״י (סז) יודי״ע אם רוצה לומר ה״ג לאפוקי מלישנא קמא, ולא ידע ר׳ למה נמחק מן הספרים דגרסי׳ לי׳ נמי הכא שפיר ועל דברי המקשה והאמורא שהצריך לתרץ הקושיא הוא מתקיף לה מאן ליסא לן וכו׳ דילמא חיה דקה היא, אבל חיה גסה אימא לך לעולם דבת מלאכה היא כבהמה גסה

רב אשי דייק ממתני׳ וכו׳ אומר ר״י דייק מן המשנה גם זה דארי חיה גסה היא דלא כאתקפתא דר״נ ב״י, וטעמא דארי, דסתם ארי שבור הוא אצל מלאכה, שלכך הזכר ארי, שידוע לנו ששבור הוא אצל מלאכה. אבל מידי מלאכה (סז) אחריני כיוצא כארי דעבד מלאכה שהיא חיה גסה לא מזבנין, בלא טעמא דנזק לרבים, דלא מצית למימר דטעמא דארי דחיה דקה היא אצל חיה להכי צריך בי׳ טעמא דהוה נזק לרבים לאסור מכירתו, אבל שאר חיה דקה לא, דאי מפרשת הכי למה הזכר ארי סתם הו״ל למתני אין מוכרים להם דבר שיש בהן נזק לרבי׳. א״ו משום דארי חיה גסה היא הוזכר ארי לומר הא חיה אחרת כיוצא בה דעבדה מלאכה שהרי היא גסה אפי׳ בלאו טעמא דנזק לרבים לא מזבנא:

תיובתא דרב חנן בר רבא. ולא מצי לשנויי כר״נ ב״י. מ״ר:

אבל בונין עמהן בוססיאו׳. פירש״י היא משמשי משמשין (סח) וא״נ לר׳ דהא (סט) משתמיט דקרי׳ בומים דבר שהיא משמש משמשין אלא אי לע״ז קרו בומים כדאמר לקמן בפ׳ ר׳ ישמעאל (ע) אבן שעשאה מתחילה לבומים או לדבר שנותנין עליו קרו בומים כדאמר נמי התם (לקמן ודף נ״ז:) בוססיאות של מלכים אסורין מפני שמעמידין עליהם ע״ז בשעה שהמלכים עובדים, וגם אין סברא להתיר לבנות עמהן מזבח להקטיר עליו לע״ז קטרת במחתה. אלא נראה לר׳ [לגרוס] דוססיאות בדלית ובערוך גורס כן ועניננו מרחץ כדאמר בשבת (דף קמ״ז:) אסור לישב בקרקעות של דומסות מפני שהוא מרפא ואמר נמי התם מיא דדומסית וחמרא דפרגנותא קיפחו עשרת שבטים מישראל דהתם הוי ענין מרחץ. ועו״ד הבי״א בערו״ך דקאמר במדרש למחר אני פותח דומסאות ומרחצאות מ״ר. ובפירש כתוב יד רבי׳ ש״מ ראיתי מתוך מה שבפנים ומונה דומוסאות בנינין שאיין לצורך ע״ז:

דומום פטור אתה. היה נשבע במרחץ אלהי דומום לשון רחמים כדאמר בב״ר (עא) במעשה דרשב״י אחר שיצא מן המערה חמא חד צייד דהוה צייד ציפרין שמע בת קלא כד הוה אמר דומוסהוה פסגא כד אמרה ספיק ולא הוה מיתצדא פי׳ ספיקולא האסף אל הפח, קילא תרגום

(סד) הסתמיה (סה) לגיך דילוג. (סו) משום תורת כלי זיין, ומשום תורת בהמה גסה. (סז) ולאיכי יודע, כנ״ל. (סז) תיבת „מלאכה" כאן ט״ס. (סח) נ״ל תממים תשמישן. (סט) נ״ל דלא משתמיט (ע) נ״ל בפי כל הצלמים (דף מ״ז) : (עא) [ירושלמי שביעית פ״ט]

תרגום של פח. דוסוס הוא לשון רחסים. אגדי אפי' ציפור מבלעדי שמיא לא איתצדא וכ"ש בר אינש:

דף י"ז ע"א **ויעקב** איש כפר סכניא שמו. ונראה דהיינו נמי יעקב איש כפר סכניא שבא לרפות את בן דמא בפ' אין מעמידין (דף כ"ז) אבל יעקב מינאה דכתיב הכא לקבן דרמא ממא לר' אבוהו איתי בי' אחרון ואחר הי' ויכול להיות דהיינו יעקב מינאה דריש פ' כיס"ו הדם א"ל יעקב מינאה לרבא וכו':

מהו לעשות ממנו כסא לכ"ג. ואו"ר דמדרבנן בעי אם החמירו לפסול בו אתנן משום כבוד ביהמ"ק אבל מה"ת ודאי שרי דלהכן בפ' כל הצלמים דרש ח"א בית ר' פרט לפרה שאינה באה לבית וחכמים אומרים לרבות את הריקועין מרבי מקרא של בית קה"ק אבל מה שבהר הבית במקום חול אפי' מידי דדרך כבוד לא מרב, ומשמע נמי דר"א לא מרבי רקועי פחים דמוק, קרא למעט פרה:

הרחק מעלי' דרכיך זהו מינות. ותימא דבמס' שבת (דף קט"ז.) אמרינן גבי בי אבידן וגבי [בי] נצרפי דמשום סכנה היו מניחין ללכת שם דאיכא דקאמר התם אנא מינייהו אנא זמנא חדא אזלא התם ובעו לסכוני' ופריש. ושמא כשהולך להתווכח עמהם לפסול תורתם מותר רק שלא יעסוק כ"א בזה, ודוקא בי' אבידן שלכך הי' עשוי אבל מקום אחר של ע"ז ושל מינות לא וצ"ע. וכי אבידן ראיתי כתוב בשם פיר"ח בית שמתקבצין שם חכמים ונושאין ונותנין בדיני כל אומה ולשון וזהו כמו שפירשתי שלכך עשוי:

ופליגא דר' פדת וכו'. תימא מאי פליגא נהו דלא אסרה תורה אל קריבה של גילוי עריות מ"מ יכול להיות שצוה שלמה להרחיק ד' אמות מפתח הזונה ועוד מאן דפליג אר' פדת וכי אינו מודה שהתורה לא אסרה רק קריבה של גילוי עריות ועוד תימא לר' בפ"ק דשבת (דף י"ז) דפשוט מקרא דיחזקאל ואת אשת רעהו לא טימא ואל אשה נדה לא קרב מה אשת רעהו הוא בבגדו והיא בבגדה אסור וכו' ופליגא דר' פדת וכו' וכי בא ר' פדת לומר דמותר בנדה הוא בבגדו והיא בבגדה והלא הפרשה גדולה מזו מצינו במשנה דלא יאכל הזב עם הזבה מפני הרגל עבירה (שם דף י"א) ואו"ר דר' פדת לא בא לחלוק על המשנה רק בא לומר שכל לשון קריבה שבפסוק אין לנו לפרשו כ"א בקריבה דגילוי עריות והלכך אפי' אסמכתא אין לעשות מלשון קריבה להרחקת ד"א וגם לא לאסור הוא בבגדו והיא בבגדה מכח פסוק דאל אשה נדה לא קרב דכל לשון קריבה שבתורה בין בדברי תורה בין בדברי קבלה בג"ע משתעי, מ"ר:

ופליגא דידי' אדידי'. והוא הי' מתיר לעצמו הואיל והי' דמיא עליו ככשורא כדאמר פ"ב דכתובות (דף י"ז.) גבי כלה, ואמרינן בקדושין אנא כאידך דשמואל ס"ל דאמר הכל לשם שמים:

לעלוקה שתי בנות. הפשט משמע דעלוקה היא שם גיהנם וכן יסד הפייט בזולת של חנוכה יקד"ו כהבהב"י עלוקי"ה. ור"ת פי' שהיא שם אדם כמו אתיאל ואגור בן יקא וכמו שאמר בתחילת המזמור לדוד לשלמה כמו כן יאמר לעלוקה. ותדע דבפ"ב דעירובין (דף י"ט) מנה שמות גיהנם ופריך נמי דהתם והאיכא תפתה וכו' ולא מזכיר דהתם עלוקה כלל. ומיהו אומר ר' דבמדרש המסודר בו ד' דברים ה' דברים ו' דברי' חשוב שמות של שלמה ולא חשיב עלוקה ושמא שם חכם אחר היא. א"נ ע"ש שום דבר נקרא כך שאינו ראוי לקבוע בכך עם שאר שמות שלו דמיא תפתה שאינו רוצה לחשוב בעירובין בהדי שאר שמות של גיהנם כרפי':

דף י"ז ע"ב **אמר** הרים וגבעות בקשו עלי רחמים כך אמר בלבו שאם יאמר להם ישיבו לו כך:

חד מצי לפיתחא וכו' ניוול לפיתחא דבי זונות. מכאן אמרו שצריך אדם אנה ואנה להתרחק מפתח ביתם שלהם אם הוא יכול. שאם היה הולך רוצה ללכת אצל פיתחא דבי זונות יותר מפני שצריך להתרחק משניהם ואז היה צריכין ללכת דרך אחד מהן והיינו מטעמא דאמר לעיל הרחק מעליה דרכך, זהו מינות. אל תקרב אל פתח ביתה, זה זונה:

כל העוסק בתורה בלבד דומה כמי שאין לו אלקי. וי"ל דדרוש מדכתיב ברישא ללא אלהי אמת והדר קאמר וללא תורה ש"מ דללא אלהי נמי בהכי משתעי. ושמ"א רבי' שלמ"ה ר"ל זה שכתוב בפירושיו ה"ג מאי ללא:

ובגמילות חסדים לא עסיק והתניא וכו'. ואע"ג דצדק' וגמ"ח שני דברי' הם כדאמר (סוכה מ"ט) צדקה לעניים וגמ"ח בין לעניים בין לעשירים צדקה בממונו וגמ"ח בגופו מ"מ ענין אחד הם והעוסק בזה רגיל לעסוק גם בזה והיכי קאמר דלא עסק אלא בתורה בלבד:

הימנוה הוה מהימן. וא"ת וכי המקשה לא הי' יודע דהימני' הוה מהימן. וי"ל שהי' סבור שר"ל אא"כ ממונה עליו כר"ח בן תרדיון לפי שהיה משתדל מאוד לחלק הצדקה כראוי לפי שגם משלו היה נותן מעות הרבה ובעל צדק' הי' ונמצאת מעות צדקה יקרה מאוד בעיניו:

מעות של פורים נתחלפו לו וכו'. לשון אחר פירש"י מעות סעודת פורים ותימא היכן מצינו שמזכיר התלמוד מעות של סעודת פורים בפ"ע וגם הוא מה הי' לו לייחדם לבדם וגם להזכיר שמייחדם לצורך פורים שפי' מנבת פורי' וחולקתים לעניים אעפ"י שהוצרכתי לפורעם משלי לכיס של פורים. תימא קצת מה שהעיקר לא פירש התלמוד שהו"ל לומר וחזרתי ונתתי לכיס של פורים משמע דוחילקתי' לעניי' זה שם המצוה שעשה ואו"ד שיש לפרש כן לפי פי' זה דמנבת פורים, דמעות פורים נתחלפו לו במעות של צדקה כשרציתי ליקח של צדקה לקחתי של פורים ונזכרתי שהיה של פורים, ובכיס של צדקה לא הי' לי כלום, ואעפ"כ חילקתים לעניים הואיל וסמכו עלי שאמרתי להביא להם, וגמרתי בדעתי להביא להם, ועכשיו לא הוצרך לפרש מה נצטרך לפורעם משלו מאחר שהזכיר שבשעה שחלקם לעניים עשה המצוה במתכוון שידע שלא היה בכיס של צדקה כלום ולוה אותם לעצמו וחולקם לעניים. א"נ יש לומר שהי' בכיס של צדקה. ואעפ"כ הואיל וטעה ליקח של מנבת פורים משלו וא"ל תתמ"ה כיון שידע קודם שחלקם שהי' של מנבת פורים היאך שינה אותם הא אמרינן בערכין (סט) דאין משתכרין במעות של צדקה דאין לו להוציאם מתי' שיהיו מצוים לחלקם לעניים דאיכא למיסר שהי"ל מעות מזומנים משלו ליתן תחתיהם אך לא רצה לעכב לעניים מלחלק מיד אותם שהביא להם. והתם נמי (ערכין דף ו:) ר' ינאי יזיף ופרע וכו' הואיל ולא הי' הפסד עניים, כ"א צורך עניים כדקאמר התם. מ"ר:

מעות של פורים נתחלפו לו וכו'. מפרש כגון אויב באיוב נתחלף שסבור ליקח אויב ולקח איוב ה"נ סבור ליקח מעות של צדקה ולקח מעות של פורים:

רבן של טרסיים אני, האי טרסי זהו גרדי, ולא כאותו דסוכה (דף נ"א:) גבי אלכסנדריא של מצרים טרסים בפ"ע (ע) ויש טרסים שם אומה כדאמר במגילה (דף י"ג:) בגתן ותרש שני טרסיים הי' והי' מספרים בלשון טורסי, ויש טרסי צורף נחושת כדאמר בפ' אלו טריפות (דף נ"ז:) והטיל עלי' מטלית של טרסיים צורפי נחושת שיש להם מטלית של עור שלא יזהמו את בגדיהם והטילה על התרנגולת וגדלה הכנפים ובפ' בני העיר במגילה (דף כו.) מעשה בביהכנים של טרסיים שהי' בירושלים וכן פי' בערוך ופי' דמסתבר שלכך הי' להם ביהכ"נ בפ"ע מפני שבגדיהם מזוהמין, וכן יש לפרש גבי ההוא דסוכ' וגרדים ומנין דקרו להו גרדים, חמנין דקרו להו טרסיים, כי הכא דטרסי נמי משמע לשון גרדי. מ"ר:

דלבי אבידן. מקום מינין כדאיתא בשבת (דף קט"ז.) והי' כולם מתאספ"ן שם:

דף י"ח ע"א **אבל** אתה למד להבין ולהורות. וה"נ אמרינן גבי מכשפות (סנהדרין ס"ח.) וגבי לא תעשון אתי גבי צורת לבנה שהי' לר"ג בעליתו (ר"ה כ"ד) וצ"ע איזה דבר צריך להבין ולהורות ואיזה אסור:

אלא מ"ט איענש משום דהוגה ה' בפרהסיא הוה. דומה שזה לא היה כתב בספר ר' שלמה שפי' טעמא דאיענש משום שיש לחוש לכבוד הרב ולהתלמד בשאר מילי כגון צורות לבנה וגטיעי קישואין: פירש"י הוגה את השם באותיותיו דורשו במ"ב אותיות ועושה בו מה שהוא חפץ ודומ"ה ל"י שמפרשים הוגה באותיותיו שמזכיר אותיות השם זו אחר זו. וגם העולם רגילים ליזהר מז"ה וכהאי דפסחים (דף נ') לא כשאני נכתב אני נקרא נכתב אני ביו"ד ה"י ונקרא אני באלף דל"ת. קשה בעיני ר' לקרות אני נכתב בי"ה שהרי נזהרין מלהזכיר אותיות השם זא"ז. ושתים אותיות הראשונות מן השם המיוחד הם שם ואינם נמחקות. א"נ גרסינן נכתב אני בי"ה ונקרא אני וכו': ונ"ל דשמא גם נקרא אני באלף דל"ת שמא אסור לקרות זו אחר זו מ"לו שתי האותיות כי לפי הענין דומה שא"ד לבדו היא שם כמו י"ה דהא גרסינן ברוב ספרים בפ' שבועו' העדות (דף ל"ה: ושם ל"ה.) וגם בפיר"ח, ת"ר כתב א"ד מאדני אל מאלהי' י"ה מהוי' ה"רי אלו אינן נמחקין ש"ד משדי' צ"ב מצבאות הרי אלו נמחקין ולמה מחמיר שלא למחוק א"ד יותר מש"ד אלא משמע דא"ד הוי שם כמו י"ה וצ"ע מנ"ל שהוא שם וצריך לזהור בו שלא למחוק א"ד מן אדני ושמא אפי' אינו שם לבדו אסור למוחקו הואיל ואדנ"י הוי שם המיוחד יותר ור' אוסר שמא הספרים שכתבו בתלמוד נכתב אני ביו"ד ה' וכו' דמשמע שכך הי' גורסים חכמי התלמוד, וי"ל שהאדם הקורא האותיות הללו אינן מתכוונין לאותיות השם אלא אותיות בעלמא הוא מזכיר:

שנזדמנו להם שלש מקראות הללו וכו', דדרכי בני אדם הוה על שם דקדק הפסיעות כדפירש"י

(סט) הא דאין משתכרין במעות של עניים איתא בכתובות דף קי"ו: ובערכין דף ו' איתא מאמור למעות צדקה (עש) ונדרים בפ"ע:

38 מסכת תוספות ר' אלחנן עבודה זרה

בדפירשי, ובשאר מקראות נמי יכול למצוא טעם דשייכי לצידוק הדין שלהם:

מה אתה רואה, שהי' נראה בעיניהם שיש לו לראות שום דבר תימה או מלאכים או שום דבר וכא"ז (עא) דשמא הי' שומעין דבר במה שהי' האיתא (עב) ולא הי' יודעין מהו:

פלגא פלח וכי שלמי מאי איעבד. פירש"י שבכל עת שיעלילו עליו ע"י האשה ישחדם בממון מזומן וע"ז שאל וכי שלמי מאי איעבד ועוד יש לפרש שהי' בשוק של זונות מס למלך שהי' נותנין הגוים למספר הזונות כך וכך לפי כ"א ואתת, וע"כ אמר לו פלגא פלח ויהי' סבורי' שאתה נותן המס העולה למספרה, ולכך שאלו וכי שלמי מאי איעבד, שאז אצטרך לומר שאינה אתי. וגם מפרש הך דריש פירקין (דף ב':) שווקין להושי"ב בהן זונות, שהיו באותו שוק ריוח למלך כמו מס ואינגריא דמיירי בריווח המלך:

מ"מב שישלנה מי שנתנה ואל יחבול הוא בעצמו, וא"ר יעקב דהיכי דחובל והורג את עצמו מחמת שמתיירא שלא יכפוהו הגוים ע"י איסורי' ומכות ומיתה רעה יותר לעבור ע"ד תורה ויירא שלא יוכל לעמוד בהם מותר (עג) כגון קפצו כולם ונפלו לתוך הים דגיטין (דף נ"ז:) דאע"ג דמשם אין ראיה כ"כ שע"כ הי' יכולים השבאים לנהוג בהם קלון כדאמר שנשבו לקלון מ"מ סברא היא דשרי ומצוה היא:

דף י"ח ע"ב **בוקיין** איקיין הגלורין והגללאין בלרין ולליריא. כך למד ר' הגירסא:

שלא יתחשב עמהם פירש"י לחוקם ולעשות מצור עמהם, ולי הי' נראה לפרש לשון מתחשב שהיא בכלל חשבון מספר הגדוד של אנשי המלחמה:

מק.ם שמזבלין, פירש"י לשון יזבלני אישי, ורבי' יעקב פירש מזבלין כמו מזבחין זיבול כמו זיבוח, וצ"ע אם היא בשום מקום בירושלמי: (עיין תוס' הנדפסי' אצל הב"ח דף י"ח ע"ב ד"ה שמזבלין ותבין):

מאי בינייהו, פי' מאי איכא בין מילתא בין מקום שמזבלין בין מקום שאין מזבלין כיון ששניהם אסורים, ורש"י פי' מ"ב בין ר"מ ורבנן, ותימא דטובא איכא בינייהו דרבנן אוסרין מקום שאין מזבלין, ור"מ שרי ואי בעי מאי בינייהו במקום שמזבלין מנ"ל דבמקום שמזבלין נמי פליגו. וי"ל דמדמהדר ותני במילתא דרבנן מקום שמזבלין אסור מפני חשד ע"ז דלא הו"ל למיתני רק מה שמוסיפין על ר"מ ולימא וחב"א אף במקום שאין מזבלין אסור וכו' נ"ל, ולפי' רבינו הוי מאי בינייהו כמו מאי איכא בין מקום שמזבלין למקום שאין מזבלין וקאמר נשא ונתן א"ב דהיכא דאיכא חשד ע"ז אסרינן נשא ונתן:

דף י"ט ע"א **אשרי** האיש ירא ד' איש ולא אשה, הא דלא דריש לי' מאשרי האיש דלעיל משום דאיש משמע טפי למעט אשה, ומתוך כך קשה משמעותו צריך לדורשו, אבל אשרי האיש נמי משמע למעט איש אחר, ועוד דהאיש איצטריך לכתוב דבאברהם אוקימנא:

אל תהיו כעבדים המשמשים וכו' וההוא דריש פ"ק דר"ה (דף ד'.) האומר סלע זו לצדקה ע"מ שיחיו בני או ע"מ שאזכה וכו' ה"ז צדיק גמור אור"ת דאין ע"מ לקבל פרס דאינו מתחרט אפי' לא אירע לו תפילתו בכל רצונו ואפילו לא זכה בה לחיי עוה"ב בכל רצונו מ"מ הועילה לו, אבל ע"מ לקבל פרס זה שעושה כאומות העולם כדקאמר התם גבי מצלאין לחיי מלכא ובניהו שאם לא תבוא תפילתו כרצונו מתחרט לגמרי:

רבא רמי כתיב על גפי מרומי קרת וכתיב על כסא וכו', פירש"י על גפי שאינו קבוע אלא הולך לכאן ולכאן ללמוד ול"א פי' לשון בגפו יבוא יחידי ולבסוף על כסא ותלמידים לפניו. ותימא לר' דבפ' אחד דיני ממונות (דף ל"ח.) דריש לי' לגריעותא גבי אדם הראשון וקאמר רבה בב"ח רמי כתיב על גפי מרומי קרת וכו כי תבא ובתרי' דריש מי פתי יסור הנה מי פתאו לזה אשה וכו' וכולא סוגיא דהתם על אדם הראשון שנתמעט לאחר שסרח. ועוד תימא דאין זו פרשה דהכא רבא ימי והתם רבה בב"ח רמי, וא"ר דעל גפי כתיב באשה רעה, ועל כסא באשה טובה והלכך דרשינן גם על כסא באשה רעה ובאשה רעה הוה על כסא ע"ש שנופלת מלשום במרום קגה ובאשה טובה הוה על כסא השיבות לשון כסא מלכות מ"ר:

אמר רבא אמר רב סחורא. אמר ר' דרבו מובהק הוה שבריש פ' ד' מיתות וברוב מקומות מדבר רבא בשמו. ובסוף אלו מציאות (דף ל"ג.) גרס רבה גבי האיר עיניו במשנה אחת דקאמר רבה כגון רב סחורה דאסבן ווהמא לוסטרן כי אין נראה לומר דגרס רבא והי' אומר אפי' לא האיר עיניו רק בזה דלא משמע הכי. מ"ר:

אנא

(עא) נ"ל א"כ (עב) קול האותיות המורסות כנ"ל (עג) מותר לחבל בעצמו:

אנא עבידתה ואיקיים בודאי פירש קייםתי וכן נראה דלספרים דגרסי' עברתיה ברי"ש תימא שאין זה נכון שיאמר אמורא על המימרא שעבר עלי' והצליח א"נ לאסהודי עלה שיעשוהו קאתי. ותימא קצת דלא קאמר קייםתי' ואיקיים בודאי ושמא קייםתי' שייך למימר יותר על קיום מצוה כגון גבי הדלקת הנר דקאמר צריך למימרינהו בניחותא, וקאמר דקייםתי' מסבראי' אבל הכא לא קמיירי בקיום מצוה אלא עצה טובה קמ"ל שכך יש לעשות:

דף י"ט ע"ב **לעולם** ישליש אדם שנותיו שליש במקרא וכו' ורבי' יעקב פירש דהא דלא עבדינן הכי השתא מפני שאנו עוסקים בתלמוד של בבל שהיא בלול במקרא ובמשנה ובתלמוד כדאמר בפ' זה בורר (דף כ"ד:) ואעפ"כ אנו קורין בביהכנ"ס מקרא משנה ותלמוד לפני פסד"ז:

אשר פריו יתן בעתו ועלהו לא יבול. ונראה הי' לפרש דמיירי בהוראה כמו בסמוך שבעתו במלאות לו מ' שנה ממהר להורות כמשפטו מידי (עג) וקודם לכן נזהר להורות:

ואם לאו. פי' שממהר להורות קודם זמנו וגם ע"כ טועה ומקלקל העולם בהוראתו על הלומד ועל המלמד הוא אומר כו' ורבי' שלמה פי' בעי שיקבע עיתים לתורה ולפי"ז לא אתי כ"כ שפיר עונש שלו אם לאו וכו'. ולא פי' שעושה פרי שמקיים מ"ש בתורה וזהו תופס עיקר:

עד מ' שנה. הך מ' שנה לא שייכי למ' שנה דריש פירקין (דף ה': ושם) לא קאי איניש אדעתא דרבי' עד מ' שנה דהכא מיירי שהוא בן מ' שנה והתם מיירי שלמד לפניו מ' שנה:

וקסבר ישנה לשכירות מתחלה ועד סוף, ואו"ר דלקי"מ מהא דקאמר בפ' איזהו נשך (דף ס"ה.) גבי מרבין על השכר ואין מרבין על מכר רבה ור"י דאמרי תרווייהו וכו' שכירות אינה משתלמת אלא לבסוף, ומפיק לה רבא מקרא דשכיר שנה בשנה וגו' שכירות של שנה זו אינה משתלמת אלא בשנה האחרת. דודאי הכי דינא לכ"ע דאינה משתלמת אלא לבסוף לענין דין תשלומי השכירות שאינו חייב לשלם לו עד לבסוף שאינו חוזר בו מן המלאכה ולענין דלא שייך בי' אגר נטר לי' כדקאמר בההוא דמרבין על השכר, ולא שייך בי' נמי בל תלין, וכמו כן מ"ד אינה לשכירות אלא בסוף מודה הוא דיכול הפועל לחזור בו אפי' בחצי היום שאז הוא חשוב סוף מלאכה. אלא לענין הך מילתא דהכא יש נ"מ. ובההוא דעשה לי שירים נזמים וטבעות ואקדש אני לך דבפ' הגוזל קמא (דף צ"ט.) ובפ"ב דקדושין (דף מ"ח.) דפליגו תנאי התם לענין מקדש במלוה, דאם ישנה מתחילה ועד סוף שכרו מותר דחל חיוב השכירות קודם שנאסר הבניין, מ"ר: ומה"ט לא תקשי נמי הכא היכי קאמר מכ"ש אחרון לית בי' שוה פרוטה הלא שוה הרבה שלא ישלם לו כלום עד לבסוף אם ירצה דהא אינה משתלמת אלא לבסוף כדפי' ונ"ל ונראה לר' דהכי הלכתא דס"מ יכול הוא לחזור בו כשירצה ואז משתלמת השכירות דחשיב סוף כדפי', ונראה לר' דהכי הלכתא דישנה לשכירות מתחילה עד סוף, וג"מ לענין מקדש במלוה כדפי' מדפסיק ר' אלע (עד) הכי וליכא דפליגו עלי', ודומה לר' שר"ח הביא ראיה דהלכתא הכי מדקאמר בההוא סוגיא שם דעשה לו שירים ונזמים וטבעות דכ"ע ישנה לשכירות מתחילה ועד סוף, ואינה ראיה דלא הוה מצי למימר דכ"ע אינה כו' מ"ר. וג"מ נראה שהיא ראיה דרבא מסיק לה התם דכי מפליג להו במוסיף לה נופך משלו ולמה לי' לאוקמא דלא כהלכתא דאי לאו דהכי ס"ל:

וקסבר וכו'. וא"ת מה מועיל מה שמכיש אחרון אין בו ש"פ וכי מותר להנות בפחות מש"פ משכר ע"ז, הא ודאי אסור הוא ונמצא שהוא מעורב בשכרו. וי"ל דהואיל ואין בו ש"פ לא יתן לו הגוי פחות אפי' ימנע מלעשותו אעפ"י שהגוי מקפיד על פחות מש"פ בגזל נמצא שאין עליו שכר כלל. מ"ר:

אין עושין יש ספרים דגרסי במתני' אין עושין לע"ז קלטאו' נזמי' וטבעו' ובספר ר"ת מוגה ויש ספרים דגרסי נמי בתר"א במשנה ר"א אומר בשכרו מותר, ואינו ברוב ספרים לא זה ולא זה וסיפא נמי כר"א אומר וכו' לא אתיא שפיר, דמאי קאמר בשכרו מותר אם רוצה לומר ששכרו מותר אם בנה (עה) זה איכא האמורא בגמרא. ואם רוצה לומר דשכר מותר לעשות לכתחילה משום איבה כדשרו לקמן ליילד נכריות בשכר משום איבה לא ניחא דהתם לא מצי לאשתמוטי אבל הכא מצי לאשתמוטי שפיר אסור לו לעשות תכשיטי ע"ז וכל היכא דמצי לאשתמוטי מוכח בההוא סוגי' דאין מעמידין דלא שרינן בשכר משום איבה, מ"ר:

אלא תתן להם חניי' בקרקע. ותימא לר' דמוקי דרשה זו בכל האומות עובדי כוכבים וכן

אסור

(עג) נ"ל ונ"ד (עד) רבה בר עולא (עה) אם קנה זה.

אסור לאדם לומר כמה נאה גוי זה, משום לא תתן להם חן, וכן מתנת חנם ואסאי, והא עיקר פרשתא בז' אומות דוקא משתעי דכתיב לא תתחתן בם דהיינו בגירות דבגירותן לית להו חתנות, וא"כ זהו בז' אומות דוקא, וכן לא תחי' כל נשמה בז' אומות דוקא, וכן בתך לא תתן לבנו ובתו לא תקח לבנך לרבנן דרש דלא מוקמי כי יסיר לרבות כל המסירין כפ' האומר בקדושין (דף ס"ח) ולקמן בפ"ב (דף ל"ו) ואו"ר דכל מה שמוכיח בפסוק דמשתעי בז' אומות דוקא, יש לנו להעמיד בז' אומות, כגון לא תחי' כל נשמה וכגון לא תתחתן דה"א גירי שאר אומות מותרין לבוא בקהל וכגון בתו לא תקח לבנך כי יסיר את בנך מאחרי, דמשמע ז' אומות שהם בני הס"ה יותר מדכתיב כי יסיר ולר"ש דדריש טעמא דקרא הוה מוקמי לי' בז' אומות דוקא, או לאו כי יסיר מסברא לפי שהם מסירים יותר, ואתא כי יסיר לרבות שאר מסירי'. אבל בדברים דשייך למוקמי בכולהו מוקמינן בכולהו וגם שמא יש שום רוביא לשאר אומות בי"ד. וקשה לר' לא תכרות להם ברית ולא תחנם, ומוקי הכא לא תחנם לכל האומות, ואילו לא תכרות להם ברית משמע בז' אומות דוקא דהא כת"ב גבי שלמה וחירם ויכרתו ברית שניהם. ור' אומר דשמא כריתת ברית דשייכי לע"ז קצת קאמר, כמו לא תכרות להן ולאלהיהם ברית, או שמא חירם מלך צור גר תושב היה, מ"ר; מיהו אכתי ק"ל דכתיב בגבעוני' כרתו לנו ברית, וכתיב נמי אולי בקרבי אתה יושב ואיך אכרות לך ברית, משמע דלא קפיד בכריתת ברית כ"א בז' אומות, ע"כ נ"ל שבכל שאר אומות מותר לכרות לו ברית שלא יהרגנו ולא יזיקנו דומיא דגבעונים, וכן בחירם שלא יזיק לו שלמה ולא יחרוב את ארצו, אבל אכריתות ברית של שותפות וחיבה לכל דבר יכול להיות אסור בכל האומות עובדי כוכבי' ולכאורה משמע דאינו אסור כלל רק בז' אומות דלא ניחא לי' לקרא. למדחק לאוקמי נפשי', באלו הענינים שפיר:

לא תתן להם מתנת חנם. וההוא דרי"ג גמרא דעירובין (דף ס"ד:) דמשמע שנתן לגוי את חגלוסקין דקאמר מבגאי טול גלוסקין הללו מאילעאי ומשמע דנותנים לו הי'. וי"ל דפלוגתא דהא תנאי הי"א דבסמוך ובירושלמי דהכא מייתי לי':

א"כ לימא קרא לא תחנם ביו"ד, אי אית לי' חן ולחנם ומדכתב לא תחנם ש"מ כולהו. וא"ת אימא דאתא לחן ולחנייה ולא לחנם וי"ל א"כ לימא קרא לא תחנם חי"ו דקרי פ"א להכי קרי לא תחגם ודגש דמשמע נמי חנם וא"ת אימא דאתיא לחנייה ולחנם ולא לחן. וי"ל א"כ נקרא לא תחינם רפ"א דמשמע חנם ומשמע גם חנייה מדלא קרי דג"ש מ"ר. וא"ת דאמאי לא דריש ליה בתלתא ג"ונא ושביק פשטא דקרא דהוי לשון חנינה ורחמים כמו לא תחוס עינך עליהם וי"ל דהוה בכלל לשון חן לכך לא הצריך לפרשו:

שפיר קאמר ר"מ. הכא מוכח דמודו כולהו דראוי לדרוש דקאי תתננה ואכלה או מכור לכאן ולכאן וכן בר"ש איזהו נשך (דף ס"א:) גבי את כספך לא תתן לו בנשך ובמרבית לא תתן אכלך. ובפ"ק דקדושין (דף ל"ב:) גבי מפני שיבה תקום וגו'. איכא דלא מוקמי קימה והידור אתרווייהו. וי"ל דהתם שאני דלשון תקום לא אתי שפיר על לישנא דפני זקן וכן והדרת אינו מיושב על מפני. מ"ר. וק"ל דדריש בסוף פ"ק דתענית (דף ט"ו.) לא הכל לאורה ולא הכל לשמחה אלא צדיקים לאורה וישרים לשמחה שנאמר אור זרוע לצדיק ולישרי לב שמחה, נ"ל: או ל"ל ש"מ לדברים ככתבן הוא דאתא. ות"מא לי ל"ל לר' יהודה תרי קראי לאסור מתנת חנם לגוי חאי קרא, ולא תחנם בשלמא לא תחנם אצטריך ללאו, אבל כיון דכתיב לא תחנם ל"ל האי קרא. וי"ל דלא הוה מוקבינן ולא תחנם למתנת חנם כ"א לשאר דרשות דלע"ל אי לאו האי קרא. וע"ד הי"ה נ"ל דלר"י אצטריך האי קרא דנבילה לגופא להתיר מכירה דגוי, דהוה ס"ד למיסר הנאת נבילה מדכתיב אותו בטריפה, אותו אתה משליך לכלב ואי אתה משליך כל איסורין שבתורה כדדרשינן בר"ש פ' כל שעה (דף כ"ב.) ומדנתינה דגר לא היה שמעינן היתר הנאה דהא גזירת הכתוב הי"א:

ור"מ האי להקדים וכו' וא"ת כי היכא דבפסחים אמרינן דלר"י לא מצי מפקינן מהאי קרא דכ"מ שנאמר לא תאכל ולא תאכלו הוי איסור הנאה משום דלדברים ככתבן איצטריך לר"מ נמי אצטריך להקדים, וי"ל דלר"מ נמי הוי ידעינן מסברא להקדים כמו לר"י, אבל זה הפסוק אצטריך למידרש דבעלמא הוי לא תאכל איסור הנאה ואחר שנכתב לא הוי ידעינן להקדים דמשמע שאין הכתוב מקפיד איזה מהן יעשה. וק"ל לכתוב מכירה לגוי ולשתוק ומדשרי לי' בהנאה שמעינן דלא תאכל דעלמא הוי האיסור הנאה ולהקדים נתינה דגר הוי ידעינן מסברא דנתינה דגר קודמת למכירה דגוי נ"ל, ור' תירץ דאי לא כתב בתר נתינה הוה אמרינן דגרע מגוי דיותר יש ליתן לגוי מליתן לו למעט את התפלה

התפלה שלעולם לא יתנו לב להתנייר אם כ״ש יאכילוהו נבילות:

ור״י כיון דגר אתה מצוה להחיותו וכו׳. וסברא היא וכו׳. וא״ת מה סברא היא זו וכי כל חפצו שימכור יתן לגר קודם שימכור לנוי וי״ל דשאני נבילה דלגר שוה הרבה ולישראל אינה שוה כ״א דבר מועט שלא היה גוים מצוים בינידם ומוכרה בדבר מועט, ס״ד. ותימא לריב״א דאסרינן הכא מתנת חנם לגוי לר״י ובפ׳ כ״ש מוקי ההוא דשולח אדם ירך לנכרי כר״י ומשמע שלדורון שולחו לו. ותירץ ר׳ דבתוספתא תניא דסובר ר״י דאם הי׳ שכנו מותר מפני שהיא כמוכרה לו. ורבי׳ שמואל הביאה כאן. וק״ל למאן דשרי ליתן להם מתנת חנם והא לקמן (דף כ״ו.) דגוים עובדי כוכבים לא מעלין ולא מורידין וכיון דלא יעלם מן הבור איך יתן להם מתנת חנם ויפרנסם. וי״ל דאע״ג דכשהוא בבור אין להעלותן יכולין ליתן להם מתנת חנם:

הרואה בריות טובות, וכו׳ ובירושלמי אמר הכא שכן אפילו ראה סוס נאה גמל נאה חסור נאה אומר שככה לו בעולמו:

דף כ׳ ע״ב **שלא** יהרהר ביום ויבא לידי טומאה בלילה, מכאן אמר ר׳ פנחס בן יאיר וכו׳. ותימא לי כיון דמקרא נפקא מאי רבותא דיחזקאל דקאמר (חולין דף ל״ז:) הנה נפשי לא מטמאה שלא הרהרתי ביום לבוא לידי טומאה בלילה והכי פרכינן גבי מסוכנת ואין לומר דאסמכתא היא דהא בפ׳ נערה שנתפתתה (דף מ״ו.) מוכח דעיקר דרשה היא דאיכא דמפיק התם מהבא אזהרה למוציא ש״ר וקאמר ואיךך מבעיא לי׳ לדר״פ בן יאיר. ואו״ר דס״מ כיון שאין העולם יכולים ליזהר מזה כדאמר בפ׳ גט פשוט (דף קס״ד:) דאין אדם ניצול בכל יום כהרהור עבירה רבותא גדולה היא:

זהירות מביא לידי זריזות. זריז עדיף מזהיר כדפירש״י כדקאמר בפ׳ כל הבשר (דף ק״ז:) אומר ר׳ דבפ״ק דשבת ובשקלים ובירושלמ׳ מפיק להו כולהו מקראי אך אינו שם בזה הסדר:

אלא לבשר ענוים. וא״ת ניפא נמי (עו) לחסידך ולא לענויך, וי״ל שיש לפרשו וכ״ש לענויך אבל לבשר ענוים שהיא בשורת הגאולה אית לן למימר שהזכירה הכתוב על הענוים משום דעדיפא שחשיבות הגאולה יש לו להזכיר על החשוב יותר ואין נראה לפרש על לשון כ״ש ונראה:

ואי אשמעינן הני תרתי דלא ידעו שבחייהו וכו׳. ותימא לי לתני שחת דמשבח וקמה דמפסדא ושמעי׳ אילן ואו״ר דזו אף זו קאמר:

דף כ״א **האמר** רב משרשי׳ מזוזה חובת הדר היא. ואו״ר דאין לומר דמזוזה לא מפקע משום דחובת הדר היא, ואם יעמוד בה ישראל חייב במזוזה אעפ״י שהיא של נר׳, שהרי שואל או שוכר בית אפי׳ מישראל פטור ממזוזה כדקאמר במנחות בפ׳ התכלת (דף מ״ד.) השוכר בית בארץ (עו) הקונה בית בחו״ל ל׳ יום פטור מן המזוזה ומכאן ואילך חייב במזוזה, ומפרש דהיינו שמה״ת פטור כשאינו שלו מדכתיב ביתך ואחר ל׳ יום חייבוהו חכמים מפני שנראה כשלו כמו טלית שאולה דפטר התם כל ל׳ יום מן הציצית ולא יותר, ומה״ת היא פטורה לעולם דדרשינן כסותך ולא של אחרים, ומיהו קשה לר׳ דבחולין בפ׳ ראשית הגז (דף קל״ו.) אלא ביתך ל״ל לכדרבא ביתך דרך ביאתך ואמאי לא קאמר ביתך ולא של אחרים כדקאמר התם גבי טלית כסותך ולא של אחרים. ואו״ר דחדא נקיט ותרי ביתך כתיבו דמינייהו שמעינן שתי הדרשות. ועוד נ״ל דלא ר״ל ולא של אחרים, משום דהך דרשה הוי פשיטא ליה כמו גבי כסותך, ומביתך שני קבעי, אלא ביתך ל״ל לכך מתרץ לכדרבא.

אלא כך יש לפרש חובת הדר היא ואפי׳ לא הי׳ מוכרו לנוי הי׳ פטור ממזוזה כ״ז שאינו דר בה והלכך אעפ״י שבטל הבית ההוא מצות מזוזה יותר משאם הי׳ מוכרו לישראל שאו כשהיו דרים בה בעליו מיהא היה חייב במזוזה, אבל עכשיו אין בה דין מזוזה לא בדירת הנוי ולא בדירת ישראל שישכירוהו כדפרישית, מ״מ אין כאן הפקעה כדפרישית, דאפילו היתה בידו, והיתה כמו שהיא עכשיו שאינו דר בה לעולם לא היה בה חיוב מזוזה. ועוד דמה שאין בה מצות מזוזה כשהגוי דר בה אין זה הפטור מחמת הבית אלא מחמת הנוי שהוא פטור, אבל במכירת שדה יש בה הפקעה ממעשר דכ״ז שהיא ברשות ישראל כל מי שיזרע בה חייב במעשר וכשיוצאת מרשות ישראל ובאת לרשות נוי כל מי שיזרע בה פטור ממעשר וקסבר הא׳ תנא יש קנין לנוי להפקיע מיד מעשר (ועיין גטין דף מ״ז.) דאל״כ מאי הפקעה יש בשדה יותר מבבית. ועוד כי גם בלא פי׳ זה שפירשתי שמעינן מהכא דיש קנין דאי אין קנין לא הו״ל לחשוב הפקעה מכירת שדה לנוי בטה שהגוי אינו מעשר

(עו) סא כתיב (תהלים פ״ט) אז דברת בחזון לחסידיך כצ״ל (עו) לפניכו הגירסא (שם) הדר בפונדקי בא״י ושוכר בית בח״ל:

מעשר מאחר שהשדה מ"מ בת חיוב מעשר היא. ומכאן מתרץ ר' הא דקשה לי' מפי' ר' ישמעאל במנחות (דף ס"ו:) דאוקי פלוגתא דר"מ וחביריו במרוח הגוי גבי תורמין משל כל על של כל מנא לי' דפליגו במרוח הגוי דלמא ביש קנין לגוי פליגו ור"מ דאמר תורמין משל גוים על של ישראל דקסבר אין קנין לגוי וי"ל שיכולין היינו לומר דקסבר אין קנין והיינו אפקעתא דשדה שהיא חייבת במעשר ואין מקיימינן בה מצות המוטלת לעשות בה. אבל בבית אין הפקעה כיון שאינו חייב כלום כשאין ישראל דר בה. זה אינו נראה לי דא"כ מה אנו צריכין לר' יוסי באיסור שכירות שדה לאו דמשום דאית בה תרתי גזרו בה רבנן פי' גזרו שכירות אטו מכירה תיפוק לי דמשום השכירות נופי' איכא הפקעה ממעשר לפי פי' זה דמה לי הפקעה בשכירות ומה לי במכירה כי אע"פ שמכירה היא לעולם ושכירות אינה לעולם מ"מ יש הפקעה בשכירות בשעתה לפי פי' זה כמו במכירה לעולם. ועוד דלשון הפקעה משמע שמפקיע החיוב כמו יש קנין לגוי להפקיע מיד מעשר. ולמאי דפרישית דקסבר יש קנין א"ש דמכירה איכא דפקעה דכל מי שיזרע בה אפי' ישראל בחכירות פטורה. ובשכירות ליכא הפקעה שגם אז חייבת תבואתו של גוי במעשר כיון שהשדה עדיין של ישראל. ולי נראה דהאי מיקרי שפיר הפקעה מה שמונעה ממצות מעשר ותרומה ואעפ"י שחייבת כמו מפקע לי' ממצוה גבי מוכר עבדו לגוים (גטין דף מ"ד) דהשתא ניחא דהכא מוכח דר"מ ס"ל יש קנין כדפי' כר"מ קאמר הך משנה הכא, ובירושלמי דמוקי פלוגתייהו דתנאי דמנחות ביש קנין לגוי (עח) ירושלמי לטעמא דלא מוקי טעמא דמתני' דהכא בהפקעה ממעשר אלא תולה הטעם דבית אין הגוי עשוי להתברך מתוכה:

ועוד יש לפרש גמרא דמנחות הכי, פשיטא לי מרוח הנכרי איכא למימר דתנאי היא דאיכא לאוקמי פלוגתא דתנאי במרוח כמו בקנין, ומיהו טפי מסתבר טעמא דת"ק דהא משמע לי' דתנאי היא, וכמו שהבאתי ראיה משמעתא דהכא דר"מ ור"י דמנחות ליכא למיתלי טעמא באין קנין, כך יש להביא ראיה ממסקנא דב"מ בפרק השואל (דף קא.) לפי' רבי' יעקב שמפרש שם דלא מצי סבר ר"י במסקנא אין קנין ודלא כפי' רש"י שפי' שם וא"נ אין קנין מקבל לאו כחוכר דמי, וגם לפי' פירושי שפירשתי שם סובר ר"י יש קנין במסקנא דהשואל ותרוצ"ו כתו"ב בקונטרס קמין שפירשתי בו ההוא דר"ש פ' בית שמאי בזבחים (דף לז) ודסוף פסחים (דף כ"א.) דזריקה בכלל שפיכה ודפ' האשה (שם דף פ"ש.) ובירושלמי דדמאי פ"נ ברייתא דקאמר התם ר"י ור"ש אומרים יש קנין לגוי באי' להפקיע מידי מעשר, וקאמר שם מודה שמפריש מעשרותיו מהלכה פי' מדרבנן, וכן בפ"ה דדמאי קאמר התם על משנה דתנא התם מעשרין משל ישראל על של גוי וכו'. מתני' ר"מ היא דאמר אין קנין לגוי וכו'. ור"י ור"ש אומרים יש קנין וכו'. ור' יוסי אינו מחכר שם כלל, מ"ר. ותימא דבסוף פ' השולח (דף מ"ז.) דמייתי כמה משניות וברייתות דיש קנין ואין קנין, לייתי הך משנה למיפרך למ"ד אין קנין דהא יש קנין ס"ל לפי' ר' כדפי' ולפי' ר"ת דהתם לק"מ דאיכא (עט) וכולה שמעתא דהתם בתבואה שנדלה קצת ברשות ישראל ומפרש דלהכא לא שייך לאתנויי משאר מקומות דאיירו בתלמוד דיש קנין ואין קנין, מ"ר:

כיבוש יחיד שמי' כיבוש. תימא אמאי לא חשיב הך מילתא (גטין דף ח'.) נמי ג' דברים שוה סוריא לא"י וני' לחו"ל. והאי תנא נמי ס"ל כיבוש יחיד שמי' כיבוש כדקאמר התם. ואע"ג דהכא חלוקא סוריא בהך מילתא גופא דפלגא כא"י ופלגא כחו"ל, ה"נ קתני התם מילי דפליג בהו בחדא מילתא בסוריא דקתני עפרה טמא כחו"ל ונכנס לתוכה טהור כא"י. ואו"ר דתני ושייר ואע"ג דתני מנינא. וכן ר' רנ"ל לפרש דאפי' היכא דתני מנינא תני ושייר כמו בסוטה גבי בני מקומות הלכה עומקת המקרא ולק"מ מההוא דקדושין (דף ט"ז:) תנא קתני ארבעה מעניקים להם ואת אמרת תנא ושייר התם דייק מדתני ואי אתה יכול לומר ארבעה באחד מהם. ובההוא (דמכות דף כ"א) יש חורש תלם א' ופריך תנא תני שמונה ואת אמרת תני ושייר דהתם דייק משום לשפויי לאוי אתי ואין לו לשייר כלום. תנא תני שמונה ואת אמרת תני ושייר שהרי אם יש כמו שמונה ט' לאוין האיך שנה ח' ומדלג האי. והא דפריך התם כמה פירכי ולתני נמי וכו'. ולא משני תנא ושייר ע"ז צ"ל מה שפירשתי דכיון דאתא לשפויי לאוין בחורש תלם א' אין לו לשייר כלום. ועוד צריך לדקדק מהא דפ"ג מנין בנזיר (דף ל"ד:) גבי בין הבניין (פ) ועוד יש ליתן טעם אחר דלא שייך הך דהכא למתני' דגיטין (דף ח:):

כיבוש יחיד לאו שמי' כיבוש. מפרש הטעם בספרי בס"פ והיה עקב תשמעון דדוד

(עח) מוכח שאין קנין לעובד כוכבים. (עט) דמוקי: (פ) הבניינים:

דדוד עשה שלא כתורה לכך אין מצות נוהגת שם בארם נהרים ובארץ צובה, שסמוך לפלטירין שלו לא הוריש והי' מכבש הוין לארין. ומוכח נמי התם דארם נהרים נמי סוריא, והכא לא הזכיר רק ארם צובה מ"י:

אלפני דלפני וכו'. סימנא בעלמא קאמר דכולי האי לא חיישינן, א"נ כיון שיאסור עשיית שכונה אסורה מחמת שכשיש עובדי כוכבים הרבה דרים ביחד ניקל לבוא היזק לישראל ע"כ קרו לי' נתינת מכשול לפני עור:

אף במקום שאמרו להשכיר לא לבית דירה אמרו מפני שמכנים וכו'. ותמהני מפני מה סמכו עכשיו העולם להשכיר בתיהם לעובדי כוכבים לבית דירה דמתני' אסרה לי' לדירה וליכא מאן דפליג. וגם עתה רגילים להביא ע"ז לבתיהם כשהם חולים וגם פעמים אחרות, ושמא הואיל ואינו מצוי עכשיו כ"כ לא אסרינן משום זמנין דאתרמי: וצ"ע אי הוי לא תביא תועבה אל ביתך כה"ג דאורייתא או דרבנן כשהעובד כוכבים מכניס שם שלא ברצון ישראל ושלא מדעתו ונ"ל שיש קצת היתר שכירות של משכירי בתים לגוים שלא לאסור עליהם מדתניא בתוספתא (פ"ב) כאן וכאן לא ישכיר אדם ביתו לגוי מפני שידוע שמכנים לתוכו ע"ז, אבל משכירין להם ארוות ואוצרות ופנדקאות אעפ"י שמכנים לתוכו ע"ז. ויש לפרש הטעם דכה"ג ליכא איסורא דאורייתא משום לא תביא תועבה אל ביתך כיון שהישראל אינו מביאה ולא ניחא לי' נמי בהבאתה ולכך לא החמירו אלא כבית דירה שרגיל הגוי לקבוע שם ע"ז לעובדה בתמידות, וא"נ אסור מה"ת להשכיר לו בית דירה מפני שמכנים לתוכה ע"ז. וי"ל דלא אסרה התורה אלא הבאה של קביעות ולכך מותר ארוות ואוצרות ופונדוקאות אעפ"י שבידוע שמכנים לתוכה ע"ז ועכשיו שאין דרכן של גוים שבמקומו' הללו לקבוע ע"ז בבתי דירות הוה לענין דבר זה כארוות ואוצרות ופונדוקאות כי שם מותר אעפ"י שבידוע שמכנים לתוכן ע"ז וכ"ש בבתיהם של אלו שאינו ידוע שיכנים שאין דרכם להכנים אלא כשיש להם חולה נטוי למות. ויש לדחות הטעם זה להיתר ולומר דהטעם דהיתר ארוות משום דביתך, היינו בית של ישראל של דירתו, אבל אותו שאינו לו בית דירה מותר ואותו דוקא שעשוי לדירתו של ישראל אסור להכנים בו ע"ז אבל ארוות ואוצרות ופינדקאות מותר, ובית דירה של ישראל קאמר ולא לבית דירה, אבל הנך שרי, וזה כתוב גליון. ועוד נ"ל טעם להיתר של ירושלמי דלא תביא תועבה אל ביתך אינו כאן מה"ת כ"א ביתך שאתה דר בה כמו גבי מזוזה, ומה"ט מחלקת התוספתא אפי' מדרבנן בית דירה לאינו בית דירה, אבל מה"ת בעינן שישראל דר בו כבמזוזה, ודואיל מדרבנן הקילו בח"ל ע"כ. ובשם הר"ר חיים נאמר לי טעם להיתר דגרסינן הכי בירושלמי בגמרא של משנה זו אף במקום שאמרו להשכיר וכו' הא מקום שנהגו למכור מוכרין לו אפי' לבית דירה ומשכיר לו אפי' לבית דירה והטעם אמרו לי משמו משום דלא מיקרו ביתך אלא בארץ וטע"ם זיה ל"א נכון בעיני כי למה לא יחשב ביתך בח"ל נהו דאיכא מאן דאית לי' אין קנין לגוי בא"י להפקיע מיד מעשר, לישראל יש קנין בח"ל כמו לגוי כי למה [נגרע] ואעפ"י שאסרו לצאת מא"י לחו"ל מ"מ בכך לא יגרע מלחשוב ביתו. ואין נראה לומר דהוה מצות בית לענין זה ולענין מזוזה מצוה התלוי' בארץ שלא לנהוג אלא בארץ וא"כ הוי כמו שיש חיוב מזוזה בח"ל מדרבנן לכל הפחות הי"ה לענין דבר זה ראוי לאסור מדרבנן, וגם קשה לי על הירושלמי מאותה ברייתא דתוספתא שהבאתי כי כך שנוי' בתוספתא דע"ז אין משכירין להם בתים ושדות וכרמים ואין נותנין להם אריסות וקבלות בהמה אחד הגוי ואחד הכותי בר"א בא"י. ובסוריא מוכרין בתים ומשכירין שדות (פא) ובח"ל מוכרין אלו ואלו כאן וכאן לא ישכיר אדם ביתו לגוי מפני שידוע שמכנים לתוכו ע"ז אלמא אפי' במקו' שמותר למכור אסור להשכיר. ומיהו אם היה לנו טעם ברור על הירושלמי היינו יכולים לתרץ התוספתא שלא תקשה עליו ולומר שמה ששנוי' בתוספתא כאן וכאן לא ישכיר כו' לא קאי אדלעיל מני' אלא את"ק דר' יוסי במתני' וקאי כאן וכאן א"י וסוריא שאסור שם למכור לת"ק דר"י אבל מאחר שטעם הירושלמי אינו ידוע קשה להורות הלכה מתוכו להתיר. ועוד שקשה עליו מן התוספתא לכאורה. ושמא הירושלמי שמתיר להשכיר במקום שמותר למכור זהו דוקא חכם שיודע שאסור להשכיר וגמר מקני לזה הגוי לפירו' לכל זמן השכירות, ולמכר זה דלפירות נפיק לי' מרשותו ולא מיקרי תו ביתו של ישראל וכמ"ד קנין פירות כקנין הגוף דמי. דלמ"ד לאו כקנין הגוף דמי עדיין מיקרי ביתו כיון דלדירי' עבדי מלוג יוצאין בשן ועין לאשה אבל לא לאיש כדמוכח בהחובל (דף פט:) א"נ אין המוכר ת"ח סתם שכירות בית לגוי עד הזמן שקובע לו בדיניהן חשוב מכר בלשון שכירות כמו בלשון

מכר

(פא) לפנינו נוסחא אחרת.

סכר ובזמן שיד אומות העולם תקיפה על עצמן צריך הישראל המשכיר לדון ביניהם הוי שכירות דידיי סכר עד הזמן שקבעו ביניהן, וההוא דאמרן לעיל מור משום שכירות היינו למ״ד קנין פירות לאו כקנין הגוף דמי דלדידיי אפי׳ פירש בהדיא בלשון סכר עד זמן הנקבע אכתי הוי בהמתו של ישראל, א״נ אפי׳ למ״ד קנין הפירות כקנין הגוף דמי אתי שפיר בזמן שיד ישראל תקיפה על אוה״ע. וא״ת מה בין סכר לזמן לשכירות לזמן למה יהא קני יותר בתורת סכר סבתורת שכירות מה לי הכא מה לי הכא כיון שדינו שוה וי״ל אפילו שדינן שוה קנוי יותר בלשון סכר סבלשון שכירות ועוד שיש דברים שיש בהם חילוק בינידם כגון שוכר בהמה חייב על שמירתו כמו שומר חגם או כש״ש לר״י כדאית ליי ולר״מ כדאית ליי ובמכר לזמן [כ״ע סורו] שאין הלוקח חייב על שמירתו, ושוכר בית או נפיל ליי ביתו דמשכיר מצי א״ל לא עדיפית מנאי ומוציא את השוכר מביתו, ובמכר לזמן לא יוכל להוציאו ושמא יש למצוא ענייני אחריי שהם חלוקים. ולפ״ז שפירשתי שיש להעמיד הירושלמי כמ״ד קנין פירות כקנין הגוף דמי אין להתיר מתוך הירושלמי דהא קי״ל כר״ל (ב״ק פח) גבי מכר הבן בחיי האב דקנין פירות לאו כקנין הגוף דמי ואיכא למימר דהיה לענין דבר זה שפירשתי דלאו כקנין הגוף דמי:

אבל לעובד כוכבים מאי שרי. וא״ת והלא נקיט כותי לרבותא וכ״ש גוי, וי״ל דמדשביק גוי דאיירי בי׳ רשב״ג וסתניי ונקיט כותי, ועוד דלא שכיח כותי כ״כ ונקטיי ש״מ דווקא קתני כותי, אבל לגוי שרי. א״נ טפי הו״ל למינקט גוי דלית בי׳ טעמא אלא דנקראת על שמו, מלמינקט כותי דבלאו ה״ט אית בי׳ טעמא דלפני עור ועוד נ״ל דלקים דלא דייק ממילתיי דלגוי שרי אלא ממתניי דשרינן להשכיר להם שדות וליכא מאן דפליג, ואעפ״י שאומר מאי שרי אינו מאי מפני שמדקדק אותו מדבריו. ומה״ט ניחא נמי לעיל דקאמר אבל שדהו לגוי שרי דממתניתן קים לי הכי ולא ממילתיי דנקיט מרחץ דבהא מצי למימר דנקטיי משום דדוקא מרחץ אבל שדהו אפי׳ לכותי אסור לפי שעושה בו מלאכה בחוה״מ:

אי הכי אפי׳ כותי נמי. וא״ת והא בסמוך פריך משום ולפני עור והיכי פריך הכא דלשתרי. וי״ל דמ״מ פריך שפיר כותי נמי ליתסר משום טעמא דנקראת על שמו:

א״ה מאי אריא וכו׳ תיפוק לי׳ משום לפני עור וכו׳ ותימא לר׳ מאי איה דקאי על המתרץ ד״א אנופא דמילתא כרשב״א אתיא הך קושיא דתיפוק לי׳ משום ולפני עור וכו׳. נראה לי שמכאן יש לי ראיה דאמרינן אפי׳ באיסורי דרבנן אסורי לפני עור לפי מה שמפרש ר״ת במועד קטן (ע׳ תוס׳ חגיגה דף י״ח.) דכל מלאכה האסורה בחוש״מ מדרבנן וקרא אסמכתא בעלמא דהכא אסור משום ולפני עור לפי שהכותי עושה בו מלאכה בחוש״מ, וה״נ פריך לעיל דלהכי אסרינן למכור לישראל החשוד למכור לגוי כל מה שאסור למכור לגוי לפי שע״י שימכרו לו יעבור על דברי חכמים וימכור לגוי. ועל מה שמפרש ר״ת קשה לו מהא דקאמר בריש פ׳ מי שהפך (דף י״א:) פתח באבל וסיים בחוש״מ וכו׳ עד לא מבעיא קאמר לא מבעיא בימי אבלו דמלאכה דרבנן היא ושרי אלא אפי׳ חוש״מ דאסורה במלאכה דאורייתא במקום פסידא שרי רבנן אלמא משמע דמה״ת היא דאי משום דאסמכי׳ אקרא קרי לה דאורייתא אבילות נמי אסמכי׳ אקרא בפ׳ בתרא דהתם (דף ט״ו:) והפכתי חגיכם לאבל מה חג אסור וכו׳ וי״ל דמשום דיש לו עיקר מה״ת יותר מאבילות דמרו חוש״מ אטו יו״ט גופי׳ אם הוא עדיין מועד קרי לי׳ דאורייתא, נ״ל. ועוד קשה לי מהא דאמר בחגיגה בפ׳ אין דורשין (דף י״ח.) ר״ל אומר חג הקציר וכו׳ מתקיף לה ר׳ יוחנן אלא מעתה דכתיב בחג האסיף בצאת השנה ה״נ אי זה חג שאתה חוגג ואוסף בו הוי אומר זה חג הסוכות אי לימא ביו״ט אסיפה ביו״ט מי שרי אלא לאו בחוש״מ מי שרי אלא חג הבא בזמן אסיפה וכו׳ מכלל דתרווייהו ס״ל דחוש״מ אסור בעשיית מלאכה, משמע בהדיא מדאורייתא קאמר. ועוד מאי קאמר מכלל פשיטא דכמה משניות שלימות יש דחוש״מ אסור במלאכה אלא משמע דמה״ת קאמר:

תיפוק לי׳ משום ולפני עור. וא״ת דילמא ס״ל כותים ג״רי אריות הן ואין כאן לפני עור. וי״ל דניחא ליי לתלמודא לתרץ אפי׳ ס״ל כותיים גירי אמת הן:

חדא משום לפני עור. ומה״ט אסור נ״כ למכור שדה לכותי שיעשה בו מלאכה ועובר על לפני עור ועוד יכולה להיות אסורה מכירה לכותי משום דאתי למכור לגוי כדאמר לעיל גבי כותי וישראל חשוד ומיהו שמא יש חילוק בין מכירת שדה דלא שכיח כ״כ כמו מכירת מטלטלין כגון בהמות וכלי זיין דלעיל:

ישראל וגוי שקיבלו שדה בשותפות. ותימא לי תקשי מהכא לאבוה [דשמואל] דאמר (סנהדרין ס״ג:) אסור לאדם לעשות שותפות עם העובד כוכבים וכו׳. ובפ׳ הזרוע והלחיים (דף קל״ב) קתני נמי והמשתתף עם הגוי צריך שירשום

שירשום ובהא י״ל דאסור ולא קתני כדקאמר בפ״ק דבכורות בריש פירקין (דף ב׳:) ולטעמיך המשתתף דלא קתני אעפ״י שאינו רשאי ה״נ דשרי והאמר אבוה דשמואל אסור לאדם שיעשה וכו׳ אלא תני אעפ״י שאינו רשאי במכירה וה״ה לשותפות וה״נ י״ל דלא חש למיתני אעפ״י שאינו רשאי, וקתני בתרה שותפות דקאי עלה נמי אעפ״י שאינו רשאי כדקאמר בבכורות ומיהו א״ן טעם זה פשוט. ועי״ל דאין לחוש לשנות בכ״מ אעפ״י שאינו רשאי אלא בבכורות שייך טפי למיתנייהו משום דקמ״ל דאע״ג דעביד איסורא אפ״ה פטור מן הבכורה ולא קנסינן לי׳ דומיא דהא דקאמר התם בריש פרקין אבל מוכר דקא מפקע לי׳ מקדושה איסא ליקנסי׳. ומיהו שם מפרש דבקדושת בכורות מיירי כדפרישית התם, ואין לחוש להאריך כאן בזה. ועי״ל דיש חילוק בשותפות ובקבלת בהמה ושדה דהתם בריש מס׳ בכורות משמע דמקבל בהמה מן הגוי אי ניתנה לו בקבלה לא שייכא לי׳ חששה דשמא יתחייב לו שבועה, כדמפרש התם מדדייק התם גבי הנותן לו בקבלה, דלא קתני אעפ״י שאינ׳ רשאי וליטעמיך המשתתף דלא קתני ה״נ דשרי והאמר אבוה דשמואל וכו׳ אבל על הנותן לו בקבלה נופי׳ לא קשה לי׳ מידי מאבוה דשמואל, נ״ל:

לא יאמר לי׳ ישראל לגוי טול אתה חלקך בשבת ואני חלקי בחול. שאלו את ר׳ על תנור א׳ דנבה יהודי חציו או יותר בחובו מגוי אחד והגוי האופה הי׳ לי׳ חלק בשכר התנור ויש ליהודי׳ ליטול כך וכך ימים ולגוי כך וכך אם יוכל הישראל לומר לגוי טול אתה חלקך בשבת ואני אטול חלקי בחול, היכא דלא התנו כתחילה ויום שבת יהי׳ שלך, ואני אקח תחתיו יום אחד מימי החול. והיה אומר ר׳ דיש למצוא טעם להיתר דאע״ג דהכא אסור לומר כך גבי ישראל וגוי שקיבלו שדה בשותפות הנ״מ שדה שכל השדה משבחת מהמלאכה שעושה הגוי בשבת ואם לא הי׳ עושה המלאכה בשום פעם לא היה חלק הישראל שוה כ״כ אבל הכא אין חלק הישראל נפחת כלום בחול אפי׳ לא יעשה הגוי מלאכה בשבת. ואם יעשה אין חלק הישראל משביח כלל בכך והלכך שמא יכול לומר לו טול אתה חלקך בשבת וכו׳. ור״ת השיבו שאין חילוק בין תנור לשדה ובכל ענין אסרינן כאלו מעמיד בידים פועל בשבת ואומר לו עשה מלאכה בשבת, ואמירה לגוי שבות. ולי נראה דיש לאסור משום דנמצא שהישראל משכיר תנורו בשבת שאומר לו לגוי עשה בתנורי לעצמך ותטרח היום להיות אופה שלי בימות החול תחת מה שתרויח במלאכ׳ שאני אומר לך לעשות בו לעצמך, שהרי התנור ברשות ישראל הוא ביום השבת בשותפות כיון שלא התנו מתחילה, ונמצא שסוכר לו מלאכת השבת בתנור שלו לעובדו בימות החול תחתי׳ ומודה ר׳. ולפי מה שפירשתי דאסור בתנור מפני שנוטל שכר תנורו בשבת ונ״ל שיש לאסור אפי׳ התנו מתחילה כיון שאין לגוי חלק בתנור, ולא שייך למימר בי׳ שהוא קנוי לגוי בשבת ולישראל ביום אחר כנגדו בחול ולא מישתרי אם לא יקנה לגוי חלק בתנור, שיהא לעולם שלו בשבת, ואז מועיל אם התנו מתחילה. ורבי׳ יעקב צוה לאותו בעל דתנור להחזיר אותו המלוה ולקבל חובו מן הגוי ולחזור ולהלות לו ולהתנות מתחילה, מ״ר. ושוב מצא ר׳ ראיה לאיסור ואין חילוק בין שדה לדבר שאינו משביח כגון תנור ומרחץ דבהדיא בתוספתא דדמאי (פ״ו) תניא בפ׳ המקבל שדה. גר ועובד כוכבים שירשו את אביהן וכו׳ וקתני ישראל וגוי שלקחו מרחץ בשותפות לא יאמר ישראל לגוי חלקך שבת וחלקי חול וכו׳ מ״ר:

גוי אכל שני ערלה וישראל אכל שני היתירא. דהכא יש להתיר אפי׳ לא התנו מתחילה, שכ״א אוכל פירות שהוא טורח בהם, ואינו דומה כלל שיהא הישראל נהנה מפירות הערלה שכל שנות הערלה אינו עוסק בה כלל. וקשה לי מ״מ כיון שקיבלו שניהם השדה ולא התנו מתחילה הרי נדלו פירות הערלה גם ברשות הישראל ובני שריפה נינהו כדתני בסוף מס׳ תמורה (דף לג) דחשיב באלו הן הנשרפין ערלה וכלאי הכרם ומוכח התם דדוקא שריפה דקאמר התם האי משנה ר׳ יהודא הי״א דאמר אין ביעור חמץ אלא שריפה משום דתני בי׳ במשנה שריפה וא״כ היאך יכול הישראל להניח לגוי לאוכלן בלאו טעמא דתנאה הי׳ לנו לאסור וי״ל דהכא בחו״ל הוה ובחו״ל י״ל שא״צ שריפ׳ דהא ספיקא מותר כדאמר בקדושין בפ״ק (דף ל״ט) ומאי דקאמר נמי התם אבר ודהוה (סב) לא בעי שריפה דלא החמירו בה כ״כ. נראה לי הקושיא אינה קשיא דכיון שהישראל לא עסיק כלום בתיקון האילנות בשני הערלה אין לו בפירות כלום אלא לגוי:

ת״ש אם התנו מעיקרא מותר הא סתמא אסור. ותימא אמאי לא מייתי רישא לא יאמר ישראל לגוי וכו׳ הא סתמא שרי. וי״ל דהא דתני

ריישא

(סב) נ״ל, לבד ודלא, ותיבות אבר ודהוה ט״ס.

רישא לא יאמר וכו׳ משום דקבעי למיתנו ואם התנו מתחילה מותר אעפ״י שבפירוש אמר לו כך: **ואם** באו לחשבון אסור הא סתמא שרי וכו׳.

ואית ליסא דה״ק ואם באו לחשבון אפי׳ התנו מתחילה אסור. וי״ל דאי התנו מתחילה ודאי שרי לגמרי: [אם] מותרים לבנות בשבת. והשיב ר״ת כי נראה בעיניו להתיר דהא קבלנים גוים הם בפ״ק דשבת (דף י״ז) שרי בית הילל ליתן עורות לעבדן וכלים לכובס נכרי עם השמש ולא תימא דוקא כה״ג דהוי מילי דצינעה ולא מוכח שרי אבל מילתא דבפרהסיא אסור כמו שפי׳ בפירושי מ״ק בסוגיא דקבולת (דף י״ב.) דהא ליכא למימר דהא ברייתא דאין נותנין חטין לתוך הרחיים של מים אלא כדי שיטחנו מבעי׳ מוקי במסקנא בפ״ק דשבת (דף י״ח.) כב״ש אבל לבית הילל שרי אע״ג דאיכא פרהסיא טובא והשמעת קול דמתחילה הי׳ רוצה התלמוד לומר דאסור לב״ע מפני שמשמעת את הקול ואפ״ה שרי במסקנא לבית הילל ועוד מביא ראיה מהאי שמעתא דשרי לעיל להשכיר שדהו לגוי משום דאמרי אריסותי׳ קעביד והשתא ומה אריסות שחלק הישראל משביח ע״י מלאכת שבת שרינן הואיל והעולם יודעין שהגוי עושה מעצמו ולא ע״פ ישראל כ״ש קבלנות שאין מלאכת הישראל משבחת רק שממהר לעשות דאית לן למישרי דאמרינן קבלנותיה קעביד ואינו ברשות הישראל כלל שיש לנו להתיר ואע״ג דרשב״א פליג הכא ולית לי׳ טעמא דאריסותי׳ קעביד מ״מ הלכה כרשב״ג וכסתם מתני׳ דאסרה להשכיר מרחץ לגוי מפני שנקראת על שמו אבל שדה לגוי שרי כדדייקינן על רשב״ג משום דאריסותי׳ קעביד ואמרינן נמי גבי ספינה בפ״ק (דשבת דף י״ט.) פוסק עמו ע״מ לשבות ואינו שובת אליבא דרי ואבוה [רשב״ג] דפליג עלי׳ דא״צ משמע דאין בגוי מנות לעשות קבלנותו בשביל ישראל. ואית והא במו״ק בפ׳ מי שהפך (דף י״ב.) משמע להדיא דאסור ליתן לגוי קבלנות בתוך התחום דאמר שמואל מקבלי קבלנות בתוך התחום אסור חוץ לתחום מותר. ונראה לר״ת דכולא ההוא שמעתא מיירי באבל דמיירי בי׳ בכולה סוגיא דלעיל וגם בדין קבולת דאבל איירי לעיל ועלה קאי שמואל וקאמר מקבלי קבלנות של אבל שיקבלנה קודם האבילות בתוך התחום אסור חוץ לתחום מותר. ולפי׳ זה אפרש הסוגיא אמר רב פפא אפילו חוץ לתחום נמי לא אמרו אלא דליכא מתא דמקרבא להתם אבל איכא מתא דמקרבא להתם אסור שיראו בני אותה העיר את מלאכתו כשיביאו שם ויאמרו שאסור מלאכתו בתחילה באבילתו. אמר רב משרשיה וכי ליכא מתא דמקרבא להתם נמי לא אמרן אלא בשבתות ויו״ט דלא שכיחי אינשי דאזלי מדוכתא לדוכתא כי מה שהתרנו מקבלי קבולת חוץ לתחום בימי אבלו כגון קבלנים גוים שקיבלו מלאכתו קודם אבלו מותרים לעשות בתוך אבלו בשבתות ויו״ט שאין הולכים מעיר לעיר ולא יראו אותם ומ״מ אי הוה מתא דמקרבא להתם הוה אסור כגון בתוך תחומם שיכולין ללכת שם בשבתות יבואו וידעו שעושה מלאכתו של ישראל בימי אבלו אבל בחושים דשכיחי אינשי דאזלי מדוכתא לדוכתא אסור. ולפ״ז צריך לפרש דלאו דוקא נקיט חושים דה״ה אפילו בחול כיון דמשום אבילות הוא דאסרינן אבל אי הוה מיירי באיסור קבולת דמשום שבת ויו״ט וחושים אתי שפיר בפשיטות דלא שייך להזכיר חול כלל. וי״ל דלרבותא נקיט חושים דאע״ג דבחושים לא אזלי מדוכתא לדוכתא כ״כ כמו בחול שאין עושין כ״כ מלאכה בשדות אפ״ה אסור וכ״ש בחול דאזלי אינשי טובא. ולפי פי׳ זה שפירשתי מילתא דשמואל באבל יש להתיר קיבולת ביד גוי בשבתות ויו״ט אפי׳ בתוך התחום דבאבילות החמירו יותר כדקאמר רב שישא ברי׳ דרב אידי בריש פירקין (שם) זאת אוסרת דברים המותרים בחושים אסורין באבל ואע״ג דרב אשי פליג עלי׳ התם ואמר לא מבעיא מקאמר לא מבעיא אבילות דאסורי מלאכה מדרבנן וכו׳ הא תניא כוותי׳ דר״ש ברי׳ דרב אידי ועוד אע״ג דרב אשי מישב המשנה בלשון לא מבעיא מ״מ יכול הוא להורות דבשבתות התירו קיבולת ביד גוי יותר מאבילות, ומעשה דבתר הכי דמר זוטרא ברי׳ דר״נ בנו לי׳ אפדנא מקבלי קיבולת חוץ לתחום מיירי בימי אבלו ובנו לי׳ כענין שהתרנו למעלה בשבתות ויו״ט שאין אדם רואה אותם וקאמר דלא ע״יל לגוה. ופריך והאמר שמואל מקבלי קיבולת חוץ לתחום מותר פי׳ בשבתות ויו״ט ותלמודא ירע דההוא מעשה כה״ג הוה ומשני אדם חשוב שאני איכא דאמרי סייעו סייע בתיבנא בהדייהו שהיה מספיק להם תבן ולא רצה היתה קיבולת גמירא. וגם בפי׳ מו״ק מצא אח״כ ר׳ יעק״ב פי׳ אחר דמפרש מילתא באבל והקשי׳ לאותו פי׳ אמאי נקיש חושים ותרצו דאגב דנקיט שבתות ויו״ט נקיט נמי חושים ולאו דוקא דה״ה חול. והואיל ואתא לידן אסיק שמעתא דהתם. דת״ר מקבלין קיבולת במועד לעשות אחר המועד ובמועד לא יעשה כללו של דבר כל שהוא עושה אומר לגוי ועושה כל שאינו עושה אינו אומר לגוי ועושה. ופי׳ רש״י בפירושיו

מקבלי

מקבלי קיבולת דבגוי המקבל מיירי, וקשה לר"ת דהוליל נותנין קיבולת לגוי, או מותר ליתן קיבולת לגוי, ומדקתני מקבלין משמע דבהיתר מקבלין עצמו שהם ישראל מיירי, ואע"ג דבסיומא דברייתא מיירי באמירה לגוי, יש לפרש כך מקבלין קיבולת במועד בין ישראל בין גוי לעשות אחר המועד, ובישראל אשמעינן היתר הקבלה, ובגוי אשמעינן היתר הנתינה לידו ובמועד לא יעשה אפי' גוי דכל שאינו עושה אינו אומר לגוי ועושה. ור"ת ור' אומרים מדההיא דעורות לעבדן וכלים לכובס דשרו ביה עם השמש (שבת יז:) אין ראיה להתיר קיבולת בית של ישראל בשבת יותר מבאבילות, שהרי אפי' באבילות שרי התם מלאכתו של אבל ביד אחרים, וטעמא משום שיש חילוק בין דבר תלוש המוליכו המקבל לביתו לבית של ישראל. וכיוצא בו שהוא עשה ברשות הבעה"ב עצמו. ועתה אפרש אותה ברייתא דקתני התם גבי אבל אם היה ספר לרבים והגיע שעת הרגל ואין שם אומן אלא הוא ה"א יעשה, האריסין והחכירין הקבלנין הרי אלו יעשו, פי' יעשו ע"י אחרים ומשום פסידא דאחריני בעלי השדה שרי, החמרים והגמלים והספנים הרי אלו לא יעשו ואם הי' מוחכרין או מושכרין ביד אחרים ה"א יעשו, פי' ע"י אחר ומשום פסידא דאותם אחרים התירו וכדקאמר בסמוך התם על מר ברי' דרב אחא ברי' דרבא דלא שדר גמלילה שהיתה בשותפות עם מריון ברי' דרבין וקאמר ר' אשי ולאו גברא רבה הוא נהי דאפסידא דידי' לא חייש אפסידא דאחריני מי לא חייש והתניא אם היו מוחכרין ה"א יעשו והוא סבר אדם חשוב שאני. גבתר הכי קתני היתה מלאכה אחרת בידו בין קיבולת בין שאינו קיבולת לא יעשה היתה מלאכתו ביד אחרים בביתו לא יעשה בבית אחרים יעשה. אלמא שרי בהדיא גבי אבל מלאכתו ביד אחרים בבית אחר, אע"ג דאסור בביתו, ואסור לבנות לו אפדנא וכיוצא בו. ומרחיים של מים נמי אין ראיה לקבלנות של גוי דהתם המלאכה נעשית מסילא ומותר ליתן הישראל עצמו החיטין מבע"י, אבל מה שהיא ע"י גוי יש לאסור יותר כאלו הוא מצוה לו לגוי לעשות בשבת. ומהאי שמעתא נמי דשרינן להשכיר שדהו לגוי משום דאמרינן א"ר כותי קעביד, אין להוכיח היתר קבלנות בנין הבית דגבי שדה רגילין לעשות ארוסות וחכירות, אבל

בנין בית דבר מצוי היא ורגילות לשכור פועלים שכירי יום, והלכך לא ידעו עלמא דקבלנותא היא לתלות ולומר קבלנותי' קעביד. ועוד אומר ר' דבירושלמי משמע בהדיא דאסור לבנות בית לישראל בשבת בקיבולת גוי, ומשמע דאיסור קיבולת הוי בין באבל בין בשבת דקאמר בריש פירקין תני אומנין ישראל שהיו עושין עם הגוי לתוך ביתו אסור לתוך ביתהן מותר, רשב"א אומר בד"א בקיבולת אבל בשכר אסור, בד"א בתלושין מן הקרקע אבל במחובר לקרקע אסור, בעיר אחרת בין כך בין כך מותר, ומ"מ בין כך ובין כך בין בתלוש ובין במחובר לקרקע בין בשכר בין בקיבולת א"ר א: לא אלא בין בתלוש בין במוחבר ובלבד בקיבולת. ר"ש בר ביסנא בשם ר' אחא בשבת ובאבל ובעי' הלכה כר' שמעון בן אלעזר, וההוא לישנא גופי' איתא נמי בירושלמי לענין שבת במס' שבת בפ"ק תני האומנין גוים שהיו עושין בביתו של ישראל לתוך ביתו אסור וכו' עוד נ"אה שיש לדחות כדי לקיים פסק ר"ת דהאי דאסור התם קבולת במחובר לקרקע בשבת ע"י גוי היינו דוקא לרשב"א דמיירי התם ורשב"א לטעמי' דל"ל בשמעתין טעמא דאריסותי' קעבדי והכי נמי ל"ל קבלנותי' קעביד לכך אוסר בקבלנות במחובר, אבל רבנן דאמרי הכא אריסותי' קעביד יכול להיות שכמו כן בקיבולת מה"ט, ואעפ"י שפוסק הירושלמי כרשב"א זה אינו כתלמוד שלנו, דהא רשב"ג וסתם מתני' פליגי עליו כדפרישית לעיל. ומ"מ אין לסמוך על דיחוי זה אחר שפוסק שם בהדיא כרשב"א בקיבולת וגם יש לחלק בין אריסות לקבלנות של בית כדפרי' לעיל, שרגילין לשכור שכירי יום, ומ"מ הירושלמי לאו מ"ט אוסר דהא מיירי בכל קיבולת של מחובר באותה העיר אפי' כגון שדה שרגילין לעשות אריסים וקבלנים יותר משכירי יום ובתוספתא דפ"ק דע"ז ראיתי הך ברייתא דירושלמי במקום רשב"א כתב בה רשב"ג. ולפ"ז אין לומר רשב"א לטעמי' דהא רשב"ג פליג עלי' הכא בטעמי' דאריסותי' לית לי' נ"ל. ואו"ר דיש להחמיר מכל הטעמים שפירשתי לאיסור וגם כשבנה ר"ת את ביתו לא רצה להניח על פסק שלו והחמיר לעצמו, מ"ר. אבל אותן ידיעות שנותנין לאורג לפני השבת ואורג בשבת מותר כמו כלים לכובס ועורות לעבדן דשרו בית הילל עם השמש:

הדרן עלך לפני אידיהן

אין מעמידין בהמה בפונדיקאות ש"ג ויש תימא היאך אנו מעמידין בהמה בבתיהן דבשלמא הא דאמר רב לעיל מקו' שהתירו למכור התירו לייחד הוי אתי שפיר שאנו יכולים להיות במקום שהתירו למכור מיהו רב הדר בי' כדאי' לעיל. ואי הוה אוקמא ר"ה ור' אחא דבגמרא דסברו כשנויא דרב לעיל כמו שאפרש בנמ' על מילתא דרבינא דהוה מסתבר לאוקמונהו כותי' לפי"ז הוי מצי למימר דסברינן כותייהו אבל נראה לומר כן דמשמע שאותו תירץ דרב אפי' במקום שנהגו למכור כמו אין מעמידין. ואו"ר בשם ר' יעקב דאנן ס"ל כרבנן דלא חיישינן לרביעה והוי שרי נמי להעמיד ולמסור לרועה. ואע"ג דרבינא בתרא הוא דמשני הא לכתחילה הא דיעבד, מסתברא שאין התלמוד חושב דבריו עיקר כ"כ שדוחה ראיה שלו מהאשה שנחשבה וקאמר תדע דקאמר סיפא וכו'. ואם (א) קבע דברי ר' פרת לבסוף ואע"ג דרבינא הוא בתרא והוה ראוי לקבוע דבריו לבסוף, משום דדברי ר' פרת הם עיקר יותר, מ"ר. ותימא לי מ"מ הרי יש סתם משנה כר"א ומנין לנו לחלוק עליו ונ"ל דסתם ואח"כ מחלוקת היא דמחלוקת במס' נדה (ב) ועוד הא סתם לן כרבנן דמשנה דלעיל (דף יד:) דמקום שנהגו למכור מוכרין כר"א אתיא לר' פדת. נ"ל:

ורמינהו לוקחין מהם בהמה לקרבן וכו'. ותימא לי אמאי פריך מברייתא ליפרוך ממתני' דלעיל דמקום שנהגו למכור מוכרין ולא חיישינן לרביעה, ואי משום דכבר הקשה ממנה לעיל ותירץ בה רב תחילה מקום שהתירו למכור התירו לייחד כמו כן כאן הי' יכול לתרץ, גם חס על בהמתו זה הי' יכול לומר על קושיא דמתני' דלעיל. ונ"ל דלא חזר בו רב אלא מכח קושיא דהך ברייתא דהכא לא מסתבר לתרץ דמקום שאסרו למכור אסרו ליקח מהם בהמה לקרבן דא"כ תיקשי כל הני קראי דאותבו רבנן לר"א לקמן בשמעתין דמקבלים מהם בהמה לקרבן בכ"מ (ג) נ"ל:

אי איתא דאקצייה ואי איתא דפלחא לא הוי מזבן לה. ותימא מה לו לומר טעם זה דמשמע דאי לאו האי טעמא הוה חיישינן שמא יעבוד אותו. ועוד תימא דהא לקמן (דף כד:) דפריך לר"א דחייש לרביעה ואוסר ליקח מהן בהמה לקרבן מקרא דויאמר שאול מעמלקי הביאום וגו' ומנכח מינה דלא חיישינן לרביעה לענין קרבן לרבנן נמי תיקשי לי' דמשום חשש נעבד, הו"ל לאסור לקרבן כדמשמע הכא, דהתם לא חייש לדתיר בטעמי' דהכא דאי איתא דפלחא לא הוה מזבן לה. ואו"ר דה"ק דבשלמא למוקצה ונעבד אין לחוש אפי' בידוע לנו שרגילין הרבה להקצות לע"ז ולעביד משום דאי אקציניהו או פלחא לא הוה מזבן לה:

ע"כד כוכבים חס על בהמתו שלא תעקר. זה התירוץ מתרץ רב גם על המשנה דלעיל דבמקום שנהגו למכור מוכרין כדקאמר התם. ואי"ת מ"מ תיקשי דבמקום שנהגו שלא למכור משום חשש רביעה היאך מותר ליקח מהם בהמה לקרבן, ולקמן פריך על ר"א מכמה פסוקים ממצרים וכנען דשרי ליקח מהם בהמה לקרבן ומשמע דהיינו בכל מקום אפי' במקום שחשידין על רביעה דלא מסתבר שכל אותן מקומות חשיבין יותר ממקום שנהגו שלא למכור, ואמאי פרכינן מניידהו לר"א, לרבנן נמי תיקשי ממקום שנהגו למכור הי"א שמותר שם ליקח. וי"ל דמקום שנהגו שלא למכור אין זה כ"א מנהג בעלמא ולא איסורא כדאמר לעיל פרק קמא דאיסורא ליכא מנהגא איכא והלכך אין תימא בזה אם מותר ליקח מהם בהמה לקרבן בכ"מ דלענין זה לא נהגו איסור, אעפ"י שלכתחילה הורגלו ליזהר מלמכור להם, אותו שלהם [מותר לקנות לקרבן] כי צורך גדול הוא להיות בהמות מצויות לקרבן מרוב מקומות דלדידין מסולי' אפי' בדוקין שבעין ובעי ל' יום לחזור לצורך קרבנות לרגל: ועוד שלא היו יכולין ליזהר מלקנות לקרבן מבהמות שלהם שהרי ישראל שבשאר מקומות שנהגו למכור לגוים אין נזהרין מלקנות מהן לקרבן ומעורבין בהמותיהן עם של אלו ע"י מרם שביניהן הלכך אעפ"י שנהגו הפרשה וחומרא שלא למכור להם לא החמירו מליקח מהן בהמה לקרבן כיון דאינו גזירה דרבנן שלא למכור להם כ"א מנהגא בעלמא. וכן יש לפרש גם לר' פדת דאמר בסמוך הא ר"א והא רבנן דלא תיקשי ממקום שנהגו שלא למכור האיך לוקחין מהן בהמה לקרבן אפי' לרבנן דאיכא למימר כדפרישית, מ"ר:

ר"גלא בחברי' ידע. רש"י גרס רגל"א בריש כמו לא רגל על לשונו. ור"ת גורס דגלא בדלי"ת וכן בערוך כלומר אדם המכחש והמשקר מכיר בחבירו תרגום (משלי טז) על קסם על שפתי מלך במשפט לא ימעול פי' הוא בדינא לא ידגול פומיה וכן בשבת (דף סג.) דאמרינן שני ת"ח המדגילין זה לזה בהלכה הק"ב אוהבין גרס נמי מדגילין בדלי"ת ולא מרגילין לשון רגילות כדפירש"י

(א) וגם כנ"ל (ב) מסכת נדה פ"ב מ"ג (ג) דהא מצרים ופלשתים וכנען מודים על הכניעה;

תוספות מסכת ע״ז ר׳ אלחנן כה

כדפירש״י וה״ם שמתוכחין יחד וע״ז ומכחישין וא״ז בדבר תורה הקב״ה אוהבן ואעפ״י שאינן יכולין לעמוד יפה על האמת שנא׳ ודגלו עלי אהבה, והיינו דצ״ל אח״כ והוא דידעו בצורתא דשמעתא והוא דלית להו רבה למיגמר מני׳ ועושין בין שניהן מה שיכולין ומדגלו עלי אהבה נפיק. ועוד ראיה דאמר במדרש מנין לקורא בתורה שקרא לאהרן הרן פי׳ שהבליע האלף ולא קראה שיצא י״ח שנא׳ ודגלו עלו אהבה רבי׳ יעק״ב:

דאמר מר חביבין עליהם בהמתן של ישראל וכו׳. לא ידע ר׳ היכא הי׳ עיקרא דהאי אמר מר וכאן שייך להיות עיקרו אבל דאמר מר משמע דעל ד״א נאמר ובפ׳ השולח (דף לח.) נמי מייתי לי׳ גבי ההוא תרמידאה דפרקה להאי שפחה שנשבית לשום אינתתא ושם מוכח דאפי׳ שפחה דאינה גיורת גמורה פסקה זוהמתן כמו גרים וטעמי׳ דגרים כדמפרש בשבת דאע״ג דאינהו לא הוי על הר סיני מזלייהו הוה:

(דף כ״ג ע״א) **רבינא** אמר לך הא לכתחילה הא דיעבד וכו׳. ותימא לר׳ רבינא מה מתרץ אמתני׳ דלעיל פ״ק דמקום שנהגו למכור בהמה דקה לגוים מוכרין דפרכינן מני׳ לעיל אמתני׳ דהכא דאין מעמידין ואסיקנא לעיל דגוי חס על בהמתו שלא תיעקר ולכך מוכרין ורבינא לית לי׳ האי טעמא דאי אית לי׳ מה צריך להתיר גבי קרבן משום טעמא דיעבד. ודוחק הי״א לומר דרבינא יאמר תירוצא דאמר רב מתחלה לעיל מקום שהתירו למכור התירו לייחד וכו׳ וכאן הוצרך לומר תירץ אחר משום דלא הוה מצי למימר מקום שהתירו למכור דוקא ליקח קרבן כדפי׳ לעיל בריש פירקין דהא אין סברא לתרץ כן דאסיק לעיל ואף רב הדר בי׳ משמע דליכא דלית לי׳ האי טעמא ואי איכא דאית לי׳ הו״ל לתלמודא לפרש בהדיא אליבא דמאן צ״ל ואו״ר דשמא הואיל ורבינא מיקל להתיר ע״י דיעבד, אין לחוש אם לא החמירו אפי׳ לכתחילה במקום שהתירו למכור, דשמא יהי׳ שם איבה או הפסד מרובה שלא הי׳ יכולין למכור כ״כ לישראל ולדיעבד מדמינן לי׳ וצ״ע, מ״ר. ומ״מ לר׳ פרת קשה עדיין אם לא יסבור דטעמא דרב מקמי דהדר בי׳. ולי הי׳ נראה דשמא רבינא אית לי׳ שפיר טעמא דגוי חס על בהמתו שלא תיעקר לענין קושיא דפ״ק, ולכך לא הוצרך התלמוד לחזור ולהקשותה ולתרצה אליבא דרבינא, אבל מ״מ לענין קרבן הי׳ ראוי להחמיר משום חומרא דקרבן ולאסור הואיל וחשודין על הרביעה אפי׳ במקום שנהגו למכור, אי לאו משום דחסים על בהמתן דהא בכ״מ אסרינן ליהד ולכך אין סברא להתיר וליקח מהם לקרבן אפי׳ במקום שנהגו למכור ע״י טעם דעובד כוכבים חס על בהמתו, אי לאו דאיכא טעמא דהוה דיעבד, ולהכי משני הא לכתחילה הא דיעבד, הא דאסרינן גבי חולין ליחד אפי׳ במקום שנהגו למכור דהיינו לכתחילה דשרינן גבי קרבן אפי׳ במקום שנהגו שלא למכור דהוי דיעבד, ומטעם שפירש״י טעמא דגוי חס על בהמתו, אלא שבא להוסיף דאפי׳ בת שלש דאינה נעקרת ע״י רביעה כדאמר ר״י בסוף שמעתא (דף כ״ד:) לוקחין מהן בהמה לקרבן אע״ג דלא שייך בי׳ טעמא דגוי חס על בהמתו שלא תיעקר, שה״י אם תפרש כן דרבינא ס״ל בת שלש אינה נעקרת כלל והו״ל לחושבה לענין קרבן אי לאו טעמא דדיעבד תינח קרבן אבל מתני׳ דמקום שנהגו למכור מוכרין תקשי למה מוכרין כשהוא בת ג׳ כיון דאינה נעקרת ואין כאן טעם דגוי חס על בהמתו. וזה היה דוחק גדול לומר דמתני׳ דמקום שנהגו למכור לא מיירי בבת שלש כ״א בפחותה מבת שלש. ועוד דפחותה מבת ג׳ נמי הו״ל לאסור למכור משום חשש רביעה דאחר הלכך יש לפרש לרבינא כדפי׳, מ״ר: ומהאי טעמא דפרישית דאין לתרץ כן לרבינא יש להקשות נמי לר׳ יוחנן דקאמר (לקמן כ״ד:) בת שלש אינה נעקרת ומוקי משנה דלוקחין מהן בהמה לקרבן בפחותה מבת ג׳ היאך יתרץ המשנה דמקום שנהגו למכור מוכרין הא יש לחוש לרביעה בבת שלש ואפי׳ בפחותה מבת שלש יש לחוש שירבענה אחר שלש כדפי׳. ודוחק הי״א לומר דילמא ר״י מקום שהתירו למכור התירו לייחד ולא נחשדו על הרביעה כלל במקום שנהגו למכור בלאו טעמא דחס על בהמתו דאף רב הדר בי׳ לעיל ולא משמע משום אמורא אותו תירוץ לפי המסקנא כיון דלא פריש לי׳ תלמודא. ויש לתרץ דר״י סובר דבת ג׳ נ״ב נמי פעמים שהיא נעקרת והלכך במקום שנהגו למכור מוכרין דגוי חס על בהמתו אפי׳ לאחר ג׳ שנים משום דפעמים שהיא נעקרת. ומה שאמר ר״י גבול יש לה פחותה מבת ג׳ נעקרת בת ג׳ אינה נעקרת בודאי כמו פחותה מבת ג׳, והאי דאתא ר״י לאשמעינן דפחותה מבת ג׳ לוקחין מהן לקרבן דוקא ולא בת ג׳, לאו במקום שנהגו למכור קאמר דהתם אפי׳ יתירה מבת שלש לוקחין מהן לקרבן, וגם מוכרין להם מטעמא דגוי חס על בהמתו שפעמים שהיא נעקרת כדפי׳ אלא אתא לאשמעינן שאפי׳ במקום שנהגו שלא למכור לוקחין מהן אפי׳ (א) פחותה

(א) תיבת ״אפילו״ מיותר לענ״ד

פחותה מבת ג' דכיון שאותה נעקרת בודאי חסים עלי' בכ"מ וכי פריך לר"י מכל הני קראי דמכשרי בהמות גוים לקרבן ושני להו בפחותה מבת ג' שנים לא הוה מצי לשנויי דהגהו קראי כולהו במקום שנהגו למכור ואתי שפיר אפי' בבת שלש היא דמצרים וכנען וקדר חשובים ודאי מקום שנהגו שלא למכור ועוד זה היה דוחק שיצטרך להוכיח לפי דבריו דכל אותן מקומות שהתיר הפסוק בהמות שלהן לקרבן יהא מקום שנהגו למכור. ועוד שאפי' באותן מקומות הוה מקום שנהגו למכור יש לאסור בהמות שלהן לקרבן לפי שמשאר מקומות מביאין לשם בהמות הרבה ממקומות החשודין אבל לענין מכירה אין לאסור למכור להם משום שיוליכם למקומות אחרות דהוה לפני דלפני:

ורמינהו האשה שנחבשה בידי גוים ע"י ממון מותרת לבעלה ש"מ דשני לן וכו'.

ותימא לר"י היכא מוכח מהכא דשני לן בין לכתחילה בין דיעבד דילמא באשת ישראל מיירי וקאמר דמותרת לבעלה משום דאע"ג דנבעלה אין לו לתלות דנתרצית לו ובאונס שריא, ואו"ר דפשיטא דמיירי אפי' באשת כהן דקאמר (בכתובות דף כ"ז) מעשה באשה אחת שהרהינה באשקלון וכו' ורחקוה בני משפחתה וקאמר דהיה נחבשה ע"י ממון וטעמא דידן תקיפה על עצמן הא יד ישראל תקופה על אומות העולם היתה מותרת משום דמתירא משום הפסד ממונו. ובני משפחה היינו כהנים אלמא אפי' באשת כהן. מדקתני ע"י ממון מותרת דמשמע דדוקא דמתירא מפני הפסד ממונו שרי ובסיפא אסור ע"י נפשות דוקא הא בלא ממון ובלא נפשות שריא אע"ג דליכא פסידא דממונא. א"ו בתרווייהו באשת כהן ובאשת ישראל. ונקיט בסיפא ע"י נפשות למיסר אפי' באשת ישראל דמחמת פחד מיתה שמא נתרצית לו. ולהכי נקיט אסורה לבעלה ולא נקיט אסורה לכהונה וברישא תני ע"י ממון למישרי אפי' באשת כהן דמשום דמתירא מפני הפסד ממונו. ואגב דאצטריך סיפא למיתני לבעלה תני רישא נמי לבעלה. ואע"ג דמיירי אפי' בכהנת להתירה לכהונה אבל היכא דלא הוי לא ע"י ממון ולא ע"י נפשות אז היתה מיתרת לבעלה ואסורה לכהן כמו שבויה דאסורה לכהן ומותרת לבעלה ישראל ולהכי הוצרך לשנות ע"י ממון להתיר אף לכהן וע"י נפשות לאסור אף לישראל ובאשת כהן מוכח שפיר דמקילינן בדיעבד ולא חיישינן שמא נבעלה כלל אפי' באונס, מ"ר. ומיהו קי"ל על זה הדרך שפירשתי דמכח גוף המשנה יש להוכיח דמיירי בין באשת ישראל בין באשת כהן, דהא ע"כ רבינא ל"ל האי דיוקא דמדמייתי ראיה מהך משנה לענין קרבן דשני לן בין לכתחילה בין דיעבד, א"כ משמע דס"ל דדיעבד אין לאסור בשום מקום כ"א בע"י נפשות אפי' באשת ישראל אסרינן שיש לחוש שמא נתרצית לו מפני פחד הנפשות. דאי היכא דליכא לא ממון ולא נפשות אסרינן בדיעבד, א"כ מאי ראיה מייתי רבינא מע"י ממון דמקילינן בדיעבד, הא ע"כ דוקא משום הפסד ממונו דהא כי ליכא ממון אסרינן בדיעבד לכהן, אע"ג דליכא נפשות וחיישינן שמא נבעלה. ובבהמה נמי שרינן ברועה כי איכא למימר דחייש להפסד שכרו להכי (ב) משמע לרבינא האי דיוקא. ומ"מ ל"ק רישא לסיפא דהכא משמע הא סתמא דליכא לא ממון ולא נפשות אסורה והכא משמע דמותרת דאיכא למימר דלעולם רגיל להיות שנחבשה או ע"י ממון או ע"י נפשות ואין לו לתנא לחוור ולשנות בענין אחר או היה סובר רבינא דכל שלא ע"י נפשות כע"י ממון דמי נ"ל והודה ר'. ומיהו תלמודא דדחי דילמא שאני התם דמתירא מפני הפסד ממונו משמע שרוצה לומר לפי זה הדיחוי דהיכא דלא חייש להפסד ממונו שאין לו על ישראל כלום אלא חבשה בחנם או להרויח ממון ע"י שיפדוה ממנו היתה אסורה לכהן בדיעבד אעפ"י שאינה שבויה כיון דל"ל דמתירא משום הפסד ממונו, מ"ר. וא"ת כיון דידע רבינא דע"י ממון ראוי להתיר יותר משום טעמא דהפסד ממונו היכי מוכח ביחיד בעלמא דליכא הפסד ממון שמותרת בדיעבד אימא דשאני ע"י ממון משום הפסד ממונו כמו שדוחה התלמוד שגם רבינא הי' יודע זה. וי"ל דקסבר רבינא דהאי דלא שרינן הכא אלא מטעם דהפסד ממונו היינו כשנחבשה שהיא בידו קצת, אבל ביחוד בעלמא בלאו טעמא דהפסד ממון שריא, דאי ביחוד בעלמא אסרינן דיעבד כ"ש נחבשה שהיה לנו לאסור, אע"ג דאיכא טעמא דהפסד ממון, ותלמודא דחי דל"ד דמשום הפסד ממונו ראוי להתיר יותר, ול"ד למתני' דגם מפליג בה רבינא בין לכתחילה ודיעבד. ואין להקשות אכתי היכי מוכח רבינא דשרינן במתני' דיעבד מההיא דכתובות (דף כו:) דילמא שאני התם דקאמרה ברי לי כמו בראוה מדברת עם אחד דמכשיר ר"ג ע"י טענת ברי שלה דל"ד כלל דהתם יש להאמינה שבדקה

וזינתה

(ב) לא משמע כנ"ל.

תוספות מסכת ע"ז ר' אלחנן כו

ווינתה לכשר לה והואיל ואומרת לכשר נבעלתי אבל בנחבשה אין מועיל ברי שלה כלום. ועוד דאם נבעלה ודאי לפסול לה נבעלה:

דלמא לעולם אימא לך בדיעבד נמי לא וכו'. ותדע דקתני סיפא וכו'. עד ותו לא מידי. יש לתמוה דמשמע השתא שרוצה לקיים לפי המסקנא דביחוד מתני' אסרו' דיעבד ולהואיל וליכא הפסד ממון וזה תימא דא"כ כל כהנת שמתייחדת עכשיו באקראי בעלמא עם גוי אסורות לבעליהן וכן כל אשה שנתיחדה עם גוי כל דהו אסורה לישא לכהונה. ואו"ר דדחוי בעלמא היא ואינו אלא סותר ראיה של רבינא דלעולם אימא לך הכי. ונ"ל דלקי"מ התלמודא לא קאי כלל לאסור אשת כהן ע"י יחוד וגם רבינא לא הוצרך כלל להביא ראיה דורמינהו וכו' ע"ז דהא פשוט דמשום שנתיחדה עם הגוי אין לי לתלות שנבעלה שאין הדבר תלוי בדעת גוי שהיא אינה מתרצית לו ואין לו לחוש ביחוד בעלמא שבעל באונס שהרי אינה ברשותו כלל ודוקא כשנחבשה שייך לחוש שנבעלה באונס דומיא דבהמה דבעי תלמודא לאסור ליקח לקרבן ולחוש דיעבד שמא נרבעת דבדעת הגוי לבדו תליא ורבינא מייתו ראיה מנחבשה שהיתה ברשות גוי וה"ה דומיא דבהמה ואפ"ה שרינן דיעבד, וה"ה בהמה נתיר בה דיעבד. וע"ז דוחה התלמוד דילמא לעולם אימא לך דבהמה דיעבד נמי לא דחיישינן גם בדיעבד. וגם באשה שנחבשה שלא ע"י ממון. ושאני הכא וכו' אבל ביחוד בעלמא בלא נחבשה דבר פשוט היא דלא חיישינן לדיעבד כלל. נר"ל והודה ר':

ובעגלה עד שתמשוך. בס' בתרא דסוטה (דף מ"ו.) איכא פלונתא אי גמרינן עול עול לג"ש מהרדי או לא:

התם יצרו תוקפו. וא"ת הא לעיל שרי רב ליקח מהן בהמה לקרבן ע"י טעם דגוי חס על בהמתו שלא תיעקר כ"ש פרה דדמי' יקרים דחס שלא יפסיד ממון גדול, כ"ש היא אעפ"י שלא באה לידו עדיין. וי"ל דנעקרת היא הפסד ידוע וכופה את יצרו משום הפסד ממון, אבל לענין פרה סבור הוא שלא ידעו, ואין מעמיד עצמו כיון שאין לו הפסד ידוע דכל שעה מחשב שיוכל להעלם מהן, מ"ר:

לא ס"ד דקתני סיפא וכן היה ר"א וכו'. ל"ג דקתני סיפא דאינו באותו משנה דמס' פרה, אלא גרסי' לא ס"ד דתניא, ואי גרסינן דקתני סיפא וויש לפרש דבבריתא דתוספתא קאמר דבתר מילתא דאינן ניקחת מן הגוים קתני סיפא וכן הי' ר"א וכו':

ודלמא ע"כ ל"פ רבנן עלי' דר"א אלא בפרה וכו'. ותימא לי מה קשי' לי' לר' פדת דשני הא ר"א הא רבנן לכלהו אמוראי דלעיל תיקשי שרב התיר ע"י טעם דגוי חס על בהמתו שלא תיעקר ורבינא ע"י טעמא דדיעבד ל"ח ותקשו להו אי רבנן פסלי בשאר קרבנות דיעבד כר"א בפרה שלא יקחו מן הגוים א"כ הך ברייתא דאינ' ניקחת כמאן. ונ"ל דהך פירכא איתא לשאר אמוראי דלעיל כמו לר' פדת וכדפרישית נ"ל:

(דף כ"ג ע"ב) **ועוד** תניא וכו'. ולהך מסקנא אית לי' לר"א בפרה תרי טעמא משום יקחו וכדתני שילא, ומשום חשש רביעה, והא דאפלינו עיקר דבריהם בפרה לאשמיענן דפליגי בהנך תרי טעמי וקמ"ל נמי דאפי' פרה דדמי' יקרים חייש ר"א לרביעה משום דיצרו תוקפו ותרי טעמי דפרישית בפרה לר"א צריכי תרווייהו טעמא דיקחו להצריך תגרי ישראל. וטעמא דרביעה להצריך שישמרו אותה כדלקמן בשמעתין:

אבל היכא דודאי רבעה פסלה ש"מ קדשי מזבח היא וכו' והקשה הרב ר' יצחק ב"ר מרדכי מנ"ל דמשום פסול דרביעה היא דילמא משום עול היא דפסולה כדתנא (פרה פ"ב מ"ד) עלה עלי' זכר פסולה משום וכו'. והר"ר אפרים תירץ שעלה על הספסל ורבעה שלא הכביד עלי' וכיוצא בו. ואין נראה לר' דסוף סוף היכא מוכח דודאי רבעה פסלה משום רבעה דילמא היכא דהכביד עלי' דוקא פסלה ומשום עול. ובספק פליגו מר חייש לרביעה ע"י הכבדה משום דכל שעה אין לו ספסל ומר לא חייש ובזה י"ל דהוה ס"ם דשמא לא רבעה כלל ואפילו רבעה שמא לא הכביד עלי' וכולי האי לא הוה חיישינן לפסול. ועי"ל דעלה עלי' זכר שאינו בקומה זקופה שייך לפסול עול יותר מבארם, ור' פירש דפשיטא לי' לתלמודא דמטעם פסול רביעה מדקתני וכן הי' ר"א פוסל בכל הקרבנות כולם ואמרינן נמי מאי אותיבו חברוהי לר"א וכו' ש"מ דמשום פסול של רביעה פסול בה דומיא דשאר קרבנות, והיינו וכן, ועל ההוא תימא לר' מהא דתנן במס' פרה (פרק ב') פרה מעוברת ר"א מכשיר ורבנן פוסלין רבנן תיפוק להו דעלה עלי' זכר. וי"ל דמיירי דעלה עלי' בענין שלא הכביד עלי' ולא נפסלה משום עול. ואת"ל דלא מפסלא ע"י עלה עלי' זכר אלא כגון שירצו הבעלים בשעה שעלה עלי', הא הוה א"ש בפרה מעוברת כגון שלא ידעו אותו הבעלים. מ"ר.

אבל היכא דודאי רבעה פסלה ש"מ דפרה קדשי מזבח היא וכו' עד שאני פרה דחטאת קרי

54 תוספות מסכת ע"ז ר' אלחנן

קר"א רחמנא אלא מעתה תפסול ביוצא דופן אפי' לר"ש, דבההך דהכא מסתמא לא פליג. אבל אי הוה אמרת דטעמא משום דקדשי מזבח היא בזה לא הוה תימא אי הוה פליג ר"ש למימר דקדשי בדק הבית הוא:

וכי תימא ר"ש לטעמי' וכו' והא אמר ר"י וכו'. אלא שאני פרה הואיל ומום פוסל בה ע"ז ודבר ערוה פוסלין בה וכו'. ולפי"ז משמע השתא שסותר במסקנא דחטאת קרי' רחמנא, ומקיים דלר"ש כשר יוצא דופן משום דהוה קדשי בדק הבית. ופסול דרביעה הוי מטעם דמקרא דמשחתם בהם. ולרבנן דפסלי אפי' יוצא דופן הויא קדשי מזבח. ותימא לרי לפי שיטה זו דמשמע למסקנא דהכא דקדשי מזבח היא לרבנן דבכ"מ שיטת התלמוד הכי דפרה קדשי בדק הבית היא בפ"ק דזבחים (דף י"ד:) ובפ"ק דמנחות (דף ו) בפ"ג דבכורות נסרא ר' יוסי בן המשולם אומר (דף כ"ה.) ובפ' אלו קדשים בתמורה (דף כ:) ובפ' טרף בקלפי ביומא (דף מ"ב) בכלהו הני קאמר תלמודא שאני פרה דקדשי בדה"ב היא. ועוד דסוף פ"ק דשבועות (דף י"א) קאמר על ברייתא דכתיב שאני פרה דבקדשי בד"ה היא מיקמי דלוקמי כר"ש, ובתר הכי פריך אלא מעתה נשחטה תפדה וכו' ומשני הא מני ר"ש היא דאמר וכו' שמעינן דדבר פשוט היא לתלמוד בכ"מ דפרה קדשי בד"ה היא וליכא מאן דפליג ואע"ג דסתרומת הלשכה אתיא כדקתני בשקלים מ"מ דינה כקדשי בדק הבית היא דהא לאו קרבן היא שהרי כל מעשי' בחוץ. ונראה לרי דה"פ הכא אלא מעתה כיון דפסלה בה רביעה בין לר"א בין לרבנן תיפסל ביוצא דופן מאיזה טעם שיהי' פסול רביעה או מטעם דקדשי מזבח או מטעם דחטאת קר"א רחמנא אלמה תניא דר"ש מכשר ואין סברא שר"ש יחלוק על כל רבותיו על ר"א ורבנן ויכשירנה ברביעה:

אלא הואיל ומום פוסל בה וכו'. להכי פסלינן בה רביעה לר"ש, ורבנן סברי חטאת קר"א רחמנא ולכך פסול בה רביעה ויוצא דופן, ומה"ט ניחא נמי דקאמר בפ"ק דחולין (דף י"א) גבי מנ"ל דאזלינן בתר רובא חטאת קרי' רחמנא דהא קאי שפיר ה"ט לרבנן דר"ש במסקנא דהכא ומיהו בההוא דהתם מצי מודו אפי ר"ש ובספרי דר"ש לי' נמי גבי פסול שלא לשמה וכיוצא בה דהוי כעין פסול גמור דמגופה, מ"ר. ומיהו יש ספרים שכתוב בהן נירסא אחרת דמשמע מנה כפי' הראשון שפירשתי וגרים הכי. אלא מעתה תיפסל ביוצא דופן אלמה תניא וכו' עד שאינו קדוש. ואלא קדשי מזבח היא תיפסל ביוצא דופן אלמה תניא וכו' ור"ש מכשיר האי מאי אי אמרת בשלמא קדשי מזבח היא היינו דפליגו ר"ש ורבנן אלא אי אמרת קדשי בד"ה היא ולענין רביעה אפי' ר' מי פסלה בה רביעה פי' כדדרשינן דחטאת קרי' רחמנא לא משמע דפליגו לעולם איטא לך קדשי בדק הבית היא ולענין רביעה אפי' ר"ש מודה דפסלה דכתיב כי משחתם בהם מום בם וגו' וזאת הנירסא משמע מינה כדפרישית לעיל שלפי המסקנא הויא לרבנן קדשי מזבח ולר"ש קדשי בד"ה וגם כתוב בהם בשבועות בפ"ק בסוגיא שהבאתי בתר האי דמסיק אלא שאני פרה הואיל ודמי' יקרים והאי תנא דס"ל דקדשי מזבח היא מני רבנן דפליגו עלי' דר"ש באין מעמידין. ופי"י הוא שהוגי"ה בספרים. ואומ"ר שלא יתכן אותו פי' דהרי אין הבריתא דהתם מוכחה כלום שתהא סוברת קדשי מזבח היא ומה שהוא צ"ל טעמא דדמי' יקרים לאו משום דהויא קדשי מזבח ולא שייך בה פדיון כ"א ע"י לב ב"ד מתנה כמו שהיה סובר תחילה כשהקשה והרי פרה דלא שכיחה וכו' אלא מצי סביר שפיר במסקנא דפרה קדשי בד"ה היא. ומ"מ צריך שיהי' לב ב"ד מתנה עלידם משום דקדשי בד"ה הוה בכלל העמדה והערכה, דכתיב משחתם מום בם כל שהמום וכו' ותימא דהכא דר"ש משחתם לר"ש לפסול רובע ונרבע ובפ' שור שנגח ד' וה' משמע דדריש לי' מקרא דמן הבהמה ומן הבקר ומן הצאן דקתני בסוף ברייתא ומן הצאן להוציא את הנוגח, אמר ר"ש אם נאמר נוגח למה נאמר רובע וכו' וכן בר"ש פ' יוצא דופן במס' נדה מייתי לה אליבא דר"ש ובפ' כל האיסירין מזבח דמאן דדריש הא לית לי' הא ובפ"ק דזבחים פריך לה בסופו גבי שאני פרה דקדשי בד"ה היא:

אבנים לאפוד. הכא משמע שהי' שמיר בבית שני דההוא מעשה בבית שני הוה מדקאמר לשנה אחרת נולדה לו פרה אדומה וכו' ובבית ראשון לא הוה רק פרה שעשה משה, ושמיר הצריך לאבני אפוד כדאמר בפ' מי שאחזו (גטין ס"ח.) ובסוטה בפ' ואלו נאמרין (דף ל"ו) ומשחרב ביה"מ בטל השמיר (שם מ"ח.) ויש לפרש דהיינו מקדש שני, והא דלקמן (דף נ"ב.) קאמר גבי אבני מזבח ששיקצו מלכי יון היכי נעבוד נתברינהו אבנים שלמות אמר רחמנא וכן בפ' קדשי קדשים ובפ' איזהו מקומן בזבחים (דף נ"ד.) גבי מלבן של מזבח ולא משני ע"י שמיר ואו"ר דהיינו משום דלא היה חלקות כצפורן ע"י שמיר ובפ"ק דחולין (דף י"ח.) קאמר דפגימה

כצפורן

כצפורן פוסלת במזבח, מ״ר. ובגיטין פי׳ כמו כן וגם בליקוטין:

(דף כ״ד ע״א) **ואתי** הדר ערבי׳. פירש״י דואבני מלואים שלאחריו הדר ערבי׳

ותימא היכא ערבי׳ במה שכתוב אח״כ ואבני מלואים וכי יש לכתוב הכל מכאן ואילך בלא ווי״ן ונראה לר׳ כפר״ח ואבני הדר ערבי׳ כי בפרשה ויקהל כתיב ואבני שהם בוא״ו. ואין לתמוה סוף סוף תיקשי שמן למאור דכתיב לעיל מיני׳ בלא וא״ו והפסיק הענין, דההוא נמי הוי בוא״ו בפ׳ ויקהל ושמ״ן למאו״ר, נראה לר׳. ועוד קשה לי על פירש״י מהא דפ״ק דשבועות (דף י׳.) גמרא ר״מ אומר .אמרינן דכלהו שעירי רגלים מר״ח נמרי ע״י היקישא דשעיר משעיר ופריך תינח היכא דכתיב ושעיר עצרת ויוה״כ דלא כתיב ושעיר מא״ל אלא אמר ר׳ יונה וכו׳. אלמא לא אמרינן לשעיר דבתר עצרת הדר ערבי׳ ויהי׳ כאלו כתיב בו בוא״ו כדאמר הכא לפי פירש״י דע״י ואבני מלואים אמרינן והדר ערבי׳ אף לאבני שהם דכתיב למעלה מכנו בלא וא״ו אין נראה לי לדחות אלא דלא אמרינן הכא הדר ערבי׳ אלא מאבני מלואים לחוד שכתיב בו בוא״ו ולא מאבני שהם דא״כ מאי פריך מאבנים לאפוד דבן דמא ע״י קושיא דואבני הדר ערבי׳ דילמא מעשה דבן דמא באבני שהם הוה דלא הדר׳ ערבי׳ קרא. ואע״ג דבירושלמי דמס׳ פאה קאמר על ההוא מעש׳ פ״א אבדה ישפה מבנימין לא מסתבר דסכח זה פריך דא״כ הו״ל לפרש בהדיא דאותו מעשה לאו באבני שהם הוה ואיהו לא פריש מידי אלא סתמא קאמר דבקשו ממנו אבנים לאפוד ועוד דאין סברא כלל שיהי׳ התלמוד תופס חילוק בין אבני שהם לאבני מלואים נראה לי:

ור״א לא חייש לרביעה והתניא מעשה הי׳ וכו׳ וא״ת ואמאי לא פריך מברייתא דלעיל וכן הי׳ ר״א פוסל בכל הקרבנות כולם דמינה מוכח לעיל דר״א חייש לרביעה ולמה עושה כאן הוכחה חדשה. והוה מצי למימר דמעשה דבן דמא בן נתינה גופא דאייתא לעיל ניחא לי׳ למיפרך ואין צריך אלא נראה לרי דאי הוה פריך מברייתא הוה ניחא טפי לשנויי עלה ר״א תרתי אית לי׳, אבל בהך בריתא דמייתי משמע דל״ל כ״א טעם של רביעה שהשיב לחכמים רק ישראל הי׳ משמרין אותה משעה שנולדה משמע שלא הי׳ קשה לו כלום קשיא דבני ישראל יקחו כ״א קושיא דלא חיישינן לרביעה ומדלא הוצרך להשיב להם כן ע״י תגרי ישראל לקחוהו, להכי ניחא לי׳ למיפרך מהך בריתא ומשני דמ״מ תרתי אית לי׳, ותירץ דע״י תגרי ישראל הי׳ פשוט לו ולא הוצרך לאומרו וגם הם לא הקשו לו מהם שאותו תירץ הי׳ פשוט לאומרו אבל לענין (ה) לא הצריך להאריך ולהביא בריתא דהכא והקשה מוכן הי׳ ר״א פוסל בכל הקרבנות כולם, מ״ר. ועוד שכתוב בספרים דלעיל לא ס״ד דקתני סיפא ופירושו כדפי׳ לעיל דאע״ג דבמשנה לא קתני לי׳ אלא בסיפא דבריתא דתוספתא קאמר תלמודא דקתני סיפא וכן היה ר״א פוסל וכו׳ וניחא לי׳ לתלמודא למיפרך לעיל מסיפא:

דאמר רבא ולד נוגחת אסור וכו׳ אליבא דרבא דאית לי׳ עיבור ירך אמו הוא קפריך.

ותימא לרבנן נמי תיקשי ניחוש שמא עלה עלי׳ עול כי מיעברה נפסלה בעול דהיא וולדה עלה עלי׳ עול. ושמא יש שום מיעוט בפסול דאין לנו לפוסלה ע״י עלה עול על אמה כשהיא מעוברת כמו ברביעה ונגיחה או שמא לא שייך היא וולדה לומר בכבידות העול כמו בהגאת הרביעה והיזק הנגיחה וצ״ע. מ״ר:

הניחא לרבא אמר ר״נ וכו׳. אלא לרב הונא בר חיננא אמר ר״נ דאמר מחלוקת שנרבעו כשהן חולין וכו׳. גירסת האמוראים הפוכה בסוף מס׳ תמורה והוי כלישנא אחרינא כהרב׳ גירסות הפוכות שבתלמוד שהבאתי בכתובות בסוף פ׳ המדיר וגירסא דשמעתין דומה שהיא נראה משום דלגירסא דהתם משמע צ״ל דפליג רב הונא בר חיננא דלישנא קמא ארב הונא בר חיננא דלישנא בתרא כמו שאפרש:

מחלוקת שנרבעו כשהן מוקדשין אבל כשהן חולין ד״ה מותרין. בסוף תמורה מפרש טעמא ד״ה מותרין משום דאשתנו. ותימא לי דנרבעו כשהן מוקדשין נמי הוי שינוי כשילדה כדאמר בפ׳ כל הצלמים (דף מ״ו:) יש שינוי בנעבד או אין שינוי בנעבד גבי חטין ועשאתו קמח ומייתי ראיה לאיכא מ״ד דלקמן מהא דאר״נ אמר רבה בר אבוה מחלוקת כשנרבעו ולבסוף עיברו אבל עיברו ולבסוף נרבעו ד״ה אסורים והני נמי כי עיברו ולבסוף נרבעו דמי פי׳ דהוי שינוי כשעשאן קמח כמו שילדו, ומשני התם מעיקרא בהמה והשתא בהמה דדשא היא דאחיד באפה והכא מעיקרא חיטי והשתא קמח. ואמאי לא פשיט איפכא דחשיב שינוי ע״י הך דהכא דנרבעו כשהן חולין וכו׳ כיון דמטעם שינוי שרינן לי׳ וכן ללישנא קמא דלקמן דקאמר עלה לאו איתמר עלה אמר ר״נ וכו׳ אבל עיברו ולבסוף נרבעו

(ה) לעיל כל״ל.

נרבעו לא פי׳ וכמו כן יש לאסור חיטין ועשאן קמח היכי פשיטא לי׳ לדמויי שינוי חיטין ועשאן קמח לשינוי עוברו ולבסוף נרבעו וילדו לדמייהו לשינוי דנרבעו כשהן חולין כיון דמטעם שינוי שרינן, וי״ל דפשיטא לי׳ דנרבעו כשהן חולין היא שינוי גמור ביותר שלא היו קדושים כלל בשעת הרביעה. ועוד או״ר דמסתבר דאשתני דקאמר התם לאו מטעם שינוי קאמר אלא הפי׳ אשתני ולא בזיא מילתא שבשעת רביעה הוה עדיין הולין וגם לא היתה מעוברת עדיין דקאמר התם לישנא אחרינא אמרי לה אמר רב הונא בר חיננא אמר ר״נ מחלוקת כשנרבעו כשהן מוקדשין דר״א סבר בזיא מילתא ורבנן סברי לא אמרינן אבל נרבעו כשהן חולין הואיל ואישתני ד״ה מותרין פי׳ ולא בזיא מילתא ואין לנו לאסור משום בזיון קדשים כמו בנרבעו כשהן מוקדשין ול״ד לשינוי דלקמן כלל. ולפי גירסא דהתם צ״ל דר״ה בר חיננא דל״ק דקאמר לעיל אמר ר״ה ב״ח אר״נ מחלוקת שעיברו ולבסוף נרבעו דר״א סבר עובר ירך אמו היא וכו׳ וא״כ כיון דטעמא דר״א משום דעובר ירך אמו אפי׳ נרבעו כשהן חולין יש לנו לאסור משום טעמא דעובר ירך אמו גופי׳ דהיא וולדה נרבעו אבל אי גרס התם כגירסא דשמעתין דר״ה ב״ח מוקי פלוגתייהו כשנרבעו כשהן חולין אתי שפיר טפי דל״פ ר״ה ב״ח דל״ק אל״ב מידי אלא שלשון אחר קאמר אבל אחד מן הלשונות אינו חולק על חבירו ובהך דגרס לקמן בפ׳ כל הצלמים (שם) אר״נ אמר רבה בר אהבה מחלוקת כשנרבעו ולבסוף עיברו גרס התם ר״ה ב״ח אמר״נ:

אימא ישראל הוא משמרה לאמה משעה שנוצרה. וא״ת גם אביה יצטרכו לשמור למ״ד זה וזה גורם אסור, ור״א אית לי׳ הכי התם בסוף תמורה, והוה מצי למימר דנהי דזו״ג אסור, והו כשהאם גורמת האיסור אבל כשהאב גרמו אין חוששין לזרע האב ועוד י״ל דבנרבעו חולין לא אסרינן אפילו אמה אלא משום דבזיא מילתא והאב לא בזיא מילתא דלא מינכר ואינו ידוע לעולם, מ״ר:

יתרו נמי קודם (ו) מ״ת הוה ותימא לי על הא דאמר ביבמות (דף ס״ב) ובשבת שלשה דברים עשה משה מדעתו פירש מן האשה והסכימה דעתו לדעת המקום שנא׳ שובו לכם לאהליכם ומפרש התם שנשא ק״ו בעצמו ומה ישראל שקבע להם זמן ושעה אחת אמרה תורה אל תגשו אל אשה וגו׳ ואז האיך פירש מן האשה והלא היתה במדין. ואו״ר שמאז נתן דעתו לפרוש ממנה ושם פי׳ רבי׳ יעק״ב שקבע לה אהל לעצמה משום הקושיא התם ממה שפי׳ הוא יותר מן אחרים ועל מה הקפידה מרים עליו כיון שאחר מתן תורה כשהותרו אחרים אמר לו הקב״ה ואתה פה עמוד עמדי כדפי׳ התם ועתה צריך לומר שאעפ״י שלא היתה שם פירש לגמרי מאהל שלה וקבע לו מקום לעצמו אעפ״י שלא היתה שם. ויש תימא ע״כ בני משה רבינו לא הי׳ בשעת מתן תורה למ״ד אחר מ״ת בא יתרו: ר״י אמר גבול יש לה. ר״י בא לפרש הא דתניא לעיל לוקחין מהן בהמה לקרבן דהיינו דוקא פחותה מבת שלש אבל בת שלש יש לחוש לרביעה אפי׳ לרבנן אבל אין לפרש דאליבא דר״א מיירי וקאמר דפחותה מבת ג׳ אין לחוש לרביעה אפי׳ לר״א דהא ר״א פוסל לעיל בכל הקרבנות כולן אפי׳ אותן שהם בני שנה בכולהו חייש לרביעה אע״ג דהם פחותים מבת ג׳, וכן פרה פוסל לעיל אי לאו דמשמרין אותן משעה שנוצרה או משעה שנולדה וטעמא משום דל״ל לר״מ טעמא דגוי חס על בהמתו. וא״ת לרבנן נמי האיך יכול להכשיר פחותה מבת ג׳ ניחוש דילמא רבעה לאמה כי מיעברה בה ואמר רבא ולד נרבעת אסורה היא וולדה נרבעו כדאמרן לעיל, ובתמורה מוכח בפ׳ כל האיסורין (דף ל׳:) דלרבנן דר״א נמי אית להו דרבא, תירץ דרבא סבר עיבור ירך אמו היא ולהכי קאמר דאפי׳ לרבנן דהוא וולדה נרבעו אבל ר׳ יוחנן סבר דעיבור לאו ירך אמו היא ור״י לטעמי׳ דאית ליה נמי בפ׳ הערל (דף ע״ח.) ובתמורה בפ׳ כל האיסורין דלרבנן דר״א דעיבור לאו ירך אמו היא גבי הפריש חטאת מעוברת וילדה רצה מתכפר בה רצה בולדה מתכפר דאם שיירו משיור דעיבור לאו ירך אמו היא ואע״ג דבמנחות פ׳ התודה (דף פ״א.) דחי תלמודא עלה מאן לימא לן דטעמי׳ דר״י משום דאם שיירו משיור דלמא אם שיירו אינו משיור וטעמא דר״י משום דקסבר אדם מתכפר בשבח הקדש דיחוי בעלמא היא אבל עיקר הטעם משום דעיבור לאו ירך אמו היא, ותימא לי א״כ תיקשי מה שמקשה התלמוד שם אמאי קאמר התודה שנתערבה בתמורת (ז) חברתה אין לה תקנה אמאי אין לה תקנה לייתי בהמה וולדה וכו׳ כדפרישית התם וג״ל דהא לא קשה מידי אעפ״י שלא תירצו התלמוד דהא איכא למימר דההוא ברייתא דקתני אין לה תקנה ס״ל הכי דעיבור ירך אמו היא

ותרע

(ו) ססל כל״ל (ז) בתמורתה כל״ל.

ותדע לך דאיירו התם אמרו למרין לפני ר׳ וכו׳ ס״ל הכי דעיבור ירך אמו היא כדקאמר בכ״צד מערימין ובפ״ב דגיטין גבי אותה ששנינו אם היתה עוברה זכתה לו דקאמר התם מאי טעמא דר׳ עיבור ירך אמו היא מעשה נמי שהקנה לה אי מאברי׳ ול״נ בה מ״ש דר״י דהא לא שייך לפרש שם כלל טעם של ר״י כ״א טעם של ר׳ לפרש הברייתא ועוד א״כ קשה דר״י אדר״י דהא ס״ל עיבור לאו ירך אמו היא כדפרישית והתלמוד לא רצה להאריך התירין במנחות משום דאליבא דר״י גופי׳ ניחא ליה לתרוצי ועוד שגם המקשה לא שאל לייתי בהמה וולדה וכו׳ כ״א לר״י לישב הברייתא דאין לה תקנה אפי׳ אליבי׳ וא״ת ליפשוט בהתודה דר״י סבר עובר לאו ירך אמו היא וי״ל דהוה מצי למידחי נמי דהכא דאפי׳ יסבור עיבור ירך אמו היא לא יאסור ע״י היא וולדה נרבע׳ אלא יאמר דהואיל ואשתנו ע״י לידה שרי, א״נ יעמוד שמתירין ליקח מהן בהמה לקרבן כמאן דסבר עיבור לאו ירך אמו היא בברייתא בתמורה מיהו איהו גופי׳ מצי סבר שפיר עיבור ירך אמו ומיהו לפי האמת אין נראה לדחיק כן שיחלוק בסברא זו על רבא אלא כמה שפי׳ דר״י לטעמי׳ דאמר עיבור לאו ירך אמו היא, מ״ר. והא דגרס בכיצד מערימין תיובתא דר״י תיובתא או״ר דלאו תיובתא גמורה היא דהא מצי סביר כתנאי דמייתי בתר הכי. אלא הכי קאמר הך ברייתא הויא תיובתא. ורבי׳ יעקב מחיק מספריו שם תיובתא וכת״ב בתשובה אחת שם בספרים שנכתבו קודם תשפ״ח ל״ג תיובתא ואמנם בספר (ח) פ״ה וחמ״ר בת שלש ודאי לכהן וא״ר שבמדומה לי שעכשיו יש שיולדת בתוך שתי שנים ללידתן ומצינו בתלמוד דהרי שנשתנו עכשיו מכמו שהיו רגילין כמו עיניתא הורדא שהיא בכל הבהמות שלנו ובבהמות שלהם לא היתה נמצאת כי אם בברייתא כדקאמר התם בחולין (דף מ״ז) :

(דף כ״ה) **אזל** שית וקם שית אזל שית וקם שית. דמשמע ליה מקרא שפעמים עמד פ״א בחצי שמים ופעם שנית סמוך לשקיעתו מדכתב ולא אץ לבוא דמשמע כשקרב זמנו לבוא לא אץ לבוא. הך מילתא גם שאר מילתא דבסמוך מייתי הכא אגב אמורי דלעיל דאיירי נמי הכא ובמילי דבסמוך ר׳ יר״א ור״ש בר נחמני :

למשה ולנקדימון. יעקב אבינו לא קחשיב. דישמש שורחה בעבורו באה בעבורו כדאמר בגיד הנשה (דף צ״א) ומיהו לזורח תשלומי השקיעה שמיהר לשקוע פעם אדרת וזה הטעם י״ל נמי דלא חשיב חוקיה ששב אצל החזרנית (ט) עשר מעלות אעפ״י שנם גדול היה שגם אותה עמידה השלימות יום קצר שהיה של שתי שעות כשמת אחז כדי שלא להאריך בהספידא א״נ של חוקיה אות בעלמא היה ולא היה צריך לאיתה הארכת יום כ״א לסימן בעלמא שהרבה פעמים יכול להיות שהקב״ה מעמיד גלגל חמה בשביל אות כדאמר בסנהדרין (דף) גבי ונתן אליך אות או מופת שאפי׳ מעמיד לך גלגל חמה אל תשמע לו. וגבי וישם ד׳ לקין אות איכא דדריש בב״ר שהעמיד לו גלגל חמה ושל יעקב לא הוה פירסם נס לעולם כ״כ כמה בהני דחשיב תלמודא ולא ניכר לעולם מה שמיהר לזורח גם לא נודע לכל שבעבורו הוה. מ״ר :

א״ב אשה חשובה בין האנשים ואינה חשובה בין הנשים. פירש״י אינה חשובה אינה יפה לר׳ ירמיה מותרת להתיחד. משום שפיכת דמים דמסתפי מינה ומשום עריות ליכא דאינה יפה. ולרב אידי דכלן כלי זיינן עליהן ודעת גוי לביאה אפי׳ אינה יפה בכלהו איכא חשש עריות. וקשה דאינה חשובה בין הנשי׳ לא משמע דאינה יפה וגם תימא דהרי בספרים כתב ושאינה חשובה בש״ן ולפירש״י צריך לגרום ואינה חשובה בין הנשים ולא שאינה וי״מ דכלי זיינה עליה זהו שמרחמין עליו לפי שהיא תשות כח ואינה בת תחבולות ומריבה ומלחמה כאיש וגורסים ושאינה חשובה בין הנשים בש״ן ומפרשים איכא בינייהו אשה חשובה לענין יחיד בין הנשים. ונ״ל לישב כך לפי פירושם א״ב אשה חשובה לענין יחיד בין האנשי׳ דבין הנשי׳ ודאי מותרת להתיחד לכ״ע דמשום עריות ליכא ואע״ג דגוים מצוים אצל נשי חביריהם כדאמר לעיל אין לחוש בזה כי בשביאו גוים תלך לה וכ״ז דליכא גוים כ״א נשים מותרת להתיחד דמשום עריות ליכא ומשו׳ שפיכת דמים נמי ליכא כיון שהיא אשה [חשובה] ומרתתו מינה אבל בין האנשים א״ב אם מותרת להתיחד אם לאו למ״ד באשה חשובה עסקינן דמרתתו מינה לענין שפיכת דמים. אבל לענין עריות חייש אסורה להתיחד בין האנשים דחייש לעריות. למ״ד אשה כלי זיינה עליה אבל באשה חשובה סובר דמרתתו מינה לענין עריות כמו לענין שפיכת דמים מותרת להתיחד בין האנשים. וא״ת מנלן דלרב אידי מרתתו באשה חשובה אפי׳ לענין עריות וי״ל דהכי משמע לי׳ מדלא קאמר רב אידי אמר אפי׳ באשה שאינה חשובה והוה משמע דבכל נשים מיירי לרב אידי. א״נ ליטא אפי׳

תימא

(ח) נראה שחסר הסיום כאן. וונתחיל הדיבור פרה. (ט) לחורנית.

תימא בכל הנשים אשה כלי זיינה עלי' מדלא קאמר הכי משמע לי' לתלמודא דדוקא באינה חשובה הוא דמוקי למתני' אבל בחשובה לא מוקי לה משום דקסבר דכי היכא דמירתתו מינה לענין שפיכת דמים מירתתי' מינה גם לענין עריות. ואי איתא איכא ביניהו אשה שאינה חשובה אם מותרת להתיחד בין הנשים דבין האנשים ודאי אסורה לכ"ע משום עריות אבל בין הנשים איכא בעיא ((ויוד) דלמ"ד באינה (יא) חשובה עסקינן. אבל אינה חשובה יש לחוש בה לשפיכת דמים אסורה להתיחד עם הנשים משום שפיכת דמים שגם בין הנשים יש חשש שפיכת דמים למ"ד אשה כלי זיינה עלי' שמרחמין עליה מותרת להתיחד עם הנשים וליכא לא משום ש"ד ולא משום עריות והשתא ניחא גירסת הספרים דגרסי ושאינה חשובה ואמנם רבי' שלמה לא כתב הגי'. ולפ"ז תימא דבהדיא מסתברא לשון כלי זיינה עליה דמיירי בביאה. ובפרק האשה שהלכה ביבמות (דף קט"ו.) מייתי תלמודא הך מילתא דרב אידי גבי נפלו עלי' גוים נפלו עלי' ליסטים הוא מת ואני ניצלתי דנאמנת ובעי למפשט מינה דהחזיקה היא מלחמה בעולם נאמנת לומר מת בעלי ודחי דהתם כדרב אידי דאמר אשה כלי זיינה עלי' ושני הפירושים יש לישב התם כי הכא מ"ר. ומיהו תימא לי לרב ירמיה דל"ל אשה כלי זיינה עלי' תיפשט לן מהא דהחזיקה היא מלחמה בעולם נאמנת לומר מת בעלי והתם משמע דלא פשט לה כלל לשום אמורא וי"ל אע"ג דלענין היתר יחוד ל"ל לרב ירמיה אשה כלי זיינה עלי', מ"מ שתהא נאמנת לומר מת בעלי אע"ג דהחזיקה הוא מלחמה בעולם, מועיל אותו טעם דאשה כלי זיינה עליה מ"מ, שתהא נאמנת ואינה יריאה כ"כ מלהמתין עד שיסות ולא אמרה בדדמי נ"ל ובירושלמי ראיתי דקאמר הכי ואין האשה בכלל שפיכת דמים א"ר מנא תיפתר בבריאה פי' באשה חשובה. א"ר בון ואפי' בתשה יכולה להטמין א"ע ולומר גויה אני ואין האיש יכול להטמין א"ע ולומר גוי אני. פי' יכולה לומר גויה אני כגון במקום שאין מכירין אותה אבל האיש ניכר יותר או בשביל המילה או בשביל תגלחתו ומלבושיו וצדקתא דמסאני וציצית ותפילין ופי' אחר של כלי זיינה שפירש"י אפשר לישב כפי הירושלמי ולא מטעם שמרחמין עלי' אלא מטעם הירושלמי:

(דף כ"ו ע"א) גירדנא ולא טייזין. פירש"י ענ"ז כלומר הגרדן הזה לפי שהוא חצוף ואין לו בושת פנים, שתא משניה בצרא. וכן פי' בערו"ך. ועוד פי' לשון אחר בערוך גירדנא דלייט כלומר דלייט מולא, שתא משניה בצרא, כמו בתר עניא אולא עניותא וכן פי' ר"ח:

אבל לא בינו לבינה. והלכ"ך י"ש ליזה"ר שלא להניק בן ישראל בבית הנכרי ואפי' בבית ישראל אסור להניחן אם אינו נכנס ויוצא דהוה כאחרת עומדת על גבו, דאין נראה לומר דאחרת עומדין על גבו כדקתני במתני'. אבל נכריות מניקה בנה של ישראל ברשותו, ולא מפליג במתני' בין עומדת ע"ג לאין עומדת, דהא גבי מילדת את בת ישראל רוצה לומר ודאי בבית הישראלית, דאפי' התם בעי' עומדת ע"ג. וה"נ בעי למימר גבי הנקה ובן תינוק ותנוקת שצריכים שום רפואה מגוי נראה מכאן שאין להניחם בבית הגוי יחידיי בלא שום ישראל או חודש או חדשיים ואע"ג דלא שייך בהו שייפא ליה לדד סם, הרי הם חשודים על ש"ד בבמה ענינים ותנן נמי לעיל דאין מתיחדין משום חשש ש"ד:

סבר רב יוסף למימר אולידה בשכר שרי [בשבת] ומשום איבה וכגון שיושבת על המשבר שאז נעקר הולד כבר לצאת כדאיתא בסוף פ"ק דערכין (דף ז') דהו ליכא בהכי עוקר דבר מגידולו כמו בהושיט ידו למעי בהמה ומקלקל עיבור שבמעי' דחייב משום גוזז לפי שתולש מב"ח ועוקר דבר מגידולו כדאיתא בפ' ח' שרצים (דף קי"ז) וליכא הכא אלא איסורא דרבנן כיון שנעקר לצאת:

ורמינהו יהודית מילדת ארמית בשכר אבל לא בחנם. ויש להקשות מאי קושיא לוקמי מתני' נמי בחנם ואי משום דמשמע דמיירי אפי' בשכר מדלא מפלגא מידי מזה אינו מתרין כלום שהרי גם לפי תירוצו מעמיד משנתנו בחנם. אע"ג דלא מפלגו מידי, ואי קשיא לי' כמו שבשכר מותר גם בחנם יהיה מותר א"כ בלא: מתני' תיקשי ליה באנפשא נפשי'. וי"ל דמשום דמפרש במתני' טעמא לפי שמילדת בן לע"ז להכי קשה ליה כיון שמחמת טעם איסור זה אסור לבה מותר בשכר אבל אם לא הוה מפורש טעם זה במשנה טעם הברייתי'. הייני יכולין לפרש דבחנם אסור מתנת חנם ומשני אע"ג דאסור משום דמילדת בן לע"ז אפ"ה יש להתיר בשכר משום איבה:

העוברי

י) ביניהו (יא) בלפס

העובדי כוכבים לא מעלין ולא מורידין. ואו״ר דבירושלמי דקדושין אמרינן דההוא דכשר שבגוים הרוג זהו בשעת מלחמה ומביא ראיה מלוקח עמו שש מאות רכב בחור וכל רכב מצרים מהיכן מהירא את דבר ד׳, מ״ר. ואעפ״י שסתם עובדי כוכבים עע״ז ועוברים על ז׳ מצות מ״מ אין מורידין אותן דבשאר אומות כתיב והיה כל העם הנמצא בה יהי׳ לך למס ועבדוך מ״ר:

ורועי בהמה דקה לא מעלין ולא מורידין. ויש תימה מה ראו חכמים להחמיר ברועי בהמה דקה כ״כ, והלא הם כשרים לעדות מה״ת, וכשרים לעדות אשה ואלו בגזלן דפסול לעדות והוה רשע מה״ת לא החמירו חכמים. וגם מומר אוכל נבלות לתיאבון איתרבי בין להשבת ממונו בין להשבת גופו כדאמר בסמוך. ואו״ר שהיא הגותנת שלפי שפסולין מדרבנן הם חושבין שאיסורן קל ואין נותנין לשוב והחמירו חכמים עליהם כדי שיתרחקו העולם מעשות כמעשיהם שלא ירעו בהמה דקה שלהן בישוב. וב״ד מכין ועונשין שלא מה״ת, והני רועין מיירי בשל עצמן אבל רועה בהמות אחרים לא דאין אדם חוטא ולא לו כדאמר בב״מ (דף ה׳.) גבי ההוא רעיא. ותימא דהכא אמרינן דגוים לא מעלין ותנן (גטין ס״א.) כפרנסין עניי גוים. ועוד שרי לעיל ליתן להם מתנת חנם ואפי׳ מדרבנן כמו שהוכחתי ממעשה דמנבאי דעירובין דמייתי בירושלמי לעיל ומיירי אפי׳ בגוי שאינו מכירו דאלו מכירו אפי׳ ר״י שרי מפני שהוא כמוכרו לו כדתניא בתוספתא כדפרישית לעיל. וי״ל דהתם אפי׳ לא יתנו כלום לא ימות אבל כשקרוב למות ועוסק בפיקוח נפשו אז הוא כמגדל בן לע״ז, ולכך לא מעלין:

אני שונה לכל אבידת אחיך לרבות המשומדין ואת אמרת מורידין. ותימא לי הא גבי מסור לאנסים איכא מ״ד בפ׳ הגוזל בתרא (דף קי״ט.) דאסור לאבד ממונו ביד ולי״ל קושיא דגופו מותר ממונו לא כ״ש משום דלמא נפיק מיניה זרע מעליא וכתיב יכין רשע וצדיק ילבש והנ״מ אע״ג דמורידין אתי שפיר דממונו צריך להחזיק משום דנפיק מניה זרע מעליא. ואו״ר דשפיר פריך דמקרא דמפקינן השבת ממונו נפיק מניה נמי אבידת גופו. דמקרא דהשבת אבידה נפיק כדדריש בפ׳ מרובה (דף פ״א:) וכן בפ׳ בן סורר (דף ע״ג.) אבידה (יב) מנין ת״ל והשבותו לו והלכך ודאי כיון דאברת ממונו אתרביא מקרא הי״ה אבידת גופו וכ״ש דאין מורידין. אבל מסור גרע מניה ובכ״מ חשיב לי׳ בהדי מין ואפי׳ מאן דאית לי׳ ממון מסור אסור לאבדו ביד מודה הוא דאין חייבין על השבת אבידתו, מ״ר. ונ״ל להביא ראיה דאפי׳ להעלותו מן הבור יש לנו מהא דאמר בפ׳ השולח (דף מ״ז.) גבי ההוא דזבין נפשי׳ ללודאי שאם לא היה אוכל נבלות לתיאבון הו׳ חייבין לפדותו, וכי הוי להכעיס דשביק היתרא ואכיל איסורא קאמר ולא שבקי׳ לי דאפידקינך ש״מ דלתיאבון מצוה לפדותו. מ״ר:

ס״מ מכאן משומד. ותימא לי דבבמה דוכתי קתני משומד בהדיא כגון בפ״ק דר״ה (דף י״ז) אבל המינין והמוסרין והמשומדין והאפיקורסין יורדין לגיהנם ונידונים לדורי דורות וכו׳ וכן בפ׳ השולח (גטין מ״ה) ספר תורה שכתבו מין ומשומד ביחד ואו״ר דשמא ר׳ יוחנן אמר בכלהו מ״מ מכאן משומד. ועוד נראה לי דשמא בהנך שהבאתי יכול ר״י לתרץ משומד היינו אוכל נבלות להכעים, ואע״ג דתנא מסיק דסבר ר׳ דהוי מין והוי בכלל מין, ונראה דהיינו דוקא לענין מורידין דלענין הכי פשיטא ליה דהוי בכלל מין, אבל יש מינין בתלמוד שהם אדוקין בע״ז הרבה כמו שאפרש בסמוך ובהדייהו שייך למתני משומד ובאוכל נבלות להכעים או משומד לע״ז. וצ״ע. אבל תימא מאי קאמר בסמוך דקסבר משומד להכעים מין הוי והלא יש מין שאדוק בע״ז וחולק ממין סתם לענין דברים הרבה כמו לענין שחיטה מין לע״ז כמו שאפרש ובאותו מין שייך למקרי האי משומד להכעים משומד. והלכך נראה דכל היכא דתני מין ומשומד ל״ל למקרי האי משומד להכעים משומד כיון שגם הוא ראוי לקרותו וגם תימא בההיא דר״ה אין מיירי במשומד להכעים או ממטית מניה משומד דהוי בכלל מין אם היא חמור כ״כ שנידון לדורי דורות בגיהנם כיון ששמר בו שאר מצוות וכמרומה היה לומר דבמשומד לע״ז איירי התם ומין זה שאדוק בע״ז או שאינו מאמין בדברי חכמים:

קסבר אוכל נבלות להכעים מין הוא. ומ״ל כאביי פסיל ליה לעדות ובוותי׳ הלכתא דלרבא דאמר כשר לעדות דרשע דחמס בעינן אין סברא שיחמור בו כ״כ כאן שיקרא מין או שנאמר מורידין דהא כי לא קרי ליה נמי הכא מין מ״ל מורידין מדפריך ולשני לי׳ במשומד להכעים מ״ר. ואו״ר דכי פשיטי׳ לן דמורידין במשומד להכעים בין אי הוי בכלל מין כדקתני בין אי לא הוי בכלל מין כמו שסובר המקשה דפריך ולשני ליה וכו׳. וצ״ע לענין מה יש לחוש ביה חומרא

דמין

(יב) המנח גופו כנ״ל.

דמין למאי דמשני קסבר מין הוי דלענין מורידין לא נ״ם מידי, ולענין שחיטה מין לע״ז פתו פת כותי דבפ״ק דחולין (דף י״ג) אין מין באומות וקאמר לענין מאי אילימא לענין שחיטת מין לע״ז׳ דמין דישראל הוי לע״ז, דגוים מבעיא, אלא לענין מורידין השתא דישראל מורידין דעכו״ם מיבעיא משמע דמין דהורדה לבור דהכא ושחיטה ומין לע״ז חדא גונא היא. ואר״ר דלעולם תרי גוונא היא ואע״ג דמייתי להו כי הדדי. ועוד תימא לי כיון דבמשומד דאוכל נבלות להכעיס אמרינן הכא דמורידין מאי קו עושה שם דישראל מורידין דגוים מבעיא. הא וודאי ישראל חמור יותר דאפי׳ במשומד אוכל נבלות להכעיס אמרינן מורידין ואפי׳ מאן דלא חשיב לי׳ מין וי״ל דס״מ עושה מזה ק״ו כיון דמין דישראל מורידין ואפי׳ אינו מין כגון אוכל נבלות להכעיס למאן דלא חשיב ליה כין כ״ש שסברא היא שבמיני אומות שאדוקי׳ בע״ז ומרשיעים לעשות יותר משעור דעכו״ם דמורידין:

וחד אמר להכעיס נמי משומד. וא״ת דבפרק בתרא דהוריות (דף י״א.) מפרש תלמודא דהברייתא דדתם סוברת מין היא דקתני התם אכל חלב ה״ז משומד ואיזהו משומד אוכל נבלות להכעיס ה״ז מין ואיזה משומד דבסתמו הוי מין אוכל נבלות וטרפות שקצים ורמשים ובעי התם ה״ז משומד ואיזה משומד מאי קאמר ה״ק אכל חלב לתיאבן ה״ז משומד להכעיס ה״ז מין ואיזה משומד דבסתמו הוי מין אוכל נבלות וטרפות שקצים ורמשים אלמא דסברא ברייתא דהתם דלהכעיס הוי מין ולקים דתלמודי׳ הוא דפריש התם, הכי למ״ד דלהכעיס הוי מין אבל למ״ד דלהכעיס נמי הוי משומד יש לפרש כך אכל חלב לתיאבן ה״ז משומד פי׳ הואיל ותאב ושוב לאכול וחייבין להשיב אבידתו. להכעיס ה״ז כמין ולענין שלא להשיב אבידתו כדאמר הכא. ואיזה משומד דחשיב כמין אוכל נבילות וטריפות שקצים ורמשים שמאוסין לאכול וחשיב כמין לענין מורידין ולענין אבידתו כדאמר הכא, נ״ל. והני נבילות וטריפות דדתם מיירי כגון שנתעכלה (יג) ומתה מעצמה וכן טריפה בענין זה כגון שמאוסין לאכול דומיא דשקצים ורמשים דאלו נבילה שנתנבלה בשחיטה וכן בשר נחירה זהו כמו חלב כדאמר אוכל נבילות לתיאבון דכל היכא דלא חזינן דשביק היתירא ואכול איסורא הוי סתמא משומד לתיאבון כדאמר בג״שין בפ׳ השולח (דף מ״ה) נמי ההוא גברי דזבין נפשי׳ ללודאי:

אלא איזה מין זה העובד ע״ז. וא״ת דאמרינן בפ״ק דחולין (דף י״ג:) שחיטת מין לע״ז פתו פת כותי וכו׳ ואלו ישראל המשומד לע״ז אין סתם שחיטתו לע״ז דהא לרב ענן אמרינן בפ״ק דחולין דמותר לאכול משחיטתו ואע״ג דאתותב רב ענן לענין איסור אכילה דאיתותב אבל לענין שחיטתו סתמא לע״ז לא אמרינן ועוד קשה לר׳ דהא משמע בהרבה מקומות דישראל שעבד ע״ז ושחט שמותר לנו לאכול משחיטתו אליבא דהלכתא כ״ז שלא הוחזק לעבוד ע״ז ברגילות אבל בפעם אחת אין שחיטתו נפסלת אפי׳ מאכילה דהכי משמע בפ״ק דחולין שנים אוחזין בסכין ושוחטין דמוקי לי׳ התם בישראל משומד ואפ״ה אין שחיטתו נפסלת אלא משום דשחט לאחד מכל אלו. ועוד נ״ל להביא ראיה מרישא השוחט לשם הרים לשם גבעות וכו׳ שחיטתו פסולה משמע הא עבד ע״ז פעם אחת ושחט סתם שחיטתו כשירה דהא פסולה מפרש התם איסור אכילה כרדייק התם פסולה אין זבחי מתים לא ולא משמע דנקיט זבחי מתים משום טומאה לחוד וא״כ אם שחט סתם כשירה באכילה אעפ״י שעבד ע״ז קודם לכן ועוד מביא ראיה מההוא דשוחט ראשון לע״ז ושני לשולחנו והכל פי׳ בפ״ק דזבחים. ונראה לר׳ דני גוונא איכא דעובד ע״ז פ״א או שתים שחיטתו כשירה כגון ישראל משומד שעבד כבר ע״ז ועכשיו שחט לשם א׳ מכל אלו דאי לאו דהך בהמה גופא שחט לשם א׳ מכל אלו משמע שהיתה שחיטתו כשירה אפי׳ כיוצא בו כי האיש שעבד כבר פ״א או שתים לע״ז אבל שינה ושילש שהרגיל בעבודת ע״ז בגלוי פנים הוי שחיטתו אסורה באכילה כדאיתותב רב ענן בפ״ק דחולין והיכא דהוי אדוק בע״ז טובא כעין מומר לע״ז התם דוקא אמרינן שחיטת מין לע״ז פתו פת כותי וכו׳ דע״כ רב ענן הוי מוקי ליה הכי דהא לא מותבינן ליה מינה והלכך משמע שגם אנו לפי האמת דאיתותב רב ענן נעמידנ׳ כן דאע״ג דאיתותב רב ענן היינו לאסור שחיטתו באכילה אבל באיסור הנאה לא פליגינן על רב ענן מ״ר. ועוד פירשתי יותר באורך בפ״ק דזבחים גבי פלוגתא דר״י ור״ל דהשוחט את הבהמה לזרוק דמה לע״ז דמייתי גם לקמן בפירקין גבי גבינת בית אונייקי:

התם דקבעי למיטעם טעמא דאיסורא. וא״ת דהכא משמע דלא חשיב לי׳ מין ע״י אכילת

פרעושים

(יג) שנתנבלה כן צ״ל שנ״ל.

תוספות מסכת ע"ז ר' אלחנן ל

פרעושים והא בפ' בתרא דהוריות מפרש תלמודא בבריתא שהבאתיואיזהמשומד להכעיס דבסתמו הוי מין אכל נבילות שקצי' ורמשי' אלמא בסתמא חשיב ליה מין כשקצים ורמשים ולא אמרינן דבעי למיטעם טעמא דאיסורא ותלמודא פריך נמי התם פירכא דהכא. ויש ספרים דגרסי בשינויא דהתם דאמר בעינא למיטעם טעמא דאיסורא אבל משם ואילך אחר שטעם כבר תלינן ליה בסתמא להכעיס ודוקא נקיט הכא פרעוש א' או יתוש א' שעדיין לא הכיר הטעם אבל בבריתא דהוריות קתני שקצים ורמשים דמשמע שאוכל הרבה בזא"ז:

אמר רב יוסף בר חמא אמר רב ששת לא נצרכה שאם היתה מעלה בבור מגררה. אסר כי היכי דלא תיחות חיותא עלה. תימא דהא רב יוסף בעי למימר דהא דתניא הגוים והרועים לא מעלין וכו' אסוקי בשכר שרי משום איבה עד דסתר לי' אביי מסברא. והיכי רב ששת שאפי' יש מעלה בבור שיסירו אותה. ועוד תימא לי מה טעם הוא נותן דלא תיחות חיותא עלה משמע שלהנצל מאיבה הוא אומר טעם זה והא מורידין קאמר ובמורידין ודאי איכא איבה. ואו"ר דהיכי מורידין כשידנו תקיפה (יג) (שיש לשמור עצמו מאיבה אין מעלין ומגררין המעלה) דליכא למיחש לאיבה כלל. אבל לא מעלין כשאין ידינו תקיפה שיש לשמור עצמו מאיבה אין מעלין ומגררין המעלה דליכא הכי איבה כשיאמר דעבד הכי דלא תיחות חיותא עילוה. ואע"ג דלא מעלין השתא מיירי היכא דאין ידינו תקיפה דיש לחוש לאיבה מ"מ פריך אחותי מתינן אסוקי מסקינן דהא פשיטא כיון דמורידין כשידינו תקיפה. דאפי' אין ידינו תקיפה לא הוי שרי להעלות משום איבה דמצי שפיר לאשתמוטי שאין לו פנאי להעלותו:

לאפוקי לשם מורנא דלא. פי' תולעת להסירו ופירש"י דהוי אסור לרפאותו בחנם כדאמר לא מעלין ולא מורידין וקי"ל על מה שפי' דאסור לרפאותו בחנם דהא אפי' בשכר יש לאסור היכא דליכא איבה כגון דשאין ידוע שהוא יודע אותה רפואה ורגיל בה דהכי אמרן לעיל אסוקי בשכר אסור היכא דליכא איבה. ויש לפרש דודאי היכא דליכא איבה אם בא לסלק עצמו מן הרפואה אסור לרפאותן אפי' בשכר. ותימא לי דהא אמר בגיטין (דף ע'.) רב שימ' בר אשי עביד לי' להחוא גוי בדבר אחר ואיתסי בפי מי שאחזו. והתם משמע שלא היה יודע שהיה בקי באותה רפואה שהרי לא ניסה אותה עדיין לשום ישראל מדנקיט תלמודא דעבדה לההוא עכו"ם. ועוד תימא דהו"ל למיסר משום דהוה כמגדל בן לע"ז כדאמר לעיל גבי מילדת ומניקה ומיהו אינוקי בשכר שרי לעיל משום איבה אבל הכא קשיא דליכא איבה כדפי' ואו"ר דשמא להתחכם ברפואות מותר לעשות להכיר החולאים והרפואות:

(דף כ"ז). **ברופא** מומחה. אעפ"י שאינו מומחה במילה לא מרע נפשי' שמתעסק בו ועוד הוה מצי למימר דמומחה הוא במילה כמו שהרגיל בה לגוים לשם מורנא. אבל אין צריך דאפי' במילה דלא שייכא לשאר רפואות לא מרע נפשי' כיון שעוסק בה ואומר שיסמכו עליו. ועוד דשייכא שפיר לשאר רפואות שפעמים שיצטרך לה או לכיוצא בה לשם מורנא:

וכי היכן מצינו מילה לשמה. והקשה ר' דמוכח השתא דר"י בעי לשמה לכך פוסל מילת כותי ואפי' מכשירי מילת ארמאי כדמסיק הכא לעולם כדאסכינן מעיקרא דר"י סבר ארמאי ולא כותי. ומ"ש בגט דפסלינן נכרי לכתוב גט בפ"ב דגיטין (דף כ"ג.) אפי' בישראל עומד ע"ג משום דאדעתי' דנפשי' קעביד ולא הוי לשמה. ותירץ ר' דל"ד דסתם מילה הוי לשמה כ"ז שאינו עושה בודאי לשם הר גריזים הלכך מילת גוי הו"ל סתמא שאינו מתכוון לא לשמה ולא שלא לשמה וסתמא כשר. אבל גט לאו לשמו קאי דסתם אשה לאו לגירושין קיימא, ונכרי דעביד אדעתא דנפשי' קעביד הו"ל סתמא וסתמא פסול ומביא ר' ראיה דבפ"ק דזבחים משני בהדיא כה"ג דרמי רבא מילי מעלייתא ופריך מדתנן כל הזבחים שנזבחו שלא לשמן כשירין אלא שלא עלו וכו' אבל סתמא כשירין לגמרי ותנן כל הגט שנכתב שלא לשם אשה פסול וסתמא נמי פסול והתם מוכח מנ"ל. ומשני סתם אשה לאו לגירושין קייטא וסתמא לאו לשמו קאי אבל סתם זבח לשמו קאי ולהכי הוי סתמא כשר. מ"ר. וכה"ג נ"ל שיש להקשות ולתרץ בציצית דאמר בפ' התכלת (דף מ"ב) לחד לישנא דהתם דרב מכשיר עשיית הציצית בגוי דרריש ועשו להם ציצית ועשו לדם אחרים וקשה דפליגו התם רב ושמואל בתר הכי דרב לא בעי טויה לשמה ושמואל בעי טויה לשמה וקאמר התם כתנאי דפליגו בעיבוד אי בעי עיבוד לשמה או לא דרב כרבנן דלא בעי עיבוד לשמה ושמואל כרשב"ג והיכי דהוי כתנאי אפי' רב לא בעי טויה לשמה יכול להצריך עיבוד לשמה בתפילין ושאני ציצית דלא בעי לשמה כלל

(יג) מן תיבת מ"מ עד המעלה מסוגרתי כלום מיותל:

כלל דהא כשירה בגוי כל עיקר כדדרשינן ועשו להם ציצית ועשו לֹהם אחרים וכיון דכשרים בגוי לא בעי לשמה דהא גוי אדעתא דנפשיי קעביד כדאמר בגיטין (דף כ״ג.) וי״ל דהכא נמי כפי׳ ר׳ דסתם עשיית ציצית בטלית לשמו קאי, והלכך כשר בנכרי ולפ״ז חומרא בטויה יותר לשמן, מבהטלת ציצית בבגדים אע״ג דתרוייהו בעי לשמה, דטויה פסולה בגוי דהא בטויה לא מוכח מילתא שהיא לשם ציצית. ולא שייך בה למימר דסתמא לשמה קאי כמו בהטלת ציצית בבגדים וב״ע מודו בין רב בין שמואל דעיקר עשיית ציצית בעי לשמה. ותימא לי למה הוצרך לרב לדרוש ועשו להם אחרים כיון דעשיית גוי הוי שפיר לשמה ודומה דאינו דומה ייתור הפסוק אלא משמע ליי קרא דאחרים יעשו להם ואתא לאפוקי שלא תדרוש בני ישראל יעשו ולא גוים כדלעיל התם. וה״פ מנין לציצית בגוי שהיא כשירה אע״ג דכתיב בני ישראל שנאמר ועשו להם וגו׳ נ״ל. והא דתנן בפ׳ השולח (דף מ״ה:) בגיטין גמרא אין לוקחין תפילין ס״ת ומזוזות שכתבו מין ומסור וגוי ועבד ואשה וכותי וקטן וישראל משומד פסולין שנא׳ וקשרתם וכתבתם כל שישנו בקשירה ישנו בכתיבה כל שאינו בקשירה אינו בכתיבה. ולא תיקשי ל״ל קרא גבי גוי תיפוק ליי דבעינן בפ׳ לשמה כדאמר בהנזיקין (דף מ״ה:) אזכרות שבה לא כתבתים לשמן ולא כתבתים שלא לשמן אלמא סתמא לאו לשמה קאי דא״כ פסול בגוי דהא לאו קושיא כלל, דהא ע״כ ה״נ תני כותי שעושה ודאי לשם הר גריזים, א״כ נקיט קרא דוקשרתם משום אחריני ולא משום כותי וה״נ י״ל בגוי ואין נראה לומר דהתם מיירי בקודם שחזרו לעבוד ע״ז, ומ״מ אינו בקשירה משום דקסבר האי תנא כותים גירי אריות הן וזה אין נראה. ועוד דהא קתני מין והתם מייר׳ בזמן שכותב לשם ע״ז כדאמר התם כתבו מין ישרף א״ו משום אחריני מייתי קרא דוקשרתם כדפי׳. א״נ יש לפרש דהאי תנא סבר דלא בעינן כתיבה לשמה ואין זה תימא דהא ארשב״ג פריך התם עיבוד לשמה בעי כתיבה לשמה לא בעי בתמיה מכלל דאי לאו דבעי עיבוד לשמה, הוה יכול להיות דלא בעי כתיבה לשמה והאי תנא מצי סבר הכי. ועוד היה נ״ל שיכול להיות דספר תורה סתמי׳ לשמו קאי דסברא היא ולא כתבתים לשמן זהו שכתבתים שלא לשמן. וה״נ הוי כל הגט שנכתב שלא לשם אשה כאלו הי׳ שונה שלא נכתב לשם אשה וה״נ יש לפרשו כאן לא כתבתים לשמן כמו כתבתים שלא לשמן וסברא היא דס״ת סתמי׳ לשמו קאי אבל נראה לר׳ דסתמי׳ לאו לשמו קאי מדפסיל כתיבת גוי דאי סתמי׳ לשמו קאי מ״ש מפילה ולפ״ז י״ל דבעי דיבור בפי׳ שכותב לשמו וצ״ע אם צ״ל בכתיבת ס״ת ותפילין ומזוזות שעושה לשמן דהא בשלא לשמן בזבחים מפרש ר׳ דבעי דיבור לשנותו מלשמו כדפי׳ בהניזקין וכן פירש״י בריש מנחות. וא״כ יצטרך דיבור בכתיבת ס״ת כשכותב לשמו כיון דסתמא לאו לשמו קאי מיהו אין זה תימא כ״כ שבתחלת יוכל לומר שהוא עושה הכל לשמו מ״ר:

דברה תורה כלשון בני אדם. אע״ר דאפי׳ למ״ד דברה תורה כלשון ב״א פעמים דדרשינן להו כגון השב תשיב וכל הנהו דס״פ אלו מציאות (דף ל״א.) דדרשינן התם לכ״ע. ועשר תעשר דדריש ר״ש ברי״ה (דף ח׳.) טובא איכא ועוד מביא ראיה מדאמר בפס׳ מכות (דף י״ב.) מסתברא (א) לא אמר כמ״ד דברה תורה כלשון בני אדם שלא יהא סופו חמור מתחילתו מה תחילתו במזיד נהרג בשוגג גולה וכו׳ ולא מסתבר שבא אביי להוכיח משם דבשום מקום לא אמרינן דברה תורה כלשון ב״א כ״א בההוא מילתא דהתם לבדה, מ״ר. ועוד הארכתי כאן בליקוטין בדברה תורה כלשון ב״א:

והתנן קונם שאיני נהנה לערלים, משנה היא בפ״ד נדרים (דף ל״א.) ובכתובות פירשנו א׳ גרים שאני או שאיני ביו״ד ופי׳ דגרס שאני וכ גרם רבי׳ יעקב. ואין לתמוה היכי פריך מברייתא לקרא דהמול ימול. והאמרינן בכמה דוכתי בנדרים הלך אחר לשון בני אדם, וכן בריש פסחים דף ב׳ גבי הנודר מן האור מותר באורן של כוכבים כי הכא דשמעתין מקרא דכוכבי אור דאור כוכבים נמי אור הוא לענין נודר מן האור לטובא איכא, דהא לאו מילתא היא דהך דנדרים נמי אקרא קסמיך דקתני סיפא שאין הערלה קרוי׳ אלא ע ש הגוים שנא׳ כי כל הגוים ערֵלים וכו׳. אבל בההוא נ״פא יש לתמוה היכי פשיט נדרים מקרא והאמרינן בנדרים הלך אחר לשון בני אדם וי״ל הנ״מ כשאינו יודעים שחלוק מלשון הפסוק, אבל דלא חזינן שהוא חלוק ילפינן נדרים מקרא שהרבה דברים יש שאינן מבוררין לנו בהם לשון ב״א אלא מקרא ילפינן משמעות הלשון, מ״ר:

אלא א״ב אשה וכו׳ תימא לי דהא באותו עניי שהתחיל לומר איכא בינייהו הוה מצי־ל ביבר

(א) לפנינו הגירסא מסתברא כמ״ד דגרס וכן נ״ל כאן.

תוספות מסכת ע"ז ר' אלחנן לא

למימר ולומר א"כ מומר לערלות וליטא איפכא מסה שהיה אומר במתו אחיו מחמת מילה דלמ"ד המול ימול איכא דמיקרי מהול במתני' דנדרים (דף לא.) ולמ"ד ואתה את בריתי תשמור ליכא שאינו שומרו. וה"נ מצי למימר א"כ ישראל משומד למאן דמכשיר מילה שלא לשמה לכל הפחות דאפי' יעשה לשם ע"ז אין לחוש ואו"ר דמומר לערלה וישראל מומר לא ממעטינן מואתה את בריתי תשמור דבר שמירת ברית הוה אלא שאינו רוצה ' וקשה לי דהא ממעטינן מין ומסור וישראל משומד בפ' השולח בגיטין מכתיבת ס"ת וכו' משום דכל שאינו בקשירה אינו בכתיבה ולא אמרינן בר קשירה הוא אלא שאינו רוצה ולפי' ר' צריך לחלק בינידם ולומר דהתם קרי אינו בקשירה אותו שאינו קושר תפילין שאינו מקיים וקשרתם. ולי נראה דבישראל מומר או במומר לערלות הוי מודו כולהו דמימעוט מואתה את בריתי תשמור מאחר דבר שמירת ברית הוא ומחויב בדבר ואינו חפץ, כמו כל שאינו בקשירה אבל בעובד כוכבים פלינו משום דאינו מחויב לשומרו:

למ"ד ואתה את בריתי תשמור ליכא דאשה לאו בת מילה היא. מכאן היה נ"ל דאשה אינה בת מילה דאע"ג דרב ור"י הלכה כר"י ור"י מכשיר לה הכא הרי הבריתא דר"י הנשיא דדריש בהדיא ואתה את בריתי תשמור דמסייע לי' דכל היכא דאמרינן תניא כותי' דפלי"ג פסקינן כותי' כיון דליכא סייעתא לאידך, ובה"ג פירש דכשירה למילה וצ"ע מנ"ל וק"ל דאמר בפ"ק דקדושין (דף כ"ט.) שאין האשה חייבת למול את בנה דכתיב אותו ולא אותה ול"ל קרא למאן דפסיל הכא למילה אשה תיפוק ליה דאינה יכולה למולו ואי הוה מפרש סייעתא היא דרשה דהתם למאן דמכשיר אשה למילה הוה ניחא למיפסק כמותו מדמפרש תלמודא הך דרשא התם סתמא. ומיהו י"ל דאפילו לדידך אתי שפיר דאיצטריך אותו ולא אותה דהיא שחייבת לבקש לו מוהל ואע"ג דקאמר בקדושין דהיכא דלא מהליה אבוה דבי דינא מחייב למימהליי' דמשמע דכי לא מהיל ליה איהו גופי' אין הדבר מוטל עוד כ"א על הב"ד וא"כ משמע דאשה נמי כיון דלא מציא למימהילי' שאין הדבר מוטל עלי' בלא קרא דאותו הא לאי ראיה היא דהיכא דלא מהליי' אבוה ר"ל שלא נמהל ע"י אביו שלא מלו הוא וגם לא ביקש מי שימול אותו דאפי' אינו מל אותו מחויב הוא לבקש מוהל כדאמר בפ"ק דפסחים (דף ה') לא סגי דלא איהו מהיל ומזה החיוב הוא ממעט אשה. וא"ת ובלאו אותו ולא אותה ידעינן מסברא דכל היכא דקרינן בי' שהוא חייב למולו קרינן בי' נמי שחייב לבקש לו מוהל כדדרשינן התם גבי תפדה תפדה דלא דרשינן הכא כה"ג נ"ל:

(דף כ"ז:) **לחיי** שעה לא חיישינן. תימא לי דאמר בפ' בתרא דיומא (דף פ"ה.) דמחללין שבת משום חיי שעה דמהו דתימא לחיי שעה לא חיישינן קמ"ל. ור' מפרש דלק"מ דודאי חיי שעה חשובה לחלל שבת בעבור חיי שעה. אבל אם ידוע שלא יחיה כ"א חיי שעה אם לא יתרפא מהן טוב להכניסו בספק של אותו חיי שעה משום דשמא יתרפאו לגמרי ברפואה זו ובין הכא ובין ביומא התירו חכמים כדי לחוס על חיי שעה:

לא יישא אדם ויתן עם המינין. או"ר דמיירי במו"מ של דברים שלא להאריך דברים עמהם שלא ימשיכוהו:

ואין מתרפאין מהן. ותימא לר' דהא ר' אבהו קיבל רפואה מיעקב מינאה לקמן בשמעתין ואמאי לא אסרינן משום דשאני מינות דמשכא פירש ר' דלא אסרינן להתרפאות מהן אלא כעין שדומה שהע"ז גורמת הרפואה והכי אמרינן בהדיא בירושלמי פרק ח' שרצים הכא מעשה בר"א בן דמא שנשכו נחש ובא יעקב איש כפר סכניא לרפואתו משמו של רבו יי"ש ולא הניחו ר' ישמעאל והא דאמר נמי בפרק כל שעה (דף כ"ה.) בכל מתרפאין חוץ מעצי אשירה או"ר כמו כן דהיינו בשאומרים שהעצי ע"ז גורמים וגם פעמים שהיא מנהג יש להם רשות להטעותם אפי' הוא שקר מ"מ כיון שהגוי אומר לו דעצי הע"ז גורמים אסור. וה"ק בירושלמי דהכא ודפרק ח' שרצים בכל מתרפאין חוץ מע"ז וכו' עד כגון שאומר לו הביא לי עלין ע"ז והביא אבל אמר לו הביא לי עלין סתם והביא (א) לו עלין של ע"ז. וכמו כן או"ר דאם צריך להתחמם ומסוכן בינינה. שיכול להתחמם בעצי אשירה אם אין לו עצים אחרים שידוע שכך מועילים שאר עצים. והא דקאמר דתם בירושלמי ר' יונה הו"ל צמרמורין ואייתי לי' מן זברותי' דרורי ושתה אייתין לר' אחא ולא שתה א"ר מנא אילו הוה ידע ר' יונה מן הן הוון לא הוה מישתי אר"ה מתני' אמרת כן שאין מתרפאין מגילוי עריות וכו' מיירי כגון שהרופאין אומרין דוקא אותו הדבר היה מועיל, מ"ה. ואי לאו פ"ד דפריך כל דהוה מצי לשנויי דמעשה דר' אבהו דלקמן

(א מג"ה כל"ל.

62 תוספות מסכת ע"ז ר' אלחנן

דלקמן הי' בצינעה וסבר ר' אבהו כר' ישמעאל דאיהו הוה שרי שפיר לבן דמא אי לאו דפרהסיא הוה כדאמר בסמוך, אבל א"צ דניחא לי לפ"ר בלאו הכי כדפרישית. וגם אם היתה מתרצית קושיא דר' אבהו כדפרישית מ"מ צריכין אנו לפרש כדמשמע בירושלמי וגם מתוך התלמוד שלנו דפסחים דאל"כ למה יהא אסור להתרפאות מעצי אשירה במקום שיש סכנה במה ה"א נראה בכך כמודה לע"ז א"ו הכי כדפרישית:

חויא דרבנן טרקי' דל"ל אסותא. פירש"י שכל העובר על דברי חכמים חייב מיתה. ותימא איהו נמי לא הוי אסותא. ויכול לפרש דעונש חיוב מיתה חמור טפי. ור' מפרש דחויא דרבנן ל"ל אסותא כלל שאפי' אם רפואה קרובה לבוא ומזומנת לו לא תצליח כי האי דפ"ח שרצים ההוא בר קשא דפומבודיתא דטרקיא חויא הוי תליסר חמרי חיורתא בפומבודיתא קרע'נהו לכולהו ואישתכח טריפה הוה חדא בחד ג'סא דפומבודיתא עד דאזלי ומייתי לה אכלה אריה א"ל אביי חויא דרבנן טרקי' דל"ל אס'תא וכו' ע"כ ובפירושים ראיתי מוגה איהו נמי חויא טרקי' כלומר מה מפסיד אדם אם ישכנו נחש בפריצת גדר, איהו נמי חויא טרקי' והיה מתרפא, אם היה מניחו ר' ישמעאל וגם כשישכנו נחש פעם אחרת יתרפא ומשני חויא דרבנן ל"ל אסותא אדם הפורץ גדרן של חכמים כשנשכו נחש אין לו רפואה וטוב היה שלא יתרפא עכשיו באיסור פריצת גדר משאם היה מתרפא ויחזור וילקה בנשיכת נחש שאין לו רפואה כי טוב שימות בלא עבירה משימות בעבירה כיון שלא ירויח ברפואה אלא חיי שעה אבל אם היה יכול להתרפאות מחויא דרבנן לא היה אומר אשריו על מה שמת בחסידותו כיון שהיה יכול להחיות חיים שלמים רק שהיה לוקה בנשיכת נחש חויא דרבנן והיה אח"כ מתרפא וגם נפטר מן העבירה בעונש נשיכת חויא דרבנן ומ"מ יש לפרש כדפרישית דאין לו רפואה אפי' כשמזומנת לו לא תוכל לבוא. ובירושלמי דפירקין ודפ' ח' שרצים פריך ולא נחש נשכו אלא ישכנו לע"ל. ור"י הנ"מ בצינעה אבל בפרהסיא לא.

ואת"ת מאי איריא מלתא דע"ז דאסורא כדאמר בכל מתרפאין חוץ מעצי אשירה כדהבאתי בסמוך והלא בפרהסיא אפי' מצוה קלה יהרג ואל יעבור כדאמר בסוף פ' בן סורר (דף ע"ד.) וא"כ בשאר איסורין נמי אין מתרפאין בפרהסיא וי"ל דלרבנן דר' ישמעאל דנמנו וגמרו בעליית בית נתזה בלוד כל מצות שבתורה יעבור ואל יהרג חוץ מע"ז וגילוי עריות וש"ד שיהרג ואל יעבור אפי' בצינעה לדידהו ודאי יש חילוק בין ע"ז לשאר מצות, ובשאר מצות גופייהו יש חילוק לדידהו בין צינעה לפרהסיא. אבל לר"י דאמר אפי' בע"ז יעבור ואל יהרג בצינעה לדידי' ליכא חילוק בין ע"ז לשאר מצות כלל ובן דמא היה סובר בזה כר' ישמעאל דאילו לרבנן אפי' בצינעה יהרג ואל יעבור במלתא דע"ז ולא היה טועה להתיר או היה סובר דלא כע"ז ממש הוה אלא שדומה מודה בע"ז והיה סבר שלא להחמיר בו כ"כ:

דתניא היה ר' ישמעאל אומר וכו'. לקמן משמע בפרק ר"י (דף נ"ד.) דרבא סבר כותי' גבי בוסוסיאות, דקאמר אמר רבא הכל היה בכלל לא תעבדם וכו'. ל"ק הא בצינעה הא בפרהסיא. ותימא דבפ"ב דכתובות (דף י"ט.) אמר רבא גופי' מי איכא מידי דאילו אתו עדים קמן אמרינן לי' חתמו שקר ואל תהרגו דהא אין לך דבר שעומד בפני פיקוח נפש חוץ מע"ז וגילוי עריות וש"ד ובמאי מוכח התם אי בצינעה אפי' (א) כר"י נמי ואי בפרהסיא אפי' שאר מצות נמי לא א"ו כרבנן דנמנו ונמרו בעליית בית נתזה בלוד ס"ל. ואין צריך להגיה רבה, אלא דלקמן איירי אליבא דר"י ואיהו סבר כרבנן הלכתא אבל להביא ראיה מההוא דאתא לקמי' דרבא א"ל מרי דוראי קטלי' לפלניא ואי לא קטילנא לך א"ל ליקטלך ולא תקטול דמאי חזית דדמא דידך סומק טפי דלמא דמא דחברך סומק טפי משמע דדוקא הוצרך רבא לומר אותו הטעם כדקאמר התם ש"ד סברא היא חא לאו הכי היה אסור דבהא איכא למימר דהיינו בצינעה דאפי' בצינעה יהרג ואל יעבור בש"ד מההוא סברא דרבא וחמור מע"ז אפי' לר' ישמעאל ובשאלתות דר"ב אחאי' אור"ר שפוסק כרבנן דר"י ועל ש"ד מפרש בירושלמי הכא לא סוף דבר שאמר לו הרוג את פ' אלא אפי' א"ל חמוס את פלוני:

אמר רבב"ח אר"י כל מכה שמחללין עלי' את השבת אין מתרפאין מהן, פירש"י דפליגא אדר"י דאסר אפי' ריבדא דכוסילתא לא מתסינן מנייהו. ויש תימא שהתלמוד הקשה לעיל מר"י ולאיכא דאסרי והיינו דרב יהודא לא הזכיר כלל דר' יוחנן משמע דלא פליגו. ונראה לר"ת דל"פ ור' יוחנן מיירי הכא בחולה דבדבר שאין (ב) בו סכנה אין מתרפאין דאתא לאשתמוטי אי מית שאוסר אני לא גרמית לי' ואין בו סכנה מתרפאין מהן דלא מרע נפשי' ואע"ג דאינו מומחה שאם ימות ידעו שע"י היא אבל באדם בריא

(א) בע"ז וג"ע וש"ד לר"י נמי כצ"ל (ב) בדבר שיש בו סכנה כצ"ל:

בריא שחושש בגופו בדבר מועט כגון ריבדא דכסילתא וכיוצא בה בהא קאמר ר"י דלא מתסינן מינייהו דלא מרתית שאפי' יזיק אינו ירא כלום דלא מרע נפשי' בהכי שידעו שבמתכוון הזיקו ולא מחמת שאינו בקי ויאמרו דמיסגי הוה סני לי' ולא יחושו לומר שאינו בקי. וא"ת א"כ מאי פריך לעיל מר"י אי הוה מפרש מתני' ריפוי נפשות דבר שיש בו סכנה וריפוי ממון דבר שאין בו סכנה לוקמא בחולה וכדרב יוחנן דהא ר"י נמי לא פליג עליו וי"ל דהוה מסתבר לי' לאוקמא היתירא דמתני' בכל אדם בין בבריא בין בחולה ואע"ג דכי מפרק ריפוי ממון בהמתו ריפוי נפשות גופו לא מיירי אין מתרפאין מהן בכל ענין דהא בחולה שאין בו סכנה מותר מ"מ מיירי בכל אדם בין בבריא בין בחולה ועוד דאי איסורא דמתני' לא הוה בכל ענין בזה לא חש התנא אי אתי למיטעי למיסר בכל ענין אב' ההיתר דמרפאיהו רפואות ממון אין לו לשנוי' סתמא אי לא מיירי בכל ענין ועוד דלישנא דמרפאיהו רפואות ממון לא משמע דבר שאין בו סכנה אפי' בלא קשיא דר"י הלכך תירצה בענין אחר, מ"ר. וגם נ"ל דניחא לי' לשנויי ריפוי ממון כהמתו ריפוי נפשות גופו כדאמר בפ' אין בין המודר (דף ל"ח:) דתנן התם ומרפאיהו רפואות נפש אבל לא רפואות ממון ומפרש לה התם הכי ריפוי ממון בהמתו ריפוי נפשות גופו. ותימא לי לישני התם ריפוי ממון דבר שאין בו סכנה ריפוי נפשות דבר שיש בו סכנה. הא ליק דפשיטא לי' לתלמודא דדבר שאין בו סכנה נמי חייב לרפאותו ולהכי לא ממעט אלא רפואות בהמתו, ותימא לי רפואות בהמתו נמי לחייב לעשות משום השבת אבידה כמו שחייב לרפאותו אפי' מחולי שאין בו סכנה ואו"ר דהשבת אבידה לא מיקרי אפי' אם ירפאנה. וצ"ע היאך יוכל אדם ליקח שכר ממה שירפא חבירו הלא חייב לרפאותו בחנם כדקאמר התם שלכך מרפאיהו רפואות נפש גופו דאין זו הנאה מה שמרפאיהו בחנם שחייב הוא לרפאותו בחנם. וגם צ"ע כמודר הנאה מחבירו כשאין לו מה יאכל למה צריך ליתן ע"נ סלע הלא חייב ליתן לו כשאין לו מה יאכל ואי משום דנדרים חלין ע"ד מצוה כדבר הרשות גבי רפואה נמי י"ל דרפואות גופו שמרפאו בחנם אינו חשיב הנאה כמו נותן לו מתנה והשתא דפרישית לפירת דר' יוחנן ל"פ אדשמואל ולפ"ז אתי שפיר לכ"ע דבחולה שאין בו סכנה מתרפאין מהן אפי' מרופא שאינו מומחה אבל יש להחמיר יותר מלפרש באדם בריא דאפי' ריבדא דכסילתא לא מתסינן מינייהו לשום אזורא דר"י לא פליג אדרב יהודא אתי שפיר ותימא איך אנו מקיזין מהם דם ואיתסויי דריבדא דכסילתא פירש"י אי כייבא ליה ריבדא דכסילתא שהקיז לו אומן ישראל לא אמינא לי' לגוי לאסויי להעביר הכאב דאסור למסור גופו ביד עכו"ם והשתא אפי' למיעבר הריבדא אסור לאתסוי מינייהו כ"ש גוף ההקזה שאסיר וי"ל דאין אנו מקיזין אלא מן המומחה וכדאמר ר' יוחנן אם היה מומחה לרבים מותר וכן הרבה רפואות שרגילין עכשיו להתרפאות מהן י"ל דמומחה לרבים היה מ"ר:

(דף כ"ח.) **גב** היד וגב הרגל הרי כמכה של חלל. לא מיירי הכא במכת חרב דבלאו גב היד וגב הרגל נמי כדאמר לקמן בשמעתין אמר שמואל האי פירעתא סכנתא היא ומחללין עלי' את השבת ופירש"י פצע מכת הרב. ומכה של חלל זה חלל הגוף כדפירש"י ובירושלמי קאמר כל שהיא מן דהלל ולפנים. ותימא דקאמר איכא בינייהו גב היד וגב הרגל אבתי איכא בינייהו דברים הרבה שאינו בחלל הגוף שמחללין עליהן את השבת כגון פירעתא מכת חרב דאמר שמואל לקמן שמחללין עלי' את השבת וכגון מכה שצריכה אימוד והרבה ענינים יוכל להיות סכנה בלא מכה של חלל הגוף ושמא לאו דוקא נקיט גב היד וגב הרגל. ושמא יש עוד לומר שיש מקום שא"א להסיר כ"כ יפה הסם הרע כמו בגב היד וגב הרגל שהם חלקים ואין בהם סירט א' כדאמר לקמן גבי גילוי דאיכא דשרי לרחוץ ממים מגולין גב היד וגב הרגל מיהו אין זה נראה דמשמע דדוקא מכה של חלל הגוף ממעטי' שלא יתרפא:

משפה ולפנים. פירש"י שפתים, כבי יונציבש ויכול הי' לפרש שפה ממש וכבי ממש מפרש בעלמא כבי יינציבש ואין ר' מפרש כן מדאמר בערבי פסחים (דף קי"ג.) לא תעקר כבי ובמועד קטן (דף כ"ה:) נתר כבא לשוניא דההוא טייעא אלא השינים הרחבות קורא כבי, מ"ר. דרשא דהכא ובירושלמי דפ"ח שרצים קאמר דחגכה וא"ת דאמרי' דאתגיירת:

למפסק דמא תחלו בחלא. ויש שמניחי' השחלים בחומץ ע"נ מכה לעצור הדם אבל רש"י לא פירש כן אבל פירש ישקהו תחלי בחלא:

ברפסא בטיליא פירש"י טיליא יין חוק כמו טיליא הריפא דמצרי זיקא לקמן (דף ל'.) גבי גילוי מיהו, יש טיליא יין חלש כמו גריעה דכלהו טיליא חוורא בריש מי שאחזו (דף ע'.):

(דף כ"ח:) **שב** ביני אהלא תולאנא. פירש"י שבע גרעינין אדומין כתולעת הנמצא באהל שמכבסין בו בגדים ויש לפרש שעל

שעל שם זה נקרא אהלא דתולאנא ע"ש אדמומית:

וסימנא רטיבא ליבשתא וכו' והא דקאמר לעיל ואי לא רוצה לומר ואי לא מהני לפי שיש לו חולי אחד ולא הוה כשאר ואי לא דשמעתין:

שורייני דעינא בליבא תליין. פירש"י מאורי העין תלוין בטרפשא הלב ולפי מה שמזכיר טרפשי הלב דומה שמתפשטים לגוף הם מחוברים ורבי' יעקב פי' דלא דוקא תלוי ונדבקי' בלב אלא מאור העין תלוי בהבנת הלב ובספרים כתב ובאבנתא דליבא תלוי ואינו לשון שער כמו ביניתא אלא איבנתא לשון הבנה כמו במגילה (דף כ"ד:) גבי הרבה צפו במרכבה ולא ראו אותה מימיהם דקאמר התם באבנתא דליבא הוו חזו כלומר מהרהרין בלבם הענין ורואין בהבנת לבם. ושורייני לשון אשורנו ולא קרוב ואי גרס סורייני בסמוך הוי לשון ראיה כמו מ"ר בנכסי' ר"ת:

חמימי לעקרבא וקריוי לזיבורן וחיליפא לסכנתא. פירוח דהיינו הא דאמר בחגיגה בפ"ק (דף ה'.) רעות רבות וצרות שהם כגון זיבורא ועקרבא דקרו להו רעות שהן צרות זו לזו שאינו יכול להרפא לזו מפני זו וכן אור"ת ולא כפירש"י שאמר שיש לו צרות הרבה דמה לו להזכיר זיבורא ועקרבא הרבה עניני צרות יש וגם ראינו צרות דומות זו לזו:

(דף כ"ט ע"א) **ושני** לדם דג. והא דאמר במעילי ובנדרים (דף נד:) אין מקיזין לא על הדגים ולא על העופות וזה לאלתר:

לא יאכל חנב"ש. רש"י פי' בצלים ולא פי' ביצים. ויש ספרים שכתוב בהן בפירוש בצלים שחלים:

והרת פי' רש"י רחמה של בהמה ותימא אם זה שלחופית מ"מ לא מזכיר לי' באלו טריפות דקאמר התם היא האם היא טרפתת היא שלחופית וליטא נמי היא הרת, מ"ר:

רואה במראה. בתלמוד שלנו [לא] מצינו איסור לאיש לראות במראה דהכא משמע דשרי וכן בשבת בפ' השואל (דף קמט.) דאסור לראות במראה של מתכות בשבת ומפרש התם טעמא מפני שאדם עשוי להשיר בה נימין המדולדלים ולשנא דאדם משמע דמיירי באיש מדלא נקיט מפני שאשה עשויה להשיר וכו' ומיהו אור"ד דלפי הירושלמי משמע שאסור דקאמר בפ' במה אשה על הך דאין רואין במראה בפ' השואל דטעמא דאסור משום דפעמים שהיא רואה נימה אחת לבינה והוא תולשה והיא באה לידי חיוב חטאת והאיש אף בחול אסור שאינו רק כבוד שלשה

דברים התירו לבית ר' שיהיו רואין במראה ושיהי' מספרין קומי ושיהיו מלמדין את בניהם יונית שהיו זקוקים למלכות. ולפי"ז נראה שיש לאסור לאיש לראות במראה וטעמא משום לא ילבש גבר שמלת אשה ואפי' לצורך תספורת משמע דאסור דהא בתספורת מיירי התם דומיא דתלישת שער דמיירי בשבת משמע דאסור בחול לראות במראה לצורך תספורת. ונ"ל דמהא דקאמר אף בחול אסור לפי שאינו דרך כבוד לא היה לאסור בכך ראיית מראה דאיכא למימר דאתלישת נימה לבינה קאי שהרי ע"ז היא בהדיא גם בתלמוד שלנו בפ' המצניע (דף צד.) דקאמר דמלקט לבנות מתוך שחורות אפי' אחת חייב ודבר זה אף בחול אסור שנא' לא ילבש גבר שמלת אשה. ומיהו מדקאמר בתר הכי של בית רבי התירו להן לראות במראה משמע דאסור לראות לאיש במראה דהתם אינו מזכיר ליקוט לבנות מתוך שחורות כמו לעיל גבי אשה ועוד ראיה דתניא הכי בתוספתא ואיתא נמי בירושלמי דפירקין ישראל המסתפר מעובד כוכבים רואה במרא' מכותי אינו רואה במראה שאינו חשוד אש"ד, ולבית ר"ג התירו אף מן הכותי לראות במראה או לצורך יופי אחר משום שהם זקוקים למלכות הלכך משמע דאסור לאיש לראות במראה אם לא שמסתפר מן העכו"ם ושמעתתא דשבת דמשמע דבחול שרי לראות במראה באשה מיירי אע"ג דנקיט האדם עשוי להשיר וכו'. או"ר אפי' באדם מיירי בשל בית ר' ור"ג ושמעתא דהכא איכא לאוקמא בשל בית ר' מ"ר. ולי נראה דבכל אדם מיירי דלהסתפר מגוי שרינן לי' לראות במראה ולא הצריכו להתיר של ר' ור"ג אלא מסתפר מי הכותי שאינו חשוד על ש"ד או לצורך יופי אחר כדפרישית:

תיתי לי דעברי אדר"ט. מדקאמר תיתי לי וכו' שמעינן דראוי להחמיר כר"ט במקום שאפשר לו שלא להסתפר מן הגוי בכעין שבילי דנהרדעי. וכ"ש דאין לו להסתפר מן הגוי בינו לבינו דאסור אפי' לרבנן. וא"ת מאי איר"א דאסרי רבנן להסתפר מגוי בינו לבינו תיפיק לי' דאסור להתיחד עמהן מפני שחשודין על ש"ד בלאו טעמא דתספורת. וכן יש לדקדק גבי מילדת ומניקה דלעיל. וי"ל דביני לביני מיירי אפי' בענין דליכא איסור יחוד שיש בני אדם מציין שם קצת נ"ל. ולענין עריות יש ענינים דלא ש"ך איסור יחוד כגון פתח פתוח לר"ה וכיוצא בה כדאיתא בפ' בתרא דקדושין. וצ"ע אם נאמרה דין זה לענין יחוד דמשום ש"ד ולענין יחוד דעריות מ"מ משמע לעיל דאין חילוק בין יחוד

יחוד

יחוד דישראל לדנוי לענין זה, מדפריך לעיל במאי עסקינן אילימא בחד דכותי' גבי ישראל מי שרי וכו':

איבא בינייהו שפחות. פירש"י והאי דלא נקיט תלמודא שפחות ואפר מקלה ואע"ג דאפר מקלה שמעתא היא ומתוקמא כרב מלכיו אליבא דר"פ אמילתיה דרב מלכיי דאתנח בי' סימנא נקוט. ובספר הישר פי' כאן כמו כן ולא עיין בפירש"י, והר"ר יהודא ב"ן הר"ר יו"ם טו"ב זקונינו פי' דאפר מקלה חשיב לי' בכלל מתני' משום שנאסרה על משנה דהכותב כתובת קעקע במכות (דף כא.) ואע"ג דלא קיימא לפרש המשנה אבל נומות לא חשבינן מתני' אע"ג דמיירי במשניות דנדה ובהרבה משניות ובריתות בהבאת שתי שערות דהא לא קיימא משום משנה דברייתא דלייירי בנומות, מ"ר:

(דף כט ע"ב) **ההולכי'** לתרפות וכו' מה שהפסיק לעיל שהתחיל למנות נודות העובדי כוכבים וכל הנך דתני בסמוך יש לפרש הטעם אגב דתנא בבשר נכנס מותר ויוצא אסור תנא נמי חילוק דהולכים ובאים דגבי הולכים לתרפות דהולכים אסור לרפאות (א) ובאים מותר:

יין מנלן, ואת והא מתני' בסתם יינם מיירי דאסור בהנאה דהא לא קתני יין נסך ומאי ראיה מייתי מיין נסיכם דהוי תקרובת ע"ז וי"ל דפשיטא דאע"ג דאסרו יינם משום בנותיהם כדלקמן (לו:) לא הוה אסרינן לי' בהנאה יותר מפתן ושמנן אי לאו דיין נסך ממש אסור בהנאה מה"ת ומ"מ תחילת הגזירה לא היו גוזרין איסור בסתם יינם משום יין נסך אי לא משום בנותיהן וכיוצא בזה מצינו בפ"ק דשבת (דף טו:) דקאמר דגזרו טומאה בכלי מתכות (ב) אמו כלי חרם משום דתחלת בריאתן מן החול ופריך אלא מעתה לא ליטמא מגבן ומשני הואיל וכי נשברו יש להן תקנה ליטמא מגבו בכלי מתכות, מ"ר:

יין מנלן. תימא לי דכל תקרובת ע"ז אסורי דכלהו ילפינן מזבחי מתים ואמאי צריך קרא ביין מפי מכלהו. ואו"ד דבעין זביחה דוקא אסרינן עי' קרא דזבחי מתים כדאמר לקמן (דף נא.) שיבר מקל לפני' אבל ניסך יין לפני' וכיוצא בה לא הוה מיתסר בלא קרא ומקרא דהכא שמעינן דכל תקרובת אסורה בעין ניסוך דהיי"א זריקה משתברת כדאמר לקמן בריש פ' ר"י למאן דבעי בעין פנים לאסור תקרובות ואצטריך האי קרא למאן דבעי בעין פנים וילפינן מזובח כל כעין זביחה ומניסך אסרינן כל זריקה משתברת:

ישתו יין נסיכם. בספרי פלוגתא דר"י ור' נחמי' בכולה פרשתא שר"י דורשה כלפי ישראל ור"נ דורשה כלפי אומות העולם. ותימא למאן דדריש לי' כלפי ישראל שיאמר עישים (ג) אי אלהימו צור חסיו בו אשר חלב זבחימו יאכלו ישתו יין נסיכ', אכילת מזבח קרי אכילה שהמזבח אוכל ושותה, לפ"ז היכי יליף הכא מהאי קרא תקרובות ע"ז הא לא מישתעי בהני, וי"ל דמ"מ איתקיש יין לזבח לענין הקרבה וגם האויב מזכיר זבח ויין נסך ביחוד לפי שהם עושים כך למורה (ד) זו ולמאי דאוקי לה באומות העולם ניחא טפי שישראל אומר להם איה יראתכם, מ"ר:

אתיא שם מעגלה ערופה, ותימא לי אמאי יליף מת מעגלה ערופה ויליף ממת תקרובת ע"ז, נילף מת מע"ז גופי' דאיירינן בי' דכתיב בפ' שם אבד תאבדון את כל המקומות וגו'. ובפ' נגמר הדין (דף מז) אמרינן בהדיא דרבא גמר שם שם מע"ז גבי האורג בגד למת דבהזמנה לא מיתסר, ואו"ד דהתם למשמשין ממשמשין גמר כדקאמר התם כי פריך ורבא מ"ט לא גמר מעגלה ערופה ושם דע"ז גבי משמשין כתיב, דמוקי האי קרא לקמן בכלים שנשתמשו בהן לע"ז. ומיהו לקמן דריש לי' נמי על ע"ז עצמה דקאמר מקיש אלהיהם להם. ועל ההוא דסנהדרין תימא לי דרבא אדרבא דפריך ורבא מ"ט לא גמר מעגלה ערופה, לימא כאביי דבהזמנה לא מיתסר בע"ע, אלמא משמע דס"ל דע"ע אסורה בהזמנה דהיינו ירידתה לנחל איתן, ובברייתא דפ' בתרא דכריתות (דף כד:) משמע דרבא סבור דאינה אסורה עד אחר גמר עשייתה, ודאי אינו כן. וני"ל דגרס התם רבה ולא רבא דפליג ארב המנונא התם (שם) דקאמר אתמר ע"ע מאימת נאסרת ר' המנונא אמר מחיים רבה אמר לאחר ערופה ואע"ג דבההוא דא"ל לרב המנונא קפחיתינהו לסבי דבי רב במרובה כתוב בספרו רבא וה"ג רבה:

אמרי דבי רבי ינאי כפרה כתיב בה כקדשים. או"ר דפירש"י בעלמא דנפיק איסור ע"ע מוערפו שם את העגלה בנחל שם תהא קבורתה. וני"ל כי יפה פי' דהא בפ"ק דכריתות (דף ו') בגמרא המפטם את הקטורת דרשינן וערפו שם את העגלה מלמד שטעונה גניזה והא דאצטריך תרי קראי היינו משום דכפרה כתיב בה כקדשים לא הוה שמעינן דמועלין בה אחר שנעשה מצותה דאמרינן אין לך דבר שנעשית מצותו ומועלין בה

(א) לשחת ולחת עמכן כנ"ל. ותיבת לרפאות ט"ג. (ב) נ"ל בכלי זכוכית (ג) עליהם (ד) אין לו פי' ולפי הענין נ"ל לעבודת כוכבים:

בה להכי איצטריך שם לומר שהאיסור דקודם עריפה יהא שם גם לאחר עריפה. ואי לא הוה כתיב בה כפרה בקדשים כלל משם לחודי' לא שמעינן בה איסור הנאה ואחר שלא היה כתיב בה שום קדושה ושום איסור כלל, ואיצטריך בה נמי כפרה כתיב בה בקדשים לכמה דברים כגון לטהרה מידי נבילה בעריפה כדאמר בסוף חטאת העוף בזבחים (דף ע'.) ובשמעתא דהכא דשביק וערפו שם דאיירי בי' והוצרך להביא כפרה כתיב בה בקדשים היינו משום דלא הוה שמעינן איסור מוערפו שם לחודי'. נ"ל יהודה ר':

משים דחומץ הוא פקע לי' איסורא אמר רב אשי וכו'. הוה מצי לשנויי דקמ"ל דדוקא של עובד כוכבים אסור אבל של ישראל אם נוגע בו עובד כוכבים מותר דאין בו משום יין נסך אפי' לשתויי כדאמר בסמוך גבי יין מבושל אלא חדא מתרי גווני קמשני. הכא שמעינן דחומץ שלנו ביד גוי לא שייך בי' איסור נסך כלל, דהא קאמר דליכא למיחש לכל היותר אלא לאחלופ' וקאמר כיון דאיכא חותם אחד לא טרח ומזייף אבל במגע גוי ליכא למיחש ביה ואעפ"כ נהגו העולם עכשיו איסור בדבר ונזהרים מלהתיר בו מגע עובד כוכבים אעפ"י שביין מבושל נהגו בו היתר אפי' בשתי' וכמוכח מעשה דשמואל ואבלט (לקמן ל'.) הטעם אומר יעקב לפי שאין אנו בקיאין כ"כ מתי נקרא חומץ דאפי' אמוראי פליגו מאי חומץ בריחא חלא ובטעמא חמרא בב"ב בפ' המוכר פירות (דף צ"ו.) ומעשים בכל יום שיש יין שאלו קורין אותו יין ואלו קורין לו חומץ ואותן שקורין לו יין שותין אותו ומקדשין ומבדילין עליו, והכל נהגו בו איסור ואין לפרוץ גדר. והקפיד רבי' יעקב על ששמע שהר' משולם הוה מבטל מנהג איסור ומתיר לגוי לטלטלו. ושוב אמר כי לא התיר בו מגע גוי ממש כ"א להקיל להוליכו גוי בדרדור ובקנקן בפני ישראל אעפ"י שפתוחים דאפי' יין לא מיתסר בהכי אלא שאין עושין כן, מ"ר. וכן בבוסר הקפיד ר"ת על היתר שלו כי בדברים הללו הכל נוהגין איסור ופעמים שכל יינות השנה לא נתבשלו כל צרכן והנם בטעם משקה הבוסר, תאמר שאין דין יין נסך באותה שנה ומדתנן בפ' כל הגט (דף ל"א.) משעת כניסת מים לבוסר אין שום ראיה להתיר מדקרי לי' מים למשקה הנכנס לתוכו ללשון אחד שפירש"י שם, דהא לא ידעינן בכמה חשיב מים ומאימתי יהי' טעם יין ולא נעשה בו שיעור מדעתנו ועוד שפירש שם לשון אחר שנותנים בו מים כשסוחטין אותו לטבול בו ומערבין בו מים ולפ"ז לא מוכח מידי במשקה שבתוכו. מ"ר:

חומץ שלנו ביד עובד כוכבים אין צריך חותם בתוך חותם. ק"ל דמשמע הא יין צריך חב"ח הא קי"ל כר"א דלא חיישינן לזיופא ושרי בחותם אחד כדאמר בפ' בתרא בגמרא היה אוכל על שלחנו (דף ס"ט:) דקאמר והשתא דקי"ל כר"א וכו' מ"מ לא מותבינן חמרא ביד עובד כוכבים וכו' ואו"ד דרב אשי נקיט מילתי' אליבא דרבנן דר"א דבעו חותם [בתוך חותם] בשמעתין דלקמן או הוא בעצמו סובר כרבנן, וכן רבא משמע לקמן בשמעתין דסובר כרבנן דמפרש ה"ד חב"ח וכו'. ודוחק דרב אשי שהוא בתרא כ"כ יסבור דלא כסתם התלמוד דלקמן. וגם ק"ל אי אליבא דרבנן נקיט מילתי' אע"ג כר"א ס"ל דהא הוה מצי לפרושי מתני' אליבא דהלכתא כדפריך דחומץ שלנו אם נגע בו עובד כוכבים אינו נאסר בכך. ונ"ל דהיכא דישראל שולח יין ביד גוי מעיר לעיר לחבירו ואינו עתיד להכיר חותמו קודם שנפתח אז צריך חב"ח אפי' לר"א כמו שאפרש לקמן בשמעתין גבי הלכה כר"א. ולפ"ז אתי שפיר נמי הכא דהוה שפיר מלתא דר"א דהכא אליבא דהלכתא:

דף ל' ע"א) **אלונטית** כברייתה מותר. פירש"י כברייתה שלא היתה תחילתה יין ביד גוי אלא לקחה עשויה מיד ישראל דתו לא מנסך לה. וקשה לר' לפי"ז דהא שמעינן לי' מרישא דקתני יין מבושל ואלונטית ש"ג אסורין, דע"כ אתי לאשמעינן דוקא ש"ג אסור הא של ישראל ביד גוי א"צ חב"ח, אלמא שמעינן דתו לא מנסך ליה במגעו אחר שנעשים אלונטית, דכה"ג דייק לעיל גבי יין מבושל וגבי חומץ, וא"כ למה הוצרך לשנות הך סיפא דאלונטית כברייתה מותרת. וא"ת שאינו אלא כופל דבריו דדוקא ש"ג אסורין, אבל של ישראל ביד גוי מותרת זה אינו נראה דלמה לו לסיים כפילות באלונטות טפי מביין מבושל דאיירי בי' ברישא. ועוד דבתוספתא קתני בהדיא יין מבושל ואלונטית ש"ג אסורין מפני שתחילתה יין אלונטית כברייתה מותרת ומדמסיק מפני שתחילתה יין ש"מ דאתא למידק הא ש"י ביד גוי מותרת, דלא תקשה כדפריך לעיל פשיטא משום דעבדי' אלונטית פקע לי' שם איסור י"נ מיני'. ובלא ההיא התוספתא קשה גם על ברייתא דהכא רק שעל לשון התוספתא קשה משום דמפרשי טעמא בהדיא דשהיה מתחילתו יין. ועוד קשה לר"ת דלשון אלונטית כברייתה לא משמע כפירש"י ועוד דקאמר בפ"ק דחולין (דף ו.) יין לתת לתוך המוריים או לתוך אלונטית משמע. שכבר היה שמה אלונטית לפני נתינת היין ושמעינן דכברייתה

היא

היא בלא יין, ע"כ נראה לר' יעקב לפרש אלונטית כברייתה כמו שעושין אותה הרבה ביחד לעמוד לימים רבים ואין נותנין בו יין דמיסרי סרי ולא תתקיים והלכך אלונטית ש"נ כברייתה מותרת דודאי לא עירב בה חמרא כי בשעה שרוצין לשתות מערבין שם יין כדקתני יין לתת לתוך אלונטית. ור"ש הביא ראיה בחולין מהך מילתא דאלונטית כברייתה דאין בה תורת ניסוך מגע גוי, שהיין שנותניו בתבשיל ונוגע בו גוי קודם שנתבשל היין אינו נאסר במגע דהא אלונטית שהיא ממים צלולין ואפרסמון אין נאסר היין הנותן עמהם אם נוגע בו הגוי אח"כ. ואו"ר שגם לפי פירוש אמת היא דיש לדקדק היתר זה מרישא ומן התוספתי' דאסרא אלונטית ש"נ מפני שתחילתי' יין. דאתא למידק הא של ישראל ביד גוי מותר אלמא לא מנסך לי'.. ואעפ"כ העולם נוהגין לכתחילה להחמיר להרתיח התבשיל טרם יגע בו גוי, מ"ר:

יין מזוג אין בו משום גילוי יין מבושל אין בו משום יי"נ. ה"ג ול"ג יין ישן ויין מבושל אין בו משום יי"נ דא"כ היה מוכח מילתא מדלא ערבינהו ותנגהו גם לענין גילוי דס"ל דיין מבושל יש בו משום גילוי וכו' ולא מייתי הך מילתא כלל. מ"ר.

ד"אי חמרא דאקרים עד תלתא יומא יש בו משום גילוי. נראה דגרס [תלתא] ול"ג עד תלתין יומין דבפ' המוכר פירות סב"ב (דף צו.) איכא פלוגתא גבי שלשה ימים ודאי מכאן ואילך ספק דאיכא דמפרש כל שלשה ימים הראשונים ודאי מכאן ואילך ספק אם הוא חומץ ואיכא דמפרשי כל ג' האחרונים ודאי חומץ קודם לכן ספק והך מילתא דלענין גילוי חשיב לי' חומץ בג' ימים אחר שהקרים מצי אתיא ככ"ע אבל תלתין אין סברא שיהיה שום שיעור לענין חומץ:

(דף ל' ע"ב) **השחליים** אין בהן משום גילוי. קרשין בלע"ז כדפירשי'. וקשה לר' דאמר בסוף נדרים (דף צא) דאכיל ההוא חויא תחלי וקאסר לא תיכול מהלין תחלו דטעמינן חויא ואין נראה לר' לפרש דשחליים דהכא זהו מאכל א' דגריסין. כדאמר לקמן בפ' בתרא (לקמן סז.) גבי חומץ שנפל לתוך גריסין. וכך היו עושין בערבי שבתות בציפורי שהיו נותנין חומץ לתוך גריסין ומרתיחין אותו וקורין אותו שחליים דאילו הגי לא מיקרי שחליים עד אחר נתינת החומץ. והכא קרי לי' שחליים ומיירי דלית בהו חלא כדקאמר בסמוך. וי"ל דאע"ג דבנדרים דטעמינון חויא לא תקשה מידי לת"ק דהכא דהא אפי' בדבר שאין בו משום גילוי פעמים שיארע כך שהנחש אוכל ממנו כדקאמר בסמוך גב כותח הבבלי אין בו משום גילוי אי אית בי' ניקורי חיישינן דלפעמים אוכל ממנו אבל אינו רגילות ובלאו הכי נמי לא הוה קשה כ"כ מאחר דלבני גולה אמרינן הכא דיש בהן משום גילוי, אלמא ס"ל לבני גולה דנחש אוכל מהן. והני שחליים מיירי כגון שהם כחושים או תבשיל של שחליים דאילו ירק יבש אין נראה דשייך בהו גילוי:

פ' תאנה אין בה משום גילוי. ואית מ"ש מהא דאמר בפ"ק דחולין (דף ט.) ראה צפור מנקר בתאינה ועכבר מנקר באבטיח חוששין שמא במקום נקב נקבו מ"ש דהכא שרינן. וי"ל דהתם יש ריעותא דחזינן ניקר ואין ידוע אם הצפור עשאה או הנחש אבל הכא דליכא ריעותא שרי, מ"ר:

לא בהמתו ולא בהמת חבירו. ותימא דלא דייק הכא בהמתו אמרת אין בהמת חבירו מבעיא ואו"ר דהכא כ"ל ותני שניהן ביחד ולא דייקינן הכא כהני, וכן נקל הלשון לשנות תחילה בהמתו:

ומטמא טומאה חמורה בכזית. וק"ל אמאי לא אמרינן בה רביעית מטעם דיכול לקרוש ולעמוד על כזית כדאמר בריש המוציא בשבת כשטימאו ב"ה בדם נבילות לא טימאו אלא ברביעית הואיל ויכול לקרוש ולעמוד על כזית, והוי כר"ת נבילה וה"נ הו"ל להצריך רביעית שיכול לעמוד על כזית קרוש כמו כזית בשר תקרובת. וצ"ע אי איכא פלוגתא בהכי. ור' אומר שיש לנו לטמא בכזית יין לח מטעם תקרובת כמו כזית זבח:

ומטמא טומאת משקין ברביעית. פירש"י מטמא טומאת אוכלין ומשקין בתורת משקין טמאין כשרץ, שאינו מטמא אדם וכלים אלא אוכלין ומשקין, ושיעורו לקבל טומאה ברביעית הלוג ככל טומאת משקין. זה לשונו ומשמע שסובר שאין שום טומאה חדשה לסתם יינם מגופו כ"א במגע טומאה כמו כל שאר משקין. וקשה לר' מה לו לשנות זה גבי סתם יינם דמטמא טומאת משקין אם נוגע בטומאה פשיטא מי גרע משאר משקין ובזה י"ל דלאו משום חומרא דיי"נ תניא אלא לשנות דין יי"נ של איסור דהאי מטמא מעצמו בכזית בלא מגע. והאי אין לו רק טומאת משקין ברביעית. אבל עוד קשה לר' דטומאת משקין הוי בפחות מרביעית בכל מקום כדפריך בפ"ק דפסחים (דף יז:) דקאמר התם גבי משקין בית מטבחיא דכן ל"ש אלא ברביעית ובקרקע דחזו להטביל מחטין וצינורת אבל פחות מרביעית טמאין. ואפי' לטמא אחרים משמע התם דמטמא

בפחות

בפחות מרביעית ואפי' מה"ת גמרי מימיהם של כהגים לא נטנעו. כו' דמסיק הב"ע דאיכא משקין בהדי בשר דמיטמא בשר ע"י משקין ולא מיירי מידי התם שיהא הבשר מלוח שיש בו התרה משקין אלא דממילא יש משקה טופח על הבשר שנרחץ במים וכשנשרפין יחד נוגעין זב"ז ואין רגילות להיות בזה רביעית ועוד ראיה דאמר בפ' אלו דברים בברכות (דף נ"ב.) גזירי משום משקין שיצאו מאחורי הכוס ויחזרו ויטמאו את הידים אלמא שי"מ שיש טומאה למשקי' בפחות מרביעית ואפי' לטמא אחרים. והלכך נראה לר' דמיירי הכא בחומרא דסתם יינם דמעצמו יש לו טומאה ברביעית בלא מגע שום טומאה ומשום דטומאתן היא מדרבנן הקילו בו להצריך רביעית. וכן מפרש בההוא דחלב ודמעות עיניו ודם מגופתו מטמאין טומאת משקין ברביעית כדאיתא בפ' דם הנדה (דף נב:) גבי משקין בזב דקשה לר' למה צריך רביעית הא משקה יש לו טומאה בפחות מרביעית כדפרישית. וגם קשה לר' דקאמר בפ' כיסוי הדם (דף פו:) זב דלא בדילו מיני' גזרו בי' רבנן שיהי' המשקין היוצאים ממנו כמשקין שנוגע בהן גבי חלב האשה ודמעת עינו ודם מגופתו ומה גזירה יש כאן והלא מה"ת מטמאין טומאת משקין שהם משקה כדדריש בפ' ד"ה מקרא וא"כ ממילא הם טמאין ותירץ ר' דאינם משקה אלא מדרבנן וקראי אסמכתא בעלמא והואיל ומדרבנן הם עיקר טומאתן לא החמירו בהן בפחות מרביעית, מיהו ק"ל בסתם יינם דהכא מה שייך לגזור טומאה ממילא היא טמא במגע עובד כוכבים או בכלי הגוי שהגוים כזבים לכ"ד ועוד כיון שנגע בו הגוי העובד כוכבים אפי' בפחות מרביעית יש לו טומאה כדפי' דיש טומאה למשקין בפחות מרביעית אפי' בטומאת ידים המטמאים משקין וכ"ש בטומאת עובד כוכבים שהוא כזב ואו"ד דסתם יינם דהכא הוצרך לגזור בו טומאה כגון של גוי פחות מבן ט' דמסיק לקמן בפרקין (דף לו:) דאינו כזב עד שיהא בן ט' דאמר הנח דבריי ואחוז דברי ר' חייא וכו' אימתי מטמאין בזיבה מבן ט' שנים ויום א' ומיהו קשה לר' על מה שפירש שחלב האשה מטמאה טומאת משקין ברביעית דהא בכריתות בפ' דם שחיטה אמרינן טיפת המלוכלכות עם הדד מטמאה את התנור ולהכי אשה שנטף חלב מדדי' התנור טמא. ואותיה סוגיא דכריתות מפורש בליקוטיין ואו"ד דלענין טומאת חולין לא גזרו עליו טומאת כ"ש ובההוא שינויא אתיא נמי שפיר ההוא דמס' חגיגה (דף כ.) דניטה נפסקה וקשרתי' בפה אפי' באשה שאינה נדה כדמשמע התם דלא אמרה נדה הייתי כדאמר גבי מלתא אחריתי התם נדה משכה עמי בחבל דהתם נמי קשה כמו בכריתות ולמה נטמאת המפה ברוקי פה הטהורה בפחות מרביעית כיון דאין טומאת חלב אשה וכיוצא בה אפי' בזב אלא מדרבנן משום דלאו משקה חשיבו. וה"נ רוק דטהור אע"ג דמעין היא אין חשיב יותר משקה וכיון דטומאה דרבנן היא הי' לנו להצריך רביעית והשתא ניחא דאותה מפה היתה אשה רוצה שתהא על טהרת הקודש ושייך שפיר לטמא התם משקה פיה בפחות מרביעית ועוד הארכת' בפ"ב דנדה גבי דם חללים. וא"ת אמאי לא חשיב הך דהכא ודחלב האשה ודמעת עינו ודם מגופתו דמטמא טומאת משקין ברביעית בנזיר (דף לח.) גבי י' רביעית הן ה' חיורתא וה' סומקתא. וא"ל דמילי דרבנן לא חשוב התם דהא חשוב פסול גויה דהוה מדרבנן כדאיתא בפ' בתרא דיומא וי"ל דכל עניני טומאת משקין ברביעית הוה בכלל פסול גויה דברביעית ולא חש למנות כל עניני' טומאת משקין דברביעית. וק"ל לפיר"ת דטעמא דגזרו חכמים טומאת פסול גויה לא שייך מידי לגזרת י"ח דבר דהאוכל ראשון ואוכל שני וכו' בפ"ק דשבת. דמפרש התם דלמא אכול אוכלין טמאין ושדי לפומי'. אלא ה"ט דפסיל גויה שלא יבוא לטמאות תרומה בידים אם תתיר לאכול תרומה אחר אוכלין ומשקין טמאין שיאמר מה לי מטמאה בידיו מ"ל מטמאה במעיו. וקשה השתא למה הצריכו רביעית לפסול את הגויה והלא ברוב טומאות במשקין לא בעו רביעית כדפי' וי"ל כיון שיש טומאות דרבנן דבעו רביעית לא החמירו לפסול גויה שהיא כמו כן מדרבנן לטמא בפחות מרביעית נ"ל:

(דף לא ע"א) **אסור** בשתיה ומותר בהנאה. ואי קשיא אי מוקי לה בחותם א' היכי אסור בשתיה האמר לעיל כיון דאיכא חותם א' לא טרח ומזייף גבי חומץ כיון דאינו ראוי לניסוך משום דלא כל הימנך שתאסר ייני לאונסי. וא"ת אבתי תיקשו כיון דחיישת לזיוף כדי לנסך, ועי"כ אתה אוסרו בשתיה כדפי' שמא זייף חותמו לנסכו, מעתה ניחוש לאיחלופי כאילו אין בו חותם לאסור בהגאה וי"ל דכולי האי לא חיישינן לאוסרו בהנאה שניחוש שזייף דחותם ונסכו ושהה מלתקן החותם עד שהחליפו. ואח"כ חזר ותיקן החותם כולי האי לא חיישינן להחמיר לאוסרו בהנאה הואיל וכל עיקר סתם יינם אינם אלא מדרבנן ולא חיישינן מה"ת לניסוך, מ"ר:

הלכה כר' אילעא (א) תימא דרב גופי' אמר לקמן

(א) סליעאי כצ"ל.

תוספות מסכת ע"ז ר' אלחנן לה

לקמן בפרקין חבי"ת אסור בחותם א' חל"ב בש"ר יין תכל"ת. והכא פסיק כר"א דיין מותר בחותם א'. ותירץ ר"ת דלקמן מיירי בישראל חשוד דמתוך שהוא חשוד ובוטח שיסמכו עליו ויאמינוהו לא מירתת כ"כ, ולא כפירש"י דמוקי לה לקמן בגוי אלא בישראל חשוד מיירי וכולה שמעתא דלקמן מיירי בהדיא בישראל חשוד ובסוגיא דבסמוך דקאמר ה"ד חב"ח אמר רבא אגנא אפומא דחביתא וכו' ושקיל וטרי בה טובא בדיני חב"ח ותימא לר' מה לי לדקדק כ"ז דלא כהלכתא והלא קי"ל כר"א דשרי בחותם א' וכדפריך נמי תלמודא בפ' בתרא (דף סט:) גמר' היה אוכל עמו על השלחן והאידנא דקי"ל כר' אילעא וכו' וי"ל דשמא רבא דבסמוך סובר כרבנן אבל האמוראים האחרונים ותלמודא דלקמן תופסים עיקר מה שפוסק רב כר"א, א"נ אליבא דרבנן קמפרש ה"ד חבי"ת וג"מ לישראל חשוד אליבא דהלכתא אע"ג דבהך שמעתא לא איירו בישראל חשוד: מ"ר. ונ"ל לפרש דלק"מ דרב אדרב דלקמן וגם סוגיא דחב"ח דלקמן הוה שפיר כהלכתא וההוא דאסר רב לקמן חבי"ת בחותם א' וכן הא דדייק בסמוך ה"ד חב"ח זה כששולח לחבירו ואינו עתיד להכיר החותם שאז יש לחוש לזיוף אבל כששולח לביתו ולא יסירו החותם עד שישוב הוא לביתו ויכיר חותמו אז מותר אפי' בחו"א כר"א ולא חיישינן לזיופא דאי איתא דזייף מידע ידוע ויכיר יפה. ובהלכות פסוקות דר"ב יהודא"ה מוקי נמי להך דחבי"ת בגוי. וגם בירושלמי ראיתי דהך שמעתתא טלתא דרב דחבי"ת אסור בח"א גבי הך סוגיא דגוי ואינו מזכיר ישראל חשוד כלל. ומיהו לפי פי' זה יש להחמיר שלא לשלוח יין לחבירו מעיר לעיר בח"א כיון שאין המשלח עתיד להכיר החותם דהא לא שרינן בח"א כר"א אלא ע"י שהוא מכיר חותמו וסתמו כדפרישית. אבל יש למצוא היתר ע"י שיודיע לחבירו בכתב כך וכך סימן עשיתי ויודיע לגוי שמודיע לחבירו את החותם והשתא מירתת הגוי טובא. ובענין זה יש להתיר אפי' בח"א שהרי הישראל יכירוהו כמו שהודיעו חבירו את הענין וגם הגוי מחשב בלבו שהישראל הודיע לחבירו כל הענין. ועוד אור"ר דשמא מה שרגילין לעשות שולים שנים לחביות ושבירת הברזות חושב חב"ח וכן מה שסותמין יפה יפה נקב עליון של מגופת חביות ואח"כ מחברין עליו עור קבוע במסמרות וכיוצא בו יכול להיות חשוב חב"ח. והשתא ניחא נמי דנקיט רב אשי לעיל הא קמ"ל חומץ שלנו ביד גוי א"צ חב"ח דמשמע הא יין צריך חב"ח ביד גוי דהוי שפיר אליבא דהלכתא לפ"ז כדפירשתי נמי לעיל ובהא ניחא נמי הא דבסוף פ' בתרא קאמר לקמן (דף עד:) רבא כי הוה משדר גולפי להרפניא צייר להו אפומייהו וחתים להו אבירצייהו ופירש"י שם דהוה חב"ח כדסקיא ופי' למטה דבסמוך. וק"ל דמשמע לכאורה דההיא מעשה דרבא הוה כהלכתא וליכא מאן דפליג עליה התם ואמאי והא קי"ל כר"א דא"צ חב"ח אפי' ביין וכ"ש בגולפי בלא יין דבהו מיירי לקמן מדמצריך לומר טעמא דכל שמכניסו לקיום אפי' לפי שעה גזרו בהו רבנן. ולפי מה שפירשתי הוה שפיר כהלכתא דאליבא דהלכתא בעינן שפיר חב"ח רק במקום שמכיר חותמו וסתמו. נ"ל. מיהו על פירש"י דלקמן דהוה חב"ח מה שהי' עושה רבא בגולפי ריקניות קשה לר' דלא מצרכינן מסתמא חבי"ת אלא ביין שראוי לנסך אבל בגולפי ריקניות דלא שייך בהו ניסוך לא עדיפא מחומץ דלעיל דמותר בח"א. וזה י"ל דל"ד לחומץ דחומץ אינו נאסר במגע גוי ולשמא יערב בו יין אין לחוש אבל גולפי יש לחוש שמא ישום גוי בו יין ואז יהי' אסירין כדין קנקנים ש"ג. ומתוך הך דלקמן דרבא כי הוה משדר גולפי וכו' נ"ל שיש להחמיר בשולח חביות ריקניות מעיר לעיר לחבירו להצריך לכל הפחות ח"א אפי' הדחו יפה במים תחילה ולפירושי חב"ח כשאינו עתיד להכיר חותמו לפי פי' שפירשתי לעיל בסמוך דהא בגולפי ריקניות מיירי כדפרישית, והיה חותם שלא ישים הגוי בהם יין. ואו"ר דשמא יש חילוק בין חביות גדולות לגולפי דחביות שלנו אין רגילות ליתן בהם יין לפי שעה כששולחין אותן ביד הגוי מעיר לעיר אפי' שהה בביתו מעט וצריך ראיה אם בא ע"י חילוק זה וצ"ע. ורבי' שמואל מחק מן הפירושים בההוא דגולפי דלקמן והגיה כך סחיף להו אפומייהו כופה אותם שולידם למעלה ופיהם למטה ולא משום חבי"ת שהרי לא הי' נותנין בדסקיא אלא על שולי הספינה או בקרון הם סדורין ומוקפין זה אצל זה ושת גביהן בטיט ומחברן יחד כדי שלא יוכל גוי לזוקפן וליתן לתוכן יין אחר היא דאיכא, ואני' ראיתי' תשובת רבי' יצחק בר' יהודה שהשיב לרש"י על ששאלו ששמע שהיה אוסר לשלוח חביות יין שלנו מעיר לעיר ע"י גוים בחותם והיה תמיה אם אמת הדבר כי ההלכה מתרת והשיב לו כי בחביות שלנו העשוים מנסרים ויש הפסק בין נסר לנסר יש לחוש שמא יוציא הגוי יין דרך הסדקים ולא מינכר ולכך יש להחמיר, אבל חביות וגולפי שבתלמוד היו של חרס וליכא למיחש לזיופא כיון שפיהם צייר וחתום. ואולם נהגו בכל מקומותינו להקל לשלוח מעיר לעיר בחותם בלא ישראל

ישראל. ויש שמחמירין וממלאים כל אורך החביות שקורין ציקל"ש בלע"ז ומעט הם. ואמנם יש שמקילים לשלוח בלא שולים כפולים ע"י שנותנין חישוק א' להקיף את שולי החביות סביב לכסות סדק שבין הנסרים של אורך החבית לשולים ולא ישר בעיני ר' להקיל כ"כ זרוב פעמים נארעות להם ספיקות של איסור ביינם ע"י קולא זאת. וע"כ נכון לחתוך כל הברזות ולעשות שולים כפולים ולסתום יפה המגופה ולכסותו בעור קבוע במסמרות או דף קבוע במסמרות ולא ימוט:

ול"פ הא ר"א הא רבנן. וא"ת א"כ פליגו ופליגו וי"ל דל"פ אליבא דחד תנא אלא מר סבר כר"א ומר סבר כרבנן. א"נ ל"פ בסברת עצמן כלל אלא מר מפרש מילתא דר"א ומר מפרש מילתא דרבנן וגם יש לפרש דל"פ ותרווייהו ס"ל כהלכתא כמו שפסק רב כר"א דלא (א) מפרשים מר דר"א ומר דרבנן כדפרישית אבל תימא האר"א בפ"ק דנדה (דף ח'.) הלכה כר"א בארבע ומוכח התם דר' אלעזר קאמר דוקא בארבע ולא מיירי בסדר טהרות לחודיי מ"ר. ונ"ל דכי היכי דמשני התם על מילתא אחריתי ההוא משום דסבר ר"מ בן שמוע כותי' ה"נ איכא למימר הכא דסבר ר"א כותי' דשרי ר"מ במפתח וחותם ביד ישראל בברייתא דלקמן בסוף פ' ר' ישמעאל (דף סא.) בברייתא אחד הלוקח ואחד השוכר וכו' והיינו מפתח וחותם כמו בברייתא דר"א דהכא ורבנן פליגו עלי' דר"א לקמן ומודה ר':

ור' יוחנן אמר אפי' יין נמי משתמר חב"ח ולא בעי שומר. ותימא לי דלקמן בסוף פ' ר' ישמעאל (שם) בחצר אחרת מותר והוא שמפתח וחותם בידו וכו' דברי ר"מ וחכמים אוסרים לעולם אסור עד שיהא יושב ומשמר ומדקתני רבנן פליגו אדר"מ ובעי שומר משמע דס"ל דחב"ח לא מהני דלא כר"י דהכא דא"כ לתני חב"ח וכ"ש שומר דהא הכא אסר ר' (ב) בחב"ח ושרי ע"י שומר וה"ה ממונה הבא לקיצין כדקתני התם פי' יוצא ונכנס, להכי תני שומר, ותרווייהו כרבנן. וא"ת מנ"ל דתרווייהו כרבנן לימא דמוקמי מפתח וחותם דבריתא דפלוגתא דר"א ורבנן דהיינו מפתח וחותם ומועיל לר"א דהיינו חב"ח, והאי דמצריך ר"א שומר, זהו לרבנן דר"א, ור"י דאמר דביין נמי מועיל חב"ח לר"א קאמר או לרבנן ומפרש הברייתא כמשמעה דמפתח או חותם וי"ל דפשיטא לי' לתלמודא דמפתח וחותם דברייתא זהו מפתח או חותם מדלא נקט שני מפתחות או שני חותמות והלכך פשיטא דבחותם א' שרי ר"א לכ"ע, מ"ר:

שריקא וחתומא. שריקה וחתימה וכן צייר וכן חתום דבסמוך צייר וגם חתום:

נוד בדוסקיא ופיה למטה הוי חב"ח כן נ"ל לר' דגרסי' ופיה למטה פיה של דוסקיא למטה ונמצא פי הנוד למעלה מכוסה בשולי הדוסקיא דאי גרס פיו למטה כדפירש"י פיו של נוד למטה לא מסתבר הכא דאין דרך נושא נוד של יין שישים פיו למטה שאעפ"י שהכל סתום יפה אין רגילות לשים פי הכלי למטה שהיא מלא:

חזרו לומר חביות פתוחות אסורות סתומות מותרות. וא"ת אין לך סתומות שלא היו מתחילה פתוחות ודוחק היא לומר שהי' ישראל שומר עד שנסתמו אלא נראה לר' שכל חבית שדעתו לסותמו הוא מקפיד על מגע גוי בין הגייתו בה ועושה בהכשר גמור כישראל וטעמא משום שדעתו למכור לישראל ואינו רוצה שיהא ישראל חושדו כלל בחביות סתומות המתקיימות הרבה אבל בפתוחות שאינן עומדות כ"א לפי שעה אינו חושש. מ"ר:

וסתומות מותרות ורמינהו וכו'. ופשיטא לי' לתלמודא דאם מקפיד על סתומות שלו על מגע גוי. כמו כן מקפיד על סתומות שלנו שבידו:

(דף ל"ט ע"ב) **השולח** חבית של יין ביד כותי ושל ציר ומוריים ביד גוי ומפתח וחותם ביד ישראל אם מכיר חותמו וסתמו מותר וכו'. מדקדק ר' מדקתני יין ביד כותי וציר ומוריים ביד גוי ואילו יין ביד גוי לא קתני ש"מ דביין ביד גוי אפי' מכיר חותמו וסתמו אסור כיון דליכא אלא חותם א'. והך ברייתא רבנן היא דאמו לר"א שרינן אפי' יין בח"א. וא"ת תיקשי מהכי לאיכא דאמרי לעיל דאמרו ותרווייהו כרבנן וקאמר ר"א הכל משתמר חב"ח חוץ מן היין אלמא בשאר מילי בעי חב"ח והכא משמע דבחותם א' סגי בשאר מילי לרבנן כגון ציר ומוריים ביד גוי וכמו כן תיקשי לר' יוהנן דלאיכא דאמרי דאמרו אפי' יין נמי משתמר חב"ח וכ"ש שאר מילי והך ברייתא דהכא מוכחה דבשאר מילי לא בעי חב"ח. וי"ל דבשאר מילי דמצריך בהו לעיל חב"ח בלאו יין הג"ם כגון דחשוב לקמן בהדי' יין כדאמר רב חבית אסור בח"א חל"ב בשי"ר יין תכל"ת אבל חמפ"נ מותר בח"א חילתי"ת מוריים פ"ת גבינ"ה והלכך מוריים דקתני בהך ברייתא הוי ממילי דשרי לקמן בח"א ולעיל לא

(א) סלס. (ב) כצי סלעזר.

לא מיירי במוריים נבי הכל משתמר חב"ח וכו' מ"ר:

אם מכיר חותמו וסתמו מותר ואם לאו אסור. ויש תימא עכשיו כששולחין חבית מעיר לעיר מלאות יין ששולח אחד לחבירו היכי שרי כיון שאין המשלח שם ואינו מכיר חותמו וסתמו. ואו"ר שהיה אומר ר"ת שיש שנוהגין להודיע למי ששולחין לו היין ענין החותם דהוה כמכיר החותם וסתמו. ושוב אומר ר"ת דהך ברייתא אתיא דוקא כרבנן אבל לר"א דלא חייש לזיופא ולא קאמר דשרי בחותם א' אלא דלא חייש לזיופא משום דקים לי' לתלמודא דלא חייש ר"א לזיופא כלל ולא תלינן שזייף הגוי אפי' לא הכיר את החותם אותו שעשאו וקשה על טעם זה נהי דודאי הכי דהך בריתא כרבנן ולא כר"א כדפריך לעיל בסמוך ומנקיט יין ביד כותי צ"ר ומוריים ביד גוי ולא נקיט יין ביד גוי מ"מ מדרבנן נשמע לר"א דהא לא מקיל ר"א יותר ביין ביד גוי ממה שמקילים רבנן בצ"ר ומוריים ביד גוי ומדחזינן לרבנן בצ"ר ומוריים ביד גוי דאע"ג דסגי בח"א בעינן שיכיר חותמו וסתמו והי"ה לר"א ביין ביד גוי. ואין נכון לומר דדוקא רבנן שמחמירין ביין ביד גוי להצריך חב"ח מחמירי גם בדברים שא"צ רק ח"א שיצטרך להכיר חותמו וסתמו אבל לר"א שמקיל לא יצטרך בשום מקום להכיר חותמו וסתמו דהא מנ"ל והלכך נכון להודיע לחבירו החותם ומראהו ומשפטו כדפרישית נמי לעיל גבי הלכה כר"א מ"ר. ואעפ"כ לא הי' ר' אוסר יין בשתיה של איתן שמקילין הואיל ומנהג העולם להקל. ועוד או"ר דהוה מצי למימר דלא בעי ממש יכיר חותמו וסתמו הכא ולא אתא אלא למימר דאם אינו מכירו אסור דאיכא ריעותי' שהוא רואהו ואינו מכירו אבל אם לא בא לפנינו כלל מותר דמסתמא אין לו לומר שמזייפו הגוי ור"ל אם מכיר חותמו וסתמו שאין שום הוכחה שאינו מכירו מותר ואם לאו שאנו רואים שאינו מכירו אסור מיהו לישנא לא מ"ה:

אלא אמר רב ירמיה בין הגתות שנו. אינו סותר דתירוצא דלעיל דפתוחות וסתומות, אלא כשהאמורא עצמו שהקשה אומר התירוץ רגיל לומר אלא:

מפני מה אסרו שכר של גוים. ותימא דקאמר מ"מ אסרו שכר של גוים היכן מצינו איסורו לא במשנה ולא בברייתא ובמתני' לא חשיב גבי האסורין באכילה. וה"נ הוה שתי לי' ר"פ אבבא דחנואתא ואור"ת דודאי לא מצינו איסורו לא במשנה ולא בברייתא אלא בימי האמוראים אסרוהו משום גילוי למאן דאית ליה ומשום חתנות למאן דאית ליה. ות"ל דלמאן דאסר לי' משום גילוי הרי היה אסור מקמי התנאים שאסיר גילוי ובנינות הגוים דאסרינן במשנה מפרש ר' יהושע בן לוי לקמן (דף ל"ה.) טעמא משום גילוי וזה מסתמא הי' ידוע לאמוראים אם היה אסור בימי התנאים או אם אסר להו מקרוב בימי האמוראים ואם מקרוב אסרוהו איך יכול לומר משום גילוי וי"ל דמתחלה לא נתנו לב לאוסרו משום גילוי דאנן נמי מגלינן כדפי' תלמודא ולא תיקנו לאוסרו באתרא דמצלו (א) מ"א או הי' סוברים דאפי' באתרא דמצלו מ"א אין רגיל הנחש לשתות ממנו דההיא ודאי משמע דמ"ד משום חתנות לא חייש לטעמא דגילוי כלל אפי' באתרא דמצלו מ"א. ולבסוף החמירו לאיסרו משום גילוי ותדע דבנבינות הגוים נמי קאמר לקמן גזירה חדשה היא ואין מספקפקין בה ואע"ה איכא מפרש טעמא משום ניקור דמתחילה לא החמירו לקבוע האיסור בנבינת הגוים ע"כ אלא החכם ישמור עצמו ולבסוף קבעו בו איסור כשאר איסורים ואם אסרו אפי' יבישה מפני אי"ם העומד בין הנקב כדמפרש בירושלמי כמו שאפרש שם בעו"ה:

באתרא דמצלו מ"א. וא"ת לרב דאמר לעיל (דף ל'.) דאמנקורותא קפדי היאך אסור משום גילוי הא י"ב שתי מ"א מבי ארמאה ובסמוך מוכח דרב אית לי' טעמא משום גילוי. וי"ל דשכר אין מקפידין על גילוי משום נקיות בשעת עשייתו וגם אח"כ שרגיל להתישב ולהתצלל מ"ר. ומיהו דקאמר אי דחביתא אנן נמי מגלינן אין ראיה כ"כ שרגילין להניחו תמיד מגולה ואין חוששין למנקורתא דהא איכא למימר אנן נמי מגלינן ולא חיישינן לנח"ש אבל משום נקיות יכול להיות שמכסין אותו רוב פעמים:

באתרא דמצלו מ"א. ואו"ר דאיירי בדנהו ד"לא רמי בי' כשותא, דהא בסמוך סבור רב משום גילוי ושרי משום מררא דכשותא וכו'. ומיהו קשה לי מאי פריך אנן נמי מגלינן, הא איכא מררא דכשותא שהרי הם הי' רגילים להטיל כשותא בשכר כההיא דהמפקיד (דף מ"ב) וכדאמר רב בסמוך סתמא האי שכ"א דארמאה שוי וי"ל דה"פ אנן נמי מגלינן אפי' כי ליתא כשותא. וקצת היה דומה לומר שרב היה חולק על איסור שכר ש"נ. ושאר אמוראי דאסרו משום גילוי אפי' איכא כשותא. ובהך סברא פליג רב עליהם. ולהכי קאמר סתמא. האי שכרא דארמאה

שוי

(א) דלא מגלי כלי"ל

שרי ולא הוצרך לפרש האי שכרא דארמאה דאית ביה כשותא שרי, נ"ל וצ"ע:

גזירה ישן אטו חדש. ותימא לי לקמן (דף ל"ח) גבי גבינות הגוים מפרש טעמא משום ניקור ופריך יבישה תשתרי, אמאי לא משני גזירה יבישה אטו לחה וישינה אטו חדשה. וא"ר דגבינה ניכרת כשהיא יבישה ולא שייך למיגזר כמו בשכר. וא"ת בדברים שלנו שנתגלה דקאמר ישן מותר יבש אסור אמאי לא גזרינן בהו ישן אטו חדש כדברים שאין ניכרין בין ישן לחדש כמו שכר דהכא הא לאו קושיא דהא קחזינן לי' כשהוא ישן או כשהוא חדש ולא אתי למיטעי ביה:

רב פפא מפקי לי' אבבא דחנותא ושתי רב אחאי מייתי ליה לביתי' וכו' אע"ג דמשום חתנות קאסרו ליה לא החמירו בו כמו בפת דאסור משום בנותיהן ואסור אפי' בבית ישראל דלא אתי לידי חתנות כ"כ מ"מ מדסברי הני אמוראי בתראי דטעמא משום חתנות יש לנהוג בו איסור עכשיו שלא לשתותו בבית הגוי דאפי' שרית ליה אבבא דחנות כר"פ משום דבשל סופרים הלך אחר המקיל מ"מ בבית מ"מ אסור. ומיהו אם נתאכסן בבית ושולח להביא לו שכר מבית החנוני מותר דהוה כמו בביתו של ישראל ותימא לי על מה שמקילין בארץ ההיא להרגיל לשתות שכר העובד כוכבים ועמהן דבהדיא משמע דהלכתא כהנהו אמוראי דאסרו לי' משום חתנות ואולי הואיל והיה איבה גדולה מרובה אם הי' נמנעין אין להחמיר כ"כ מ"ר. או שמא לא אסרינן אלא כשהולך בבית הגוי כדי לשתות אבל אם הוא בא בבית הגוי והוא נותן לו לשתות זה אינו כ"כ שנחמיר בענין זה א"נ שמא בבית החנוני דוקא אסרינן שהכל מצויין שם ואיכא קריבי דעתא טפי כדקאמר מפקי ליה אבבא דחנותא לאפוקי תוך החנות אבל בבית אחר לא ומייתי ליה לביתי' דקאמר ברב אחאי לאו דוקא צריך לבית שלו אלא לאפוקי בבא דחנותא קאמר:

ומשום חתנות. וק"ל מ"ש מדבש ש"נ דשרי במשנה באכילה והיינו משקה של דבש שקורין מי"ן, כדאמר לקמן (דף ל"ט.) אי משום בשולי גוים נאכל כמו שהוא חי ואמאי לא גזרו משום חתנות ונ"ל דלא שכיח כ"כ כמו שכר ולכך לא גזרו בו ומה"ט נמי היה שמא להתיר במקומות שאין שכר מצוי דמה לי שכר מ"ל דבש אי לאו דמ"מ יש לאסור משום דהוה דבר שבמנין, ומ"מ למ"ד משום גילוי תימא לי מ"ל שכר מ"ל דבש דלא אסרינן משום גילוי ושמא בכל דבש שהיו עושין הי' רגילין ליתן כשותא או שמא אע"ג דג' משקין יש בהן משום גילוי יין ומים וחלב ואיכא מ"ד אף דבש יכול להיות שאין הנחש שותה דבש כמו שמתקנין ומבשלין אותו לשתייה כמו שאינו שותה שכר באתרא דלא מצלו מ"א ובדבש אין רגילות לאצלויי מ"א נ"ל. ועוד יכול להיות דמועיל טעם דאמנקורותא קפדי לרב בדבש יותר מבשכר נ"ל. ושמא דבש תמרים נעשה ע"י בישול ולא במשקה שקורין מי"ן מיירי. ואיהו הוה כשכר. וא"ת שכר של שעורים מ"ט לא נאסר מטעם בישולי גוים כמו שלקות דנהו דקליות הוי נאכל כמו שהוא חי שבאותו ענין אינו חשיב נאכל כמו שהוא חי וי"ל דמ"מ שכר של שעורים שלנו מותר דהא אמר לקמן בפ' ר' ישמעאל (דף נ"ט) בפ' החולץ (דף מ"ו.) דר"י סבר כאידך לישנא דרב דכל שאינו עולה על שלחן מלכים דרב ור' יוחנן הלכה כר"י ולההיא לישנא שרי לקמן דייסא. ועי"ל דלאידך לישנא נמי שרי וחשבינן ליה נאכל כמו שהוא חי טפי מדייסא דהא לא אישתמיט שיאסר התלמוד שכר של שעורים משום בישולי גוים לשום אמורא נ"ל:

איקלע למרגואן, ישראל חשודים שלא מקפיד על מגע גוים הוי' ומשום שומצא דשאינה (א) שלא ידמה ששותה יינם או שלא יבוא לשתות יינם אבל משום חשש דהוה שכר של גוים לא מתסר דהא בבית ישראל היה וליכא למיחש לחתנות ולגילוי נמי ליכא למיחש באתרא דלא מצלו מ"א:

כל השרצים יש להם ארס כו' והא דאמר לקמן דקשה לתלמוד האוכל סמה שאכל עכבר היה דמזיק משום ארס של שרצים דמלקו:

איידי דאכלו שקצים ורמשים חבל גופייהו. ותימא לי הא ישראל חביל גופייהו כדאמר בפ' ר"ע (דף פ"ו:) ש"ז של ישראל במעי גויה מאי מי אמרינן ישראל דדייגו במצות חביל גופייהו גוים דלא דייגו במצות לא חביל גופייהו א"ד כיון דאכלי שקצים ורמשים חביל גופייהו, וא"ד החביל דדייגו במצות אע"ג דמסריח זרע מהרה ע"י דחביל גופייהו, לא מהני להציל מן הארס כמו אכילת שקצים ורמשים שיש להם בתוך הגוף עם הארס:

דף ל"ב ע"ב) **האי** חלא דשיכרא דארמאי אסור דמיערבי ביה דורדיא דיינ',

וצריך לברוק בשכר ודבש כשעושין הגוים עכשיו אם

(א) דשותלא כנ"ל.

אם נותנים בו שמרים של יין כי יש שנותנין בו שמרי יין כשעושין אותן, וגוים העושין כן אסור דבש ושכר שלהן. ובמקום ששכר ודבש ושאר משקין כגון מי תותים וכיוצא בהן יקרים יותר מיין אין להתיר לקנותו מגוי אם לא יראה הישראל כשהגוי מושכו מן החביות דבחביות ודאי ליכא למיחש שעירב ביין דהיינו מן האיסור דאי איכא דמיערב בי' מיסרי סרי אבל בכלי יש לחוש שמא עירב בו יין, כדאמר לקמן (דף לד:) והמוריים גבי ארבא דמוריסא עד האידנא למאי ניחוש לה אי משום דמיערבה ביה חמרא קוסטא דמוריסא בלומא קיסטא דחמרא בארבעה לומא פי' שבמקום שבאה משם היה היין ביוקר ואין לחוש לערובי חמרא ואו"ר שיש מנהג עכשיו כשקונין דבש לשתות או משקה תותים שהולך הישראל לראות כשהגוי מושכו מן החביות דמאוצר ליכא למיחש לערובי חמרא כדאמר הכא וכדאמר נמי בסוף פרקין גבי חגבים הבאים מן הסלילה ומן ההפתק מותרין דלא חיישינן לזילוף יין כי אם באותן שלפני החנוני ואעפ"י שהגוים נותנין שכר ודבש ומשקה תותים שלהם בחביות שהיה בהן יי"נ אין לאוסרם כ"כ דהא לקמן שרינן קנקנים ש"ג למירמא בהן שיכרא:

וחרס הדרייני, כן גורס ר' ויש גורסים הדרייני:

ששתה מכנו בעכו. או"ר דפליגי בהכי אי חשיב להו מכניסו לקיום ואסור ואי אין חשיב להו מכניסו לקיום ומשכשכן במים ומותרין:

והא הכא דרוצה בקיומו ע"י ד"א וקתני דאסור. ותימא לר' אמאי פריך מהאי בריתא תיקשי ליה מתני' דקתני (לעיל כט:) נודות הגוים וקנקניהן ויין ישראל כנוס בהן אסורין איסור הנאה דברי ר"מ. והיינו רוצה בקיומו ע"י ד"א שאינו חושש ביין שלהן כלל ואפ"ה אוסר ר"מ הקנקנים. וקשה למאן דאסר (א) ועוד דמתני' אלימא לאקשויי דלא שייך בקנקנים תירוצא דשמא יבקע נודו וכו' ולא שייך הי"ט כ"א בנודות שעשאן שטוחין לחמור שע"י ישכח שהיה בהן יי"נ וישלם ויתפרם ע"ג נודו ולאו אדעתי' ונ"ל דר"מ לא היה אוסר כלל קנקנים ולא קאי אסורים ואיסורן איסור הנאה דקתני במשנה אנודות וקנקנים אלא א"ין אע"ג דקאמר אסורים לשון רבים ומשום דמזכיר נודות וקנקנים קאמר אסורים לשון רבים ואיינות הכניסין בהם קאי. וראיה לדבר דקאמר לקמן (דף לח:) גבי וכבשים שדרכן לתת לתוכן יין וחומץ ר"י אמר אפי' ידוע שנותן בהן יין שרי בהנאה ומ"ש ממוריים לר"ם דאסר התם ידוע ממשו הכא לא ידוע ממשו, ותימא אמאי לא הדר פריך ומ"ש מקנקנים לר"מ אע"ג דלא ידוע ממשו אסור אלא ש"מ דלא אסר ר"מ קנקנים בהנאה כלל ומעשה (ב) דהכא היה טועה שהיה סבור דרשב"ג דאוסר לעשות מהן שטוחין לחמור משום דאסורין בהנאה, דהא שום תנא לא אסר להו בהנאה כדפרישית, מ"ר. וקשה לי דסוף סוף תקשה לי' לקמן דמ"ש כבשים שנתן בהן גוי יין מיין של ישראל הכנוס בקנקנים של גוי לר"מ שאסור בהנאה אע"ג דלא ידוע ממשו של יין איסור הנפלט בכלי עם יין ישראל שבו. ויש לנו לומר דההוא חשוב ליה כידוע ממשו הואיל ונוף היין מתערב עם ישראל אעפ"י שאינו ניכר ואינו בעין ואינו ידוע כלל, והחמירו בענין זה במין במינו הואיל ומתערב ביין ישראל וחוזר גם הוא להיות יין ולכך החמירו בו לאסור בהנאה יין ישראל הכנים בקנקנים אעפ"י שהקילו בכבשים שנתנו בהן יין וחומץ להתיר בהנאה אעפ"י שיש טעם יין ולא ידוע ממשו ובטל מתורת יין והקילו שם לענין איסור הנאה. ומה"ט נמי י"ל דלא תקשה מידי נמי לקמן מ"ש מקנקנים לר"מ דאסירו בהנאה הם עצמן אע"ג דלא ידוע ממשו דאיכא למימר הואיל ועתיד יין שבקנקנים ליעשות יין אם ימכרם לגוי ליתן בהם יין אסרום חכמים בהנאה דהוי כעין גופי'. ומה שקשה לר' כאן אדפריך מברייתא תקשה ליה ממתני' דאסרו לר"מ נודות וקנקנים בהנאה אע"ג דרוצה בקיומו ע"י ד"א נ"ל דלק"מ דלא מיקרי רוצה בקיומו ע"י ד"א אלא כגון סמיכת כרעי המטה בחרס הדרייני ולעשות שטוחין לחמור בנודות דלא שייכא הך הנאה כלל ליין אבל בקנקנים דאסרינן בהנאה היינו כגון למכור לגוים דהו"ל רוצה בקיומו לצורך יין ואסור אעפ"י שהגוי אינו חושש שיפלוט מהם כלל יין, אבל להשתמש בכעין סמיכת כרעי המטה בחרס הדרייני כגון ליתן בהן חפציו זה יתיר ר"מ, או להצניעם לישנם י"ב חודש להתירם, ומיהו האי לא מיקרי נהנה בהם ישומרם עד שיהי' מותרים, ואפי' רוצה בקיומו שמא לא מיקרי כיון שכל עיקרם להתירם מתכוון ומ"מ לכ"ד דהוה רוצה בקיומו ע"י ד"א יתירם ר"מ והלכך לא פריך מידי ממתני', נ"ל ומודה ר'. ומיהו קשה לפי' ר' דיש ספרים דגרים בתר שינויא דרבא ולמ"ד רוצה בקיומו ע"י דבר אחר אסור מ"ש מקנקנים דשרי התם ליתא לאיסורא בעינא והכא איתא לאיסורא בעינא ולפי גירסא זו משמע דקרו יין איסור המובלע בקנקנים רוצה בקיומו ע"י

(א) דמתיך כנ"ל (ב) ומקסם דסכס כנ"ל.

ע"י ד"א ולפי"ז הוה מצי למיפרך למאן דשרי מקנקנים לר"מ אם לא נאמר כפי' ר' דאפי' ר"מ שרי בהנאת קנקנים ולא פליג אלא ביין כדפי' מיהו גירסא זו אינה בספרים. ועוד נ"ל דלפי הך גירסא אתא נמי שפיר ולעולם נפרש דאיסור קנקנים דמתני' לא מיקרי רוצה בקיומו ע"י ד"א. והא דלא פריך אפי' למ"ד רוצה בקיומו ע"י ד"א מותר, מ"ש חרס הדרייני דאסור בהנאה לכ"ע. מקנקנים דשרי בהנאה לרבנן, כי בזה הי' פשיט לי' שיש חילוק דחרס הדרייני הוא גופי' הוי יין וחמור טפי מקנקנים. והו"ל לא קשיא אלא למאן דאוסר רוצה בקיומו ע"י ד"א כיון דמחמיר כ"כ בחרס הדרייני דאפי' לסמוך כרעי המטה אוסר כ"ש שהיה לנו להחמיר בקנקנים לאסור בהנאה ואנן שרינן לי' בהנאה לגמרי לרבנן ואפי' רוצה בקיומו ע"י היין ואפי' להכניס בהן יין ישראל שרינן ומותר היין בהנאה רק שאוסר בשתייה והו"ל לאסור הואיל ויש איסור הנאה ביין הנבלע כגון אם הי' נפלט ע"י האור ומשני התם ליתא לאיסורא בעינא וכו' ולהכי שרינן בהנאה התם לגמרי אע"ג דאסרינן הכא אפי' לסמוך כרעי המטה נ"ל. ויש ספרים דגרסי ולמ"ד רוצה בקיומו וכו' וכבר פירשתי:

אבל בנו מודה לו. וא"ת אי האי בנו של ר"ג זה בנו של (א) רשב"ג הא איהו קאמר דאסור לעשות שטוחין לחמור מנודות ש"ג ואין נראה לחלק בין ריקבאות לנודות. וי"ל דמשום ר' יהושע בן כפוסאי קאמר ולי' לא ס"ל. או שמא אין זה רשב"ג ובפ"ק דנדה (דף ח:) פירש"י גבי ר' חנינא בן גמליאל שהיה אחיו של רשב"ג ולהכי קאמר התם דר' אילעא קשמע מיני' טובא וק"ל דאמרי' בסוטה (דף מט:) אמר רשב"ג מאי דכתיב עיני עוללה לנפשי וכו' אלף ילדים הי' לבית אבא ולא נשתייר ב"א אני כאן ובן אחי אבא בעסיא ושמא ההוא דסוטה זה רשב"ג הזקן וסברא היא אע"ג דלא קאמר הזקן שהרי בין ר"ג דיבנה לבנו לא מצינו שום חורבן ובמס' נדה פירשתי:

(דף ל"ב ע"ב) **דלא** כר"א, ותימא לר' גבי עורות לבובין נמי דלעיל מיניי (דף כט:) אמאי לא קאמר דלא כר"א דלר"א יש לאסור כל עורות של בהמות גוים בהנאה וכן כל גבינות בלא גבינות בית אונקיא דכולן נשחטין לע"ז מסתמא. וי"ל דמודה ר"א דבל עורות שאינן לבובין וכל גבינות הגוים יש להתיר בהנאה דלא אמרינן סתם מחשבת כותי לע"ז אלא בדרך שחיטה אבל בהריגה או בנחירה אין לו לתלות שעושין לע"ז ורוב בהמות אין שוחטין דרך שחיטה, וא"ת הך נמי דבשר הנכנס לע"ז מותר מנ"ל דאתיא דלא כר"ע. וי"ל דפשיטא לי' דבשר שהם מקריבין לע"ז הוה רוב פעמים מבהמות שחוטות, מ"ה, וצ"ע, כי תימא היא לחלק בגוים בין שחיטתן לנחירתן וגם לומר דתקרובתם מבהמה שחוטה מסתמא:

והיוצא אסור מ"ט אי אפשר דליכא תקרובת וסני ר"י בן בתירא היא וכו'. ותימא דהא אפי' רבנן מודו הך היקישא דזבחי מתים כדאמרן לעיל גבי יין מנ"ל וכו' והתם לא אמר תלמודא ר"י בן בתירא היא דליכא מאן דפליג. ועוד דלקמן בפ' כל הצלמים (ב) דדרשינן מנין לתקרובת ע"ז שאינה בטלה עולמות שנאמר ויצמדו וכו' ומאן דפליג לקמן גבי אבני מרקולוס סבר בעינן כעין פנים וליכא אבל בכעין פנים מודו כ"ע הך היקישא. ועוד מפני שהיא כזבחי מתים מפני שהיא זבחי מתים מבעיא ליה. ועוד ק"ל דלעיל מיני' בסמוך קאמר לקמן בשר הנכנס לע"ז מותר וקאמר דלא כר"א מנ"ל דלמא כר"א אתיא וכרבנן דר"י בן בתירא אלא משמע דאפי' לרבנן אסור בהנאה, מיהו אור"ד דמכאן אין להשות וכרבנן פשיטא לי' דלא אתיא מסיפא דהיוצא אסור וכו' דמוקמא כר"י בן בתירא. אבל מפ"ק (דחולין דף י"ג) דקאמר שחיטת נכרי נבילה נבלה אין איסור הנאה לא דלא כר"א ומנ"ל דלמא הוי כר"א וכרבנן דר"י בן בתירא לא"ד דבסמוך התם דמוקי משנה דהתם דלא כר"י בן בתירא אלא משמע דפשיטא לי' דלרבנן דר"י נמי אסור בהנאה. ונראה לר' דבטומאת אהל פליגו ר"י ב"ב ארבנן דטומאת שרץ מודו בה כ"ע מידי דהוה אע"ז גופא וכדאשכח לקמן (דף נב.) בעי ר"י תקרובת ע"ז של אוכלין מהו כו' ובסוף אלו דברים בפסחים (דף ע.) השוחט לע"ז מה תיקן, אלא תיקן להוציא מידי נבילה דטמא מיהו מדרבנן, וא"ת למ"ד דע"ז אינה מטמאה במשא כנבילה בריש אמר ר"ע (דף פב:) מה פריך באלו דברים שוחט לע"ז מה תיקן, הרי תיקן להוציאו מידי נבילה לענין דאין לו טומאת משא. דמסתמא לא חמירו תקרובת ע"ז טפי מע"ז עצמה לרבנן דר"י ב"ב כדפי' בפנים ומצינו למימר דר"ע (ג) דאמר ומטמא במשא, או בין לר"ע או בין לרבנן פריך אליבא דר"א דאמר התם במשא כ"ע לא פליגי דמטמאה כ"מ באבן מסמא. ועוד יש לפרש דאפי' למ"ד דע"ז אין מטמא במשא מודו רבנן דר"י

(א) תיבת "של" מיותר וכצ"ל בנו כרשב"ג (ב) נ"ל פרק ר' ישמעאל (דף נ.) (ג) דלר"ע כצ"ל:

דר״י ב״ב דתקרובת ע״ז מטמאה במשא מדרבנן דלענין משא מקשינן לי׳ לזבחי מתים מדרבנן, אבל אהל שהיא טומאה חמורה ביותר ל״ל בתקרובת, ולכך לא הזכיר ר״י ב״ב רק אהל ולא אמר מנין שמטמא במשא ובאהל, דבמשא מודו רבנן. ולא מקשי ליה למת לענין טומאה דשייכא בכל מילי דמת כגון מגע ומשא וכנון עצם כשעורה והכי משמע בפ״ק דחולין (דף יג:) דקאמר א״ד אמר רבא ה״ק זו מטמא במשא ויש לך אחרת שהיא כזו ומטמאה במשא ואינה מטמאה באהל ומשמע דבכל תקרובת ע״ז מיירי אפי׳ לא שחטה נכרי שאין בה טומאת משא מטעם שחיטת נכרי יש בה טומאת משא מטעם תקרובת ע״ז, וכן נראה דע״ל טומאת אהל הוא דפליג מדמייתי לה לקמן בפ׳ כל הצלמים בסופו (דף מח:) טומאת אהל וגבי לא יעבור תחתי׳ ואם עבר טמא ומדנקיט איהו גופי׳ במילתי׳ טומאת אהל דבאיסור הנאה ל״מ אדרבנן אבל בטומאת אהל פליג אפי׳ בכעין פנים ל״ל לרבנן טומאת אהל כלל. ובהכי מתרץ הא דקשה לר״י בפ״ק דחולין (דף יג) דקאמר שחיטת נכרי נבילה ומטמאה במשא ויש לך אחרת שמטמאה אפי׳ באהל ואיזו זו תקרובת ע״ז ומני ר״י ב״ב היא ואמאי לא מוקי לי׳ כרבנן ואת״ל דמודו רבנן טומאת אהל בכעין פנים כמו שמפרש והשתא ניחא בלא דוחק והא דקתני הכא מפני שהיא כזבחי מתים ולא תני זבחי מתים היינו משום דאינו דבר ברור דהאי בשר היוצא הוה זבחי מתים אלא תלינן לי׳ כאילו הוא ודאי זבחי מתים הואיל ורגילות היא דא״א דליכא תקרובת כן נראה לר״י ועיקר, והא דמוקמינן מתני׳ דהכא כר״י ב״ב ולא כרבנן דמודו באיסור הנאה היינו משום דקתני מפני שהיא כזבחי מתים משמע דאיכא נמי אוהל במת דלא הוה למתנייהו כלל אבל נראה לר״י דאין לפרש דבלא טעם יותר (א) משנה משמע דנקיט זבחי מתים למימר שמטמא באהל דא״כ בפ״ב דחולין (דף מ.) גבי הא דתנן השוחט לשם הרים וכו׳ שחיטתו פסולה ודייק התם פסולה אין זבחי מתים לא ורמינהו וכו׳ ומשני הא דאמר להר הא דאמר לגדא דהר מאי קשיא ליה למימר דלא בעי זבחי מתים שוה לא הוי׳ כ״א כר״י ב״ב דהוה משמע דמטמא באוהל אלא ודאי משום יותר (א) משנה דייק הכא דר״י ב״ב היא ועוד דהוה מצי למימר דר״י ב״ב מחמיר מפי חושש לתקרובת ע״ז מספק טפי מרבנן וטעם הראשון נראה יותר וטומאת אוהל דקאמר ר״י ב״ב נראה לר׳ שהיא מדרבנן ולא כדברי המפרשים דמה״ת קאמר דא״כ לקמן בסוף כל הצלמים (דף מח:) דקאמר גבי אשירה לא יעבור תחתי׳ ואם עבר טמא דא״א דליכא תקרובת וכר״י ב״ב היא, היכי קאמר דאם היתה גוזלת את הרבים ועבר תחתי׳ טהור, אלא משמע בהד״א דמדרבנן איכא טומאת אוהל ובגוזלת את הרבים אוקמא אדאורייתא דמודה ר״י ב״ב לרבנן דלא דרשינן מקרא דויאכלו זבחי מתים אלא איסור אכילה והנאה דומיא דויאכלו זבחי מתים ואסמכתא בעלמא קאמר לענין טומאת אוהל מדרבנן כן נראה לר׳ עיקר, והא דאמר בסוף פ׳ העור והרוטב (דף קכט.) הרי אמרו תקרובת ע״ז של אוכלין מטמאין [באוהל] טומאתה לאו דאו׳ דאי ס״ד דאורייתא מצינו לאוכלין שמטמא טומאה חמורה ומשני אפי׳ תימא דאורייתא כששימש מעשה ע״ז שימש משום שיכול להיות דהוה דאורייתא, ואו״ד דדחוי׳ בעלמא היא דקאמר התם דמהא לא תפשוט וגם קשה לר׳ דקאמר בפ׳ אלו דברים (דף ענ.) השוחט לע״ז מה תיקן ליטא אכתי להוציא מטומאה נבילה דאורייתא דאין בו אלא טומאה דרבנן דכל טומאה הויא מטמא דרבנן דכיון שאין ההיקש מה״ת לענין אוהל כמו כן אינו מה״ת לענין מגע ומשא ואו״ד דלא חשיב ליה תיקון כיון דטמא מיהו מדרבנן א״נ י״ל דלר״י ב״ב אע״ג דטומאת אוהל דתקרובת ע״ז דרבנן מדמטהר עובר תחת אשירה היכא דגוזלת את הרבים. אע״ג דא״א דליכא תקרובת מ״מ טומאת מגע ומשא דידי׳ מה״ת דא״כ לא הוה מחמיר לטמא בה טומאת אוהל מדרבנן ואין להקשות למה לא תהיה טומאת אהל. אליבי׳ מה״ת כיון דמקיש למת לענין טומאת מגע ומשא מה״ת כי י״ל דכי אתקיש למת אף לטומאה היינו האי טומאה דשייכא בכל מילי דמת בין בבשר כזית בין בעצם כשעורה אבל לטומאת אוהל דליתא בעצם כשעורה לא איתקש ובהכי מתרצין שמעתא שפיר דההוא דתקרובת ע״ז דבעא ר״י מר׳ ינאי בפ׳ ר׳ ישמעאל (דף נב.) דקאמר טומאה דרבנן בטלה תהוי כרבנן וההיא דפרק העור והרוטב ודאלו דברים בפסחים ליהוין כר״י ב״ב וההיא דקאמר מאי תיקן אליבא דר״י ב״ב קאמר דבעי לאוקמי שפיר דתיתי שפיר כר״י ב״ב דאתיין סתמא מתני׳ כותי׳ הא דשמעתין, והא דלא יעבור תחתי׳ דאשירה דלקמן. ולקמן ובפ״ק דחולין פירשתי פי׳ ר״ת ומה שקשה עליו והארכתי עוד :

(א) הייתור במשנה.

ההולכים לתרפות. לטעות ע"ז למרחוק כדפירש"י, ולא שייך ליטי אידיהן מידי, ונראה שאינו רחוק כ"כ אלא קרוב קצת מדאמר (כאן) ישראל ההולך לתרפות בחזרה אסור כיון דאביק ביה ודאי אזיל, ואם רחוק היא וכי דבר ברור היא שמיד ישוב ללכת עוד שם, ואין לפרש בחזרה אסור בפעם שנית שרוצה ללכת שם דכיון דאביק ביה שכבר ראינו שהלך שם פעם אחד ודאי אזיל דהא ליכא למימר דהא גבי גוי קאמר בחזרה מותר דמאי דהוה הוה. נ"ל:

(דף ל"ג ע"א) **ישראל** שהולך ליריד ש"ג וכו'. והא דלעיל בפ"ק (דף י"ב.) אסרינן ללכת ליריד ש"ג פי' שם גבי פלוגתא דמעוטרת בפירות ורד והדס:

גוי נמי ניסא ע"ז זבין דמי ע"ז איכא בהדי'. הכא ובפ"ק אסרינן דמי ע"ז ביד גוי ובריש פ' בתרא (דף ס"ב) אמרינן דמותרין ולעיל פירשתי:

נודות הגוים וכו' וחכמים אומרים אין איסורן איסור הנאה. וא"ת כיון דסתם יינם במשהו אמאי אין איסורן איסור הנאה של יין ישראל הכנוס בהם מה"ט גופי' דאסור בשתיה, ואפי' לפר"ת דמפרש סתם יינם בס' ומה"ט תפרש דמותר בהנאה דבטל בס', ומיירי כגון דליכא אחד מס' מן האיסור מה"ט לישתרי בשתיה. ועוד אמאי איירי ביין ישראל הכנוס בקנקנים של גוי לאשמעינן יין סתם שנתערב טיפת סתם יינם ביין ישראל. אומר ר' דדוקא ההיא דשרי בהנאה משום דבטל טעמו בתוך הנוד או הקנקן וכשחוזר ונפלט לתוך יין ישראל הופג טעמו ושרינן ליה בהנאה לרבנן, ולר"מ חשבינן ליה יין נסך גמור. וה"מ ק"ל לפר"ת דמפרש סתם יינם בטל בס' הכא לא מישתרי בשתיה אי איכא ס' של היתר שאין ברור לנו כמה נפלט מן היין הנבלע בנוד ובקנקן. וצ"ע אי אמרינן גבי פליטת יין איסור בכולי כלי משערינן כדאמר בחולין (א) בכולו קדירה משערינן וסבור הוא שגם כאן ראוי לומר בכולו כלי משערינן אעפ"י שהיא צונן דכיון דאין ידוע כמה נפלט לחוץ ויכול להיות שאיסור פשט בכל הכלי סברא היא לומר בכולי כלי משערינן. ושוב ראיתי שגם הר"ר יעקב פי' בהרוא דנודות הגוים וקנקנים דבכולהו כלי משערינן ולא בכמה דנפיק מיני'. וגם לפנים כתוב מ"מ מיא ושיכרא שרינן לישראל לכנוס בהן דהואיל והופג טעם היין לא חשיב לאסור המים והשכר. ואפי' לפר"ת שסובר דיין במים לא בטל אלא בס' גבי ההיא דסוף מכילתא דשני כוסות א' של חולין וכו'. (בדף ע"ג:) איכא למימר אע"ג דהכא ליכא ס' במים שרינן בהו הכא טפי מביין, הואיל והופג טעם היין תפלט כי היכי דמהני טעמא דהופג לענין היתר הנאה כדפי'. ומפרש דהך פלוגתא דר"מ ורבנן לא קאי אלא איין ישראל הכנוס בנודות וקנקנים אבל נודות וקנקנים גופייהו שרי בהנאה לכ"ע. ועוד יש לפרש דבנודות נמי פליגו ולעיל פריך גבי פירכא דאסור לעשות מהן שטוחין וכו':

ת"ר נודות הגוים גרורים (ב) חדשים מותרים ישנים ומזופפין אסורין. הך כתוב בספרים וזה לשון עצמו כתוב לקמן בספרים גבי קנקנים. ת"ר קנקנים של גוים גרורין (ב) חדשים מותרים ישנים ומזופפין אסורין וכאן גבי נודות פירש"י גרורין שאין בהם זפת והן חדשים שלא היה בהן יין כ"א זמן מועט מותרים דבכניסת יין זמן מועט לא בלע מידי. ודוקא נודות אבל כלי חרס בלע לאלתר: ישנים שהיה בהן יין זמן מרובה או מזופפין אפי' חדשים בחדא זימנא אסורין דע"י הזפיתא בלע עוד בחדא זימנא, וע"י כניסת יין זמן מרובה בלע עוד אפי' בלא זפיתא. ולקמן בסמוך פירש"י נמי סבר רב אחא למימר הג"מ נודות הרבה (ג) דהיינו זוקי שהן של עור וסגי להן בעירוי. אבל קנקנים של חרס בלעי טפי ולא סגי בהכי. וקשה לר' על פירש"י שלא פירש התלמוד עכשיו שיעור חדשים וישנים בכמה נקרא זמן מועט ובכמה זמן מרובה איזה שיעור נתן לדבר כי אין נראה לפרש שבפעם ראשונה יחשבו חדשים ובתרי זימני יחשב ישנים ועוד קשה דברייתא דקנקנים לא נוכל לפרש כמו הך דנודות אעפ"י ששנו בה זה הלשון עצמו השנוי בנודות שהרי רש"י עצמו פירש גם (ד) נודות וקנקנים אסורין אפי' בחדא זימנא כדפרישית משום דחרס בלע טפי וגם על אותו פירש שמפרש אבל קנקנים לא משום דחרס בלע טפי קשה לר' דהא א"צ טעם זה דהא קנקנים מכניסין לקיום כדאמר בסוף פרק בתרא (דף ע"ד:) ת"ר הגת והמחמץ (ה) והמשפך של גוי ר' מתיר בניגוב וחכמים אוסרין ומודה ר' בקנקנים ש"ג שהן אסורין ומה הפרש בין זל"ז וכי (ו) קנקנים מכניסן לקיום וזה גת ומשפך ומחץ אין מכניסן לקיום והתם אמרינן רבא כי הוה משדר גילפי להרפניא צייר להו אפומייהו וחתים

(א) לא מצאתיו שכ, ואולי צ"ל בחולין דף לז: גבי כחל. (ב) גרודים, כצ"ל עיין פרש"י כאן ד"ה גרודים. (ג) תיבת "הרבה" מיותר וט"ס. (ד) גבי, כצ"ל. (ה) והמסנן. (ו) זס:

תוספות מסכת ע״ז ר׳ אלחנן לט

וחתים להו אבורצייהו קסבר כל שמכניסו לקיום אפי׳ לפי שעה גזרו בי׳ רבנן ואי״כ ודאי בקנקנים יש לנו לאסור כאן בזימנא חדא מטעמא דמכניסו לקיום. ואין נראה לומר דההיא דחשיב לקמן קנקנים מכניסן לקיום היינו דוקא בזפ״תין אבל בלא זפותין לא דמדקתני בסיפא דברייתא דר׳ ורבנן דשל עץ ושל אבן מנגבן והן טהורין ואם היו מזופפין אסורין מכלל דרישא בלא זפיתא מיירי. ואין נראה לומר דלפי שעה דלקמן לאו בחדא זימנא אלא בד׳ פעמים או ה׳ או ביותר כמו שנקראין כאן ישנים לפירש״י חדא דלפי שעה היינו כ״ש. ועוד אפי׳ נודות דאין מכניסין לקיום אסרינן הכא ישנים בלא זפיתא לר׳ שלמה ונודות צ״ל שאין מכניסין לקיום מדשרי להו בכניסת יין זמן מועט בלא זפ״תא ואי מכניסין לקיום אפי׳ לפי שעה אסרינן כדפרישית ממ״נ אין לפרש בברייתא דקנקנים מה שפירש״י בנודות או משום טעמא דרבי׳ ש״י נופי׳ דחרס בלע או משום דמכניסן לקיום וצריך לפרש כמו שאפרש לפי״ת. ותימא מה זה שדילג רבי׳ שלמה לפרש כיון שאין לפרשה בהך דנודות אעפ״י שיש בה זה הלשון עצמו ויש להקשות לרש״י שאסר נודות ישינים אע״ג דאין מכניסן לקיום וגם אינן זפותים מהא דאמר לקמן בשמעת״ן גבי דבי פ״זק רופילא דאנסו הני כובי דפומבידיתא ורמו בה חמרא ואהדרינהו ניהלייהו וקאמר עלה כ״ד שאין מכניסן לקיום משכשכו במים ומותר ורוחק היא לומר דהתם הוה כמו נודות חדשים שהגוים לא שמו בהן יי״נ כ״א זמן מועט אבל ישינים אסורים בנודות שלפי״ז נאסור כל כ״ח שלנו שנשתמשו בהן גוי זמן גדול אפי׳ נתנו בו מים בתחילתו ואפי׳ כ״ח (א) כמו כ״סות דמ״ש כוסות מנודות. ובזה י״ל דנודות טפי (ב) ומ״מ כ״ח שלנו שנשתמשו בו גוי ימים רבים נאסור מטעם נודות ישנים דלא גריעו כ״ח מנודות ועו״ד דאפ׳ בזימנא חדא הו״ל לאסור כ״ח שלנו אע״ג דאין מכניסין לקיום דהא רש״י פי׳ דדוקא נודות אבל כ״ח בלעי לאלתר. ודומיא שאין מכניסין לקיום הוא סובר דאסרינן כלי חרס. וזה אי אפשר לאסור כלי חרס בחדא זימנא באין מכניסן לקיום וכל התלמוד חולק ע״ז. ועוד דאפי׳ לימים רבים אין לאסור באין מכניסן לקיום דמדקאמר לקמן גבי רבא כי היה משדר גולפי לדרפניא וכו׳ קסבר כל שמכניסו לקיום אפי׳ לפי שעה גזרו ביה רבנן, פי׳ אם יהא בו גוי לפי שעה משמע דאי לאו מילתא דרבא לא הוה ידענא דאסרינן אפי׳ במכניסן לקיום לפי שעה כ״א לזמן מרובה, מכלל דאי אין מכניסן לקיום אפי׳ לזמן מרובה לא הוה אסרינן, ודוקא במכניסן להיום גזרינן בלפי שעה אטו זמן מרובה אבל באין מכניסן לקיום לא שייך למינזר מידי בלפי שעה משום דאפי׳ לזמן מרובה אין ראוי לאוסרו. ונ״ל דצ״ע למה נאמר דהא דאמר כל שמכניסן לקיום כבעין קנקנים קאמרינן שהן של חרס דמהני טעמא דמכניסו לקיום בהדי טעמא דכ״ח בלעי טובא וסתם יין משתמר בכלי חרס כדאמר משתמר בפחות שבכלים. יאמרינן כ״ע רמי להו במאני דפחרי בנדרים (דף נ:) ובתענית (דף ז.) גבי ר״י בן חנניא אבל בשאר דברים לא החמירו במכניסו לקיום לאסור לפ״ש ולפי״ז נוכל לומר יפה דנודות הוה מכניסן לקיום ולא תקשה מידי למה הוצרך רש״י לפרש לקמן סבר רב אחא למימר הנ״מ נודות אבל קנקנים לא משום דחרס בלע טפי שלא היה יכול לפרש טעמא דמכניסן לקיום שהרי גם נודות שוין לקנקנים בזה שגם נודות מכניסן לקיום, ולא תקשי נמי אמאי לא אסרינן בנודות דמשכשכן במים ומיתרים, דהא הוה מכניסן לקיום ולענין זה יועיל בהן כשהן ישנים טעמא דמכניסן לקיום דלא סגי בשיכשוך ולפי״ז היו חביות שלנו שהם של עץ מותרת בשיכשוך בלפי שעה בנודות (ג) חדשים אע״ג דמכניסן לקיום אבל אם עמד יין של גוי זמן מרובה הא אסרינן בנודות ישנים וגם בפרדורים ש״ג דלעיל הם של עץ כמו שמפרש ר״ת בפ״י דמסכ׳ כלים בהך שמעתא. ומיהו נ״ל דא״א לומר כן דהא אי מהני ביה טעמא דמכניסו לקיום שלא להתירו בשיכשוך כששהה בו יין ש״ג זמן מרובה דהיינו ישינים הו״ל להחמיר בו בלפי שעה בכ״ח כיון שרגילות להכניס בו לקיום כמו בכ״ח. וגם קושיא ראשונה דמוכח דקנקנים מכניסן לקיום וקשה על זה שהוצרך רש״י טעמא אבל קנקנים לא משום דחרס בלע טפי אינה מתורצת. דע״כ אין מכניסן לקיום מדלא אסרינן בהו לפ״ש: וממה שפירשתי דקנקנים מכניסן לקיום. ומה״ש מחמיר בהו ר׳ בההיא בפ׳ בתרא יותר מנת ומחץ ומשפך דלא סגי בניגוב קשה על פי׳ רש״י שפי׳ לקמן בשמעתין. כמי ר׳ אחי אסר וכו׳ דבחד זימנא מיתסרי ביין ש״ג אם לא נתן בהם מים או יין של ישראל ג׳ פעמים בתחילתן וטעמא משום דחרס בלע טובא דהא בקנקנים אין מועיל טעם זה אלא צריך טעמא דמכניסן לקיום. ואולי כמי אין מכניסן לקיום וצריך לפרש לקמן בהך

דכמי

(א) כלי זכוכית כל״ל: (ב) דלעי מכלי זכוכית· (ג) כנודות כל״ל:

דכסי בענין אחר כמו שמפרש ר״ת. ואע״ג דלרבנן דר׳ אסרינן נת ומחץ ומשפך דלא סגי בניגוב אע״ג דאין מכניסן לקיום היינו משום דכלי הנת בלע טפי ואין ללמוד משם שאר כ״ח. עוד יש לתרץ דאפי׳ לפי׳ רש״י דלקמן דכסי הוצרך לומר בקנקנים טעמא דמכניסו לקיום כדי לאסור אפי׳ היכא דשרינן בכסי, כגון שנתנו בהן מים קודם דאישתי בהן גוי. ולשיטת רבי׳ שלמ״ה י״ש לאסור קנקנים שלנו הנקראים יושטש וקנ״ש הטווספו״ת אע״ג דאין מכניסן לקיום דאסרינן הכא נודות זפופים אפי׳ בחדא זימנא אע״ג דאין מכניסן לקיום כדפרישית, וקדרות של חרס שלנו אסרינן אפי׳ בחדא זימנא אם לא נתנו בהם מים מתחילתו לפירש״י דכסי דלקמן ונראה לרבי׳ יעקב התוספתא דמדתני התם הך דנודות וקנקנים בהדי הדדי ואינו מענין אחר. והכ״נ לה התם נודות הגוים גרורין מותרין חדשים חפותים גבי ריבבן ועיברו וכו׳ (א) קנקנים ש״נ חדשים מותרות ישינות זפופות אסורות ושכנס בהן גוי מים מותר ישראל להכניס לתוכו יין וכשכנס בה גוי יין ישראל ממלא אותה מים ג׳ ימים מעל״ע וכונס לתוכו יין ואינו חושש ושכנס בו גוי יין (ב) ציר ומוריים מותר ישראל להכניס לתוכו יין. והכ״ס נודות הגוים גרורין שאין בהן זפת מותרין אפי׳ ישינים שהיה בהן יין הואיל ואין מכניסן לקיום וכדאמרינן לקמן בשמעתין כ״ד שאין מכניסו לקיום משכשכו במים ומותר, ולי״ש לא היה בהם זפת מעולם ולי״ש היה בהן ונקלף מותרין בשכשוך המים דלקמן בפי׳ בתרא מוכח שאין לומר שכלי זפת בולעת טפי ע״י הזפת אפי׳ מעבר לזפת, משאם לא היה בו זפת כלל דפריך תלמודא מהא דקתני וחכמים אומרים אעפ״י שקולף הזפת ה״ז אסורא, וההיא דנת ומחץ ומשפך שאינן זפותין חדשים:

זפותין אסורין. פי׳ אפי׳ חדשים כיון דזפותים אסורין וחדשים מיקרי חדשים ממש שנראה שלא היה בהן יין כלל ואסורין משום שמא רמי בהן הגוי חמרא ולא ידוע שאין ניכר מפני הזפת, וזפת מבליע בחדא זימנא וצריך עירוי. אבל אין לפרש מפני היין הנותן בשעת זפיתה דלמ״ד בסמוך דהוה כזורק מים לטיט מאי איכא למימר:

קנקנים חדשות מותרות. פי׳ דאיכא תרתי לטיבותא חדשות שלא היה בהן יין מעולם וגם אינן זפותות וקמ״ל דלא גזרינן דלמא רמי בהו גוי חמרא פורתא ולא ידוע שאו יהיו אסורין משום דמכניסן לקיום דבלא זפותה היה ניכר יפה אם כנס בהן גוי:

ישנות שכנסו בהן יין אפילו פעם אחת אסורות, דכל שמכניסן לקיום אפי׳ לפי שעה גזרו בהו רבנן:

או זפופות אפי׳ נראה שלא ניתן בהם יין מעולם אסורות דלא מנכר הואיל ואיכא זפת כדפרישית. וזפת מבליע בחדא זימנא. ורבי׳ יעקב מ״כ פי׳ זפופות אסורות משום יין של שעת זפיפה דלא אמרינן כזורק מים לטיט אלא בנודות משום זוהמא דעור אבל זיפות דקנקנים לא אזיל לאיבוד והוי כזיפות דגת דמחמיר לקמן משום הכי בפי׳ בתרא (דף ענ:) מיהו לא הי׳ צריך כאן לפי׳ זה, אלא משום דדלמא רמא בהו גוי חמרא ולא ידוע משום זפת, דע״כ בנודות צריך לומר כן כדפרי׳. ומיהו סובר ר״ת דאפי׳ ידוע לנו שלא נתן בהם גוי יין אחר עשייתן אסורות משום שעת זפותה ואיני יודע למה לו לפרש כן דהשתא לא הוה איסור זפופות בקנקנים כמו בנודות, ויושט״ש וקנ״ש שלנו שהן זפופות יש תימא האיך אנו נוהגין לנהוג היתר בחדשות אמאי לא אסרינן מטעמא דאימר רמא בהן גוי חמרא ולא ידוע, או משום דאפי׳ יין של זפיתה אוסר לרבי׳ יעקב. ואו״ר שיש ליתן טעם ולומר דשלנו אין רגילות לתת בהן עכשיו יין בשעת זפיתה הואיל וכן וגם משום דאימר רמא בי׳ גוי חמרא ולא ידוע אין לאסור דהואיל ולא ניתן בו יין בשעת זפיתה היה ניכר יפה אם היה כונס בהן יין אחר עשייתן. והנוהג בהן לעשות עירוי או להרתיחן אפי׳ חדשות תבוא עליו ברכה: ולשיטת ר״ת שפי׳ אסורות יושט״ש וקנ״ש שלנו הזופות בחדא זימנא שהיה בהן יין אסור אע״ג דאין מכניסן לקיום דהא חזינן בנודות דאמר דזפת מבליע בחדא זימנא אעפ״י דאין מכניסן לקיום אבל קנקנים דמכניסן לקיום לא. והר׳ אליהו זצ״ל היה רוצה להתיר יושט״ש וקנ״ש שלנו ע״י שיכשוך במים אפי׳ זפותות כשאר דברים שאין מכניסן לקיום והיה מפרש דנודות וקנקנים שניהן מכניסן לקיום: ואו״ר דיש לישב גירסת הספרים לפי שיטה זו ונפרש בין בנודות בין בקנקנים בענין אחד וחדשים היינו שלא הי׳ בהן יין מעולם ומותרים בלא זפת דאי רמו בה חמרא הוה ידוע, ישנים או זפותין אסורין בין נודות בין קנקנים משום דמכניסן לקיום אפי׳ בלא זפיתה זפותין אפי׳ חדשים אסורין דאימר רמא בהו גוי חמרא ולא ידוע ולקמן ה״מ נודות דאע״ג דמכניסו לקיום

(א) נ״ל עכו״ם עובדן וכינבן וכו׳: (ב) ויסכלל נ״ל וכו׳ כצ״ל:

לקיום לא בלעו כקנקנים ש"ח, אבל קנקנים לא. וקשה קצת אמאי לא עירב ותני להו בברייתא אע"ג דסיתני גבי הדדי ויש לשון אחר בשניהם לגירסת הספרים. ונ"ל משום דבנודות משים בהו רובבן ועיברן וכו' ובקנקנים מסיים ענין אחר ושכנס בהו גוי יין וכו'. ואע"ג דסיומא דקנקנים שייך בנודות דעירוי ג' ימים שמא דין דכניסת ציר ומוריית השנוי בקנקנים אין בנודות או שמא אין רגילות לכנוס ציר ומוריים בנודות דהא לר"ת נמי ל"ש דין נודות וקנקנים וא"ז. ואח"כ ישנה סיומא דנודות וסיומא דקנקנים ביחד וליהוי קאי אתרווייהו לפי' זה היה מתישב יפה כדי לישב גירסת הספרים. ואמנם ר"ת הקשה לו מהלכות גדולות שהבאתי שכתב בהן סבור רב אחאי למימר הנ"מ נודות דאין מכניסן לקיום אבל קנקנים דמכניסן לקיום לא הרי לך דנודות אעפ"י שאין מכניסן לקיום אסורין וכן כלי עץ שלנו הואיל חפופות והא דאמר לקמן בפ' בתרא ומה הפרש בין זל"ז בין גת לקנקנים זה מכניסו לקיום וכו' והו"ל לפרש מה בין גת לנודות זה מעור וזה מאבן ועץ וחרס ולא חש להאריך א"נ משום דלא קתני ומודה ר' בנודות כדקאמר ומודה בקנקנים. ונראין דברי ה"ג דסתם כלים שמכניסין לקיום בתלמוד הן מחרס כדאמר בפ' הנודר מן המבושל (דף נ'.) גבי ברתי' דקיסר דכ"ע רמי לי' במאני דפחרי. והא דאמר לעיל שמא יבקע נודו ויתפרנו ע"ג נודו ולא תיקשי דא"כ משמע דנודות הוה מכניסן לקיום ואסורין ואני פירשי' לגירסת התוספתא דגרורין בלא זפת אפי' ישינים מותרים, דלעיל מיירי בנודות זפותין וכגון שלא גירר הזפת: ושוב חזר בו ר"ת לדקדק ולמצוא היתר בקנקנים שלנו יושט"ש וקנ"ש להעמיד המנהג כי היה אומר שהיה תחלה המנהג להתיר ונ"ל להתיר משום דאע"ג דנודות אסורין אע"ג דאין מכניסין לקיום כיון שמעור רך הוא בלע ונאסר ע"י הזפת כדקתני בברייתא בתוספתא שפירשתי חדשים ופותים דבחדא זימנא דרמא בי' שמא חמרא מבליע הזפת, וכן גת ומחץ ומשפך כל עצמן עשוין ליין וכולן כלי הגת, יש להחמיר בהן ע"י זפיתה. אבל יושט"ש וקנ"ש אין מכניסו לקיום ולא הוי כגת ימחץ והם לכל מיני משקה כגון כובי' וכגון חלתא דדיקולי וכל סתם כלי עץ אין בהם הזפותא, וגם במחץ ובגת ומשפך יותר משאר כלים, ואין לו לאסור שאר כלי עץ בלא זפיתה בלא ראי' דהואיל ובלא זפיתה מותרת בשיכשוך המים אין הזפת

אוסרן אעפ"י שאוסר נודות של עור, ומביא ראיה מדאמר בשלהי ע"ז (דף ענ:) גבי גת של אבן שזפתה גוי מנגבה והיא טהורה וקאמר בגמרא דאפי' דרך בה שנשתמש בה הרבה פעמים יין לא היתה צריכה רק ניגוב אי לאו משום פילי דקאמר רבא דוקא זפתה אבל דרך בה לא סגי לה בניגוב ומשום דאולי אמרא (א) ע"י דריכה בהה"א (שם) דאתא לקמי' דר' חייא וכו' הא ודאי בניגוב סגי לה וניגוב דגת בהדחה רשאי (ב) כלי עץ דגבי גת של עץ ושל אבן שאינו זפותין תניא התם בסמוך דצריך ניגוב, ושאר כלים סגי להו בהדחה, דאין הניגוב להפליט מה שבפנים כ"א להדיח יפה מבחוץ, וכי איכא זפת אית לן למיבעי עירוי אם זפת אוסר, ואי בעי עירוי ניגוב במקום עירוי לאו כלום היא וא"כ מאי האי דהיה קאמר בניגוב בעלמא סגי לה והלא זפותה היתה הגת, אלא ש"מ שזפת אין אוסר ומתוך כך היא מתיר גם אותן דוליים שפיהן מזופף כלי מדת היין הנקראים יילי"ן כמו שבגת לא הוה מהני זפת, אלא הוה בניגוב כמו בלא זפת, אי לאו משום פילי כמו כן בשאר כלים לא תועיל הזפת אלא הוה בהדחה כמו בלא זפת מאחר שאין מכניסן לקיום ומיהו אומר ר' דאין משם ראיה גמורה דהתם מפרש דגת של אבן אין מזפפין אותה רק זפיפה קלישה ומועטת דהא בשל אבן קתני התם במשנה רבי אומר ינגב וחכ"א יקלוף את הזפת ובשל עץ אומר רש"י שרגילין לזפות יותר והלכך גם כלי עץ שלנו שיש בהן זפת הרבה יש לאסיר ע"י הזפיתה. ומיהו לר"ת יכולת להיות הזפיפות שוות, וגם מספקא דשמא בכלי עץ שלנו המזופפין יש לאסור ע"י פילי אע"ג דליכא בהו דריכה וצ"ע. ומ"ה שמביאים ראיה מתלמוד ירושלמי דזפת נבלע בקנקנים מדקאמר התם על זפת הן בליעית א"ר"ת דלאו ראיה ה"א דקאמר התם קנקני גוים חדשות מותרות אעפ"י שהן זפותות וישינות אסורות אעפ"י שאינן זפותות הכא את אמר מותרות והכא את אמר זפותות אסורות א"ר אבהו אני אמרתי (ג) על זפתן של קנקנים ואין נותנין לתוכן חימץ בשעה שזופתין אותן ואחר כן או"ד. אבא הלך ר"ע לזיפתן (ד) אתון שאלין לי' קנקנים במה היא טהרתן אמר מזה למדתי עליהן ומה אם בשעת שאינן זפותות את אמר מותרות בשעה שהן זפותות ונקלפה זפתן לכ"ש וכשבאתי אצל חבירי אמרו לי ע"י זפת הן בולעות. וה"ס קנקנים ש"נ ישינים וזפותות מה הן טהרתן אי סגי להו

(א) עי"ל סמלא עי' דריכה, כל"ל; (ב) כהדקו דשלכ (ג) עינרתי, כל"ל (ד) נשלך ר"ע לזיפורין;

להו בקילוף הזפת או לא ור"ע השיב מה הם אם בשעה שאין זפותות את אמר מותרות כשהן חדשים ולא חיישינן דלמא רמי בהו גוי חמרא ולא ידוע אע"ג דאיכא למיטעי דלמא רמא בהו פורתא בשעה שהן זפותות ודמא בהו חמרא ונקלפה זפתן האול (א) ליה ההיא חמרא בישעת זפיתה וההיא חמרא שהכנים אח"כ. ואין לו לומר שנבלע היין בחרס מעבר לזפת. ואמרו לו ע"י זפת הן בולעות כשהכנים בו הגוי יין ונבלע היין בחרס מעבר לזפת ונאסרו בכך משום דהוי מכניסן לקיום ולא מכח הזפיתה נאסרו כלל. ומה שאמר הירושלמי קנקנים חדשים מותרות אעפ"י שהן מזופפות, חולק על תלמוד שלנו דהא אסרינן קנקנים וזפופים אפי' חדשות כדפי' לעיל, מ"ר. וע"ד צריך לעיין בפתרון דברי הירושלמי כי אין מיושב טעם של קו"ש של ר"ע שפיר דמה זה לזה ובתר הכי קאמר אבתי בירושלמי קנקנים שאינן זפותות ר' יסא (ב) אמר אסורות ר' אמי א' מותרות:

וז"ה פי' ר' כלים דשמעתי' שפי' ר"ת. שנינו בברייתא דאין מעמידין (דף ל"ב.) הרדורין והריקבאות ש"ג וכו' עד ולא הודו לו. נודות ש"ג וכו' עד אסור לעשות מהן שיטיחין לחמור. ובתוספתא קתני בתר הנודות הגוים גרורין וכו' קנקנים חדשים מותרין הרי למדנו דדרדורין וריקבאות ונודות וקנקנים ארבע ענינים. וג"ל **דרדור** של עץ ומביאין בו ענבים לגת כשפותחין אותו וגדול כדמוכח בפט"ו דכלים גבי מ"נת כלי עץ. ובתוס' בויהי ביום השמיני דמסעם כ"ח מחזיק מ' סאה מטומאה ומרבי דרדור מחזיק מ' סאה דמיטלטל ע"י עגלה ויש בענינו בפ' אר"ע (דף פ"ג:) גבי מיטלטל ע"י שורים, ומכניסו לקיום בחביות ש"נ. ומיהו לא הוה לקיום כקנקנים דלא פליג ר"נ בקנקנים. **ריקבאות** של עור ומבושל וקשה וגדול והיא תרגום של חמת דמתרגמינן ריקבא והוא גדול מדמדמי להו גבי דרדורים ואמרינן בפ' השוכר את הפועלים (דף פר.) כחמת בת ט' קבין והוא ארוך מדמדמי לי' לאיברי' דר"י בר' יוסי. וקשה כעין מדשבקי' תנא לריקבאות דאיירי ביה ונקיט נודות שהן של עור כמו כן ואוסר לעשות מהן שיטוחין ש"מ דחמת היינו ריקבא קשה, ונוד רך כעין שעושין בסלכותינו שלנו וכורכין אותו כמו טלית ור' אמי ור' אסי דאכלו בבלא', חמת קשים והיו אוכלין כמו בכף, ולא במפה, דהב בפי' כל הבשר תרע לא הוה משום דעת קצרה כעין מפה דא"כ מאי קאמר להו ר' זירא ליסא איהו לנפשי' ולא ליקרינהו טועים (ג) ועוד שנינו כלים פרק כ"ג ג' חמתת הן ושלשה תרמילין הן המקבלין כשיעור טמאין מדרס. וקשין לישב עליהן וכן תרמיל קשה כדתנן האפונין מיתרמילו פי' שהקשו. **נוד** של עור וגדול כדאמר שמא יבקע הנוד גבי מאה לוגין ורך הוא כדאמר שמא יתפרנו ע"ג נודו משי"ה קתני גבי ריבבן ועוברן כלוסר מעלן ז' (ד) לפי שהן רכין וחמרא לעבורי זווהמת העור הרך וקאזיל לאיבוד, אבל בדבר קשה כזופת גת לא שייך אזיל לאיבוד, ולא בקנקנים כדאמר בשלהי ע"ז דבזופתא דגת בעי ניגוב קנקנים (ה) מכניסו לקיום כדאמר בשלהי ע"ז הרי פירשתי לך דרדר וכל הנך שלא תטעה בין דרדור לשא' כלי עץ שרי להו בהדחה כעין כיבא וחלתא דדיקולא דחייטא בחבלי דינור, ושרי (ו) ואפי' דרדורים נ"ל דסמכו קדמונים שבצרפת שהי' מביאין בהן יין בבציר כשאינן זפותין בש"ג דסברי בשל סופרים הלך אחר המיקל ומסקנא דשמעתא (דף ל"ב.) לא"ד גורא לחוד וגורע לחוד, ובן גורע הע"ד שהיא מותר בשתיי' והודו לו, והלכתא הכי היא בשל סופרים הלך אחר המיקל. אבל האחרונים שבצרפת לא דקדקו בזה ולא ידעו מאיזה טעם התירו ויפה עשו שבטלוהו והני כלי עץ שלנו כמו כן קדמונים התירו ואני ראיתי מנשים בכל יום מכלי עץ שלנו יוש"ש וקג"ש העשוין כנסרים שמשתמשין בהן הגוים יי"נ שמשכשכן במים ומותרים אעפ"י שהן זפותות והיו מפרשים דנודות היו מכניסן לקיום. אבל כלי עץ שלנו אין מכניסין לקיום ואני אסרתי עליהם לפי שמצאתי בה"ג הג"ה נודות דאין מכניסו לקיום אבל קנקנים לא וכו' בז"ז פירת שפי' ר' כלים וע"ד האריך בסיום דבר זה יחזור לבסוף להתיר קנקנים שלנו כדפירי לעיל והמחמיר תבוא עליו ברכה:

האי גוי דשרא חמרא לבי מילחי דישראל שרי. פירשיי לכלי מלא מלח, וקשה דהא טעם (ז) מלח איכא ולא הוה כזורק מים לטיט ונראה לר"ת דמיירי למקים עשיית המלח במקום רתיחיהו שהמשליך עם יין כותר המלח שהיין נשרף והוי כזורק מים לטיט ומ"מ פריך שפיר דלא אזיל לאיבוד כמו כל נודות דזוהמת העור מבטלת

(א) צריך עיון. (ב) לפנינו הגירסא ר' אסי. (ג) עיין חולין דף קי"ז ע"ב ודו"ק היטב: (ד) אולי צ"ל זפת. (ה) נראה שצ"ל אבל קנקנים לא שייך ניגוב הואיל ומכניס לקיום. (ו) עיין לקמן דף ע"ה, הני דיקולי ושלאתא דארמאי דסייטי בחבלי דלופי מדיקן. (ז) דהא טעם היין בולט איכא:

מבטלת היין לגמרי. וגם אור״ת ששמע שגם עכשיו רגילין הגוים להשליך בו דם כדי ללבנו במקום שריפתו ועשייתו ומיתר מטעמא דהכא דהוי כזורק מים לטיט ומיהו קשה דהא מתקיף לה רב אשי התם קאזיל לאבוד והאיך נתיר מטעמא דזורק מים לטיט כיון שרב אשי סותרו ושמא אתקפתא בעלמא היא והלכתא כר״פ דשרי או שמא אם אמת היא שנותנין בו עכשיו דם י״ל שנותנין בו מעט מאוד ונשרף לגמרי ואזיל לאיבוד ושרי. מ״ר. אור״ת דדיו שעושין מיין אסור (ה) כשהוא יבש בנרתיקים מותר מפני שהוא כזורק מים לטיט. ולדבריו צ״ל דחשוב ליה אזיל לאיבור, או יאמר דאתקפתא דרב אשי אינה עיקר ודיחוי׳ בעלמא היא. ואמנם אין רגילין לעשות דיו הרבה יחד ליבשו ולהניחו בנרתיקים כ״א ממים ולא מיין, ודיו שעושין לח כדי לכתוב ששורין הדיו היבש ביין ומרתיחין אותו עד שנעשה טוב לכתוב ממנו זה נראה לר׳ שאסור לפי מה שאנו אוסרין סתם יינם, וגם הכתיבה עצמה הי׳ ראוי לומר דשייך בה איסור הנאה לולי טעמא דזורק מים לטיט שהיא מתיבשת. אבל הדיו המורתח ביין לכתוב היא לח כדרך שכותבין ממנו ולא שייך בו כזורק מים לטיט שהרי הוא בעין ומיהו הרבה ב״א יש שנוהגין עכשיו היתר הנאה בסתם יינם ופסק רבי׳ יעקב דש״ר נפרש לקמן בעו״ה, וקשה לפי׳ מהתוספתא דקתני (ע״ז פ״ד) אגד דמים (ו) גוי שקדח במינקת ונפלה ממנו טיפה כל שהיא אסורה מפני שטיפה של יי״נ אסורה ואוסרת בכ״ש ויש לישבה בדוחק:

ה״מ נודות וכו׳ לעיל פירשתי שה״נ פירש״י ה״מ נודות דאין מכניסן לקיום אבל קנקנים דמכניסן לקיום לא ור׳ אחא לא שמע לו ברייתא דלקמן דקנקנים דבסמוך לגירסת התוספתא דקתני בהדיא ושכנס בהן גוי יין ישראל ממלא אותן מים ג׳ ימים מעל״ע וכו׳:

ת״ר קנקנים ש״ג וכו׳ גירסת התוספתא כתבתי למעלה והיא נראה עיקר לר״ת וניחא נמי ע״י סיומא דברייתא שמעתא דבסמוך כמו שאפרש וגירסת הספרים כך היא קנקנים ש״ג חדשים מותרים וישנים ומזופפין אסורין ושכנס בהן גוי [יין] ישראל כונס לתוכו מים פי׳ כי היכי דשרי בסמוך למישדי בהו שיכרא, ושכנס בהן גוי מים ישראל כונס לתוכן יין פי׳ נשתמש בהן הגוי מים והיו מיוחדים אז למים אין לו לחוש דשרא בה פעם יין. גוי נתן לתוכן יין ישראל נותן לתוכן מים ג׳ ימים ומערן מעל״ע:

גוי נתן לתוכן יין ישראל נותן לתוכן ציר ומורייס. ותימא דבעו בסמוך איבעיא להו לכתחילה או דיעבד ומאי קמיבעיא להו פשיטא דנותן ציר ומוריים משמע לכתחילה, ועוד מאי קאמר בסמוך ציר שורף אור לכ״ש, היכי מיירי הך ברייתא כלל שיהא אור שורף לענין שיהיו מותרין ליתן בהן אח״כ יין הא ע״כ מהיתר דציר גופי׳ לא שמעינן דהיה יין, שהרי (ז) הראשון הכנוס לתוכו אנו מתירין ואילו יין לא שרינן אם כנסו בו קודם נתינת ציר א״כ מציר לא שמעינן יין ועוד אפי׳ שיכרא שרי בסמוך למירמא בהו והיה ציר דהכא אבל למירמי בהו חמרא אסור. ונראה לר״ת דניחא לפי גירסת התוספתא דגרס הכי ושכנס בו גוי יין וישראל ציר או מוריים מותר ישראל להכנים לתוכו יין ואהא שייך למבעי׳ שפיר אם כניסת ציר ומורים דקאמר הוי לכתחילה או דיעבד וניחא נמי ציר שורף כו׳ מ״ר:

(דף ל״ג ע״ב) **בעי** מני׳ ר׳ יהודא נשיאה מר׳ אמי. אמר לי ר׳ דאין זה ר״י נשיאה דלקמן (דף ל״ח:) גבי התרת שמן, שאותו קדמוני הי׳ ושמואל פריך מיני׳ לרב דאמר דניאל גזר עליו (לקמן לו.) וגם מחכר בברייתא (נמ״ן דף עו:) תנא רבותינו התירו להגשא. וזה הי׳ בנו או בן בנו:

קינסא הכניס קיסמין דולקין לתוך הקנקן עד שנשרה זפתו, והלכתא כמאן דאסר דל״ד להחזירו לכבשן כדפירש״י דהתם כיון דהסיקו מבחוץ עד שנשרה זפתו כבר נתלבן הזפת אבל הכא כיון שהכניס האור מיד זפתו נושרת ואע״ג דאמר בפ׳ כל שעה (דף ל:) דהסיקו מבפנים עדיף מהסיקו מבחוץ, הנ״מ כגון קדרות ותנור שהן יבישים מבפנים ונפלט האיסור ע״י היין מרובה אבל הכא הזפת נישרת ע״י חום מועט בפנים. ואו״ר שהיו רגילין בצרפת שלא לעשות שום עירוי והגעלה לחביות שלהן כ״א להסיקן מבפנים ולהרפות הזפת וחוזרו בהן. ויפה עשו. דהיינו קינסא דאסרינן הכא דבחום מועט נרפת הזפת וגם נושר כשמסיקין מבפנים, ואין לחלק בין חום מועט של קינסא לחום מרובה יותר כיון שאין לנו ראיה ושיעור באיזה חום נתיר. ואולם או״ר כי אם יסיקו החביות מבפנים כ״כ שאילו היתה זפיתה גם מבחוץ שהיתה הזפת רפה ע״י הבאה לחוץ מכח הסק פנים דהיה נ״ל להתיר כמו

(ה) אבל יין שנותנים לתוך הדיו כשהוא יבש, כצ״ל ע״ל. (ו) נ״ל אגרדמין שטעם מן הכוס להחזירו לחביות אסור. (ז) נ״ל ציר והמוריים.

כמו דמתיר התלמוד בהחורה לכבשונות אעפ"י שלא נתלבנו שם אלא שעמדו שם עד שנרפת הזפת דכ"ש שיש להתיר כאן שהרי כשמחזירין לכבשונות ובא לו החום מבפנים ומבחוץ אפי' לא יתחמם יותר מדאי ותרפה הזפיתה שבא לו החום וההבל מכל צד וכ"ש כשמסיק החביות מבפנים ועושה האש תחתי' שידיר בלע"ז ואין בא החום אלא מבפנים, שאין יכול לרפות הזפת אם היתה החבית זפיתה מבחוץ כ"א ע"י חום מרובה שיש לנו להכשיר ולהתיר את החבית בכך ועל היסק כזה ראוי נמי לומר ק"ו דקאסר לעיל צ"ר שורף אור לכ"ש. מיהו מספקא לי דשמא אין להתיר חבית האסורות בהיסק כזה שפירשתי דאיכא למיחש דלמא חיים עלייהו שלא ישרפו אבל (ח) קנקנים דהכא מיירי בשל חרס ועריפא מיני' אשכחן בפסחים בפ' כל שעה דאסורה להכשיר קדרות אסורות ע"י מילוי גומרי משום דחיים עלייהו דלמא פקעה. ואו"ר דצ"ע ודיעבד מיהו מסתבר שלא לאסור, מיהו בקדרות דאמרינן ישברו יכול להיות דהוה אסרינן אפי' עשה כבר היסק דמילוי גומרי: ועוד יש להכשיר חביות שלנו ע"י עירוי ג"י ומערן כל מעל"ע כדאמר לעיל. ועוד יש להכשירם ע"י הגעלה ברותחין כדאמר בפ' בתרא (דף עג:) ונעוה ארתח'. אבל תימא לר' על הגעלית שרגילין העולם לעשות עכשיו שלוקחין כלו מלא מים רותחין ומשליכין בחביות ומהפכין אותה מצדה לצדה לכאן ולכאן מה מועיל זה כי מקום שנפלו שם בתחילה מים שם הוגעל דהוה כ"ר אבל מה שהפכוה הנה והנה על צדיה אח"כ זה כ"ש והמגעילים אותה ע"י שנותנין המשפך על פי החבית וזורקין לתוכה הרותחין כשהחבית סתומה משני צידי' ואח"כ מהפכין כל החבית כאן וכאן וזה נראה לר' עדיין איסור גמור יותר כי כשהלכו המים בכל החבית כבר נתקררו הרבה. ור' שאל לרבי' יעקב דין הגעלת חביות והתיר לו בענין שפירשתי תחילה כשהחבית פתוחה בצד האחד בלא שולים וזורקין דרך שם המים ומהפכין בכל החבית. וגם כתב לו ואל תשיבני מה לי חיבורה היוצר מתחילה ומ"ל לא חיבורה היוצר מתחילה פי' לפירושו כיון שכל החבית הוא מחוברות יחד הוה הכל ככ"ר אעפ"י שאחר נפילת המים נהפכין לכאן ולכאן. ואין פשוט ההיתר בעיני ר' אך רוב העולם נהגו כן ופעמים שמחזירין להגעילן ב' או ג' פעמים זו אחר זו, פעם זו שופכין המים כאן ופעם זה כאן עד שהם מגעילין הכל והוי מפי כ"ר ואולי יש לתלות הטעם להקל בהגעלתם משו' דתשמישו בצונן דמהי"ש מקיל בסמוך גבי מאני דקוניא ואשכחן נמי בסוף פ' בתרא (דף עה.) חולטן ברותחין או מולגן במי זתים ובשאר איסורין דבעו הגעלה לא הוה שרינן ע"י מל"גה במי זתים והבא לצאת י"ש יפה יגעיל כל נסר או כל שני נסרים מן החבית בפעם אחת, ואם יש עליו למשא להרתיח כ"כ פעמים מים ישים בקערה גדולה בתוך הגעוה או המחבת שעל האש וישים בה הרבה ממים, ואם המים מעלין רתיחות בתוך הקערה אעפ"י שאין המים שבתוכה מחוברת למים שבתוך המחבת רק שהקערי' יושבת בתוך המחבת הו"ל קערה כ"ר. ויכול להשליך מן הקערה ולהגעיל כל נסר ונסר מן החבית בפ"ע שבענין זה נקיל לעשות כמה פעמים בזא"ז ואפי' אם כשמגביה הקערה מתוך המחבת פוסקת מיד רתיחות מי הקערה בהפרדה מחבור המחבת מ"מ הו"ל הקערה כ"ר דמ"ל אם מימיה רותחין ע"י חום מי המחבת ומ"ל ע"י האור עצמו וכמו כן אם היתה רותחות ע"י האור (עצמו) (ט) ובהפרדה מעל האור תפסיק רתיחה לאלתר מ"מ הו"ל כ"ר. אבל מספקא לר' היד הקער' מחוברין למי המחבת כגון שהקערה כפוי ראשה א' בתוך מי המחבת ונמצא שהמים מעלין בה [רתיחות] ממילא מכח חום המחבת עצמו. או כשיפרידו הקערה מחיבור מי המחבת מיד תפסוק רתיחה של קערת א"כ ודאי דומה היא דבר פשוט ונראה דהו"ל כ"ש, דרגילים לדבר שלא העלו מימיה רתיחות כ"א כשהי' בכלל מי המחבת, ואעפ"כ אין ברור ביד ר' לחושבן כ"ש בענין זה בין לקולא בין לחומרא שלא היה ר' מתיר ליקח מים בקערה מן המחבות הרותח על האור ולערות מן הקערה על התרנגולת אפי' פסקה רתיחת המים מיד בהפרדה מחיבור מ' המחבת. מ"ר. וצ"ע אם יש לאסור כלים הזפותי' כגון חבית וקנקני' שלא תועיל בהן הגעל' להפליט יין שבזפת ואין נראה חילוק דמ"ל פליטת הזפת ומ"ל פליטת הכלי עצמו:

והלכתא כמאן דאסר. ואע"ג דאמר בחולין פ' כל הבשר (י) כל היכי דפליגו רב אחא ורבינא רב אחא לחומרא ורבינא לקולא והלכתא כרבינא ולקולא היכי דאתמר בהדיא לחומרא אתמר:

רבינא שרי לי' למירמא בהו שיכרא. מהכא שמעינן דקנקנים של גוים מותר לרכנים לתוכן

(ח) תיבת "אבל" צריך ביאור. (ט) תיבת "עצמו" היא מוסגרת בתוך הכתי'. (י) צ"ל פ' גיד הנשה (דף נג:)

לתוכן מים או שכר וכיוצא בו דשכר שרי הכא וכ"ש מים שאין חזקים להפשיט כ"כ היין כמו חוזק השכר מסתמא. ועוד דבהדיא קתני לי' לעיל בברייתא דקנקנים לפי גירסת הספרים ושכנס בהן גוי ישראל כונס לתוכן יין. מ"ר:

מאי כלי נתר כלי מחוברות של צריף. נראה לר"י דתרי גווני נתר יש ואין זה נתר דבעלמא דבשום מקום לא בעו מאי נתר על שום משנה כ"א על מימרא ולא בעי לי' על משנה דהכא (שבת טז.) דכ"ח וכלי נתר טומאתן שוה. ונראה דנתר ובורית השנוי גבי ז' סממנין הוה ענין שלישי ואינו [אלא] לכבס ואין עושין ממנו כלים:

כסי רב אחא (יא) אסר וכו'. אי שתי בהו גוי פעם ראשונה וכו'. פירש"י אם שתה בהן גוי מים (יב) בפעם ראשונה שנשתמשו בהם כ"ע ל"פ דאסור דאיידי דרכיכי בלעו ואסורי עד שימלא מים ג' ימים וכדאמרן. ועולים נוהגין להשים בכ"ח חדש מים פעם ראשונה ושניה טרם ישתמשו בו יין פן יגע הגוי פעם ביין ראשון או שני שנשתמשו בו ויהי' אסור וכך מועיל נתינת יין תרי זימנא רק שלא יגע הגוי באותן תרי זימנא. וקשה על פירש"י דהא לקמן בפ' בתרא (דף עד:) קאמר ומודה ר' בקנקנים שהן אסורין פי' וחמורי יותר מגת ומחץ ומשפך, מה הפרש בין זל"ז זה מכניסו לקיום וכו' מטעם דמכניסו לקיום הוא דמחמירו בהו טפי מגת ומחץ ומשפך דא"צ אלא ניגוב, וניגוב דגת, במקום הדחה דשאר כלים קאי ואינו להפליט מה שבפנים כלל אלא להדיח יפה מבחוץ וחזינן דשרי גת ומחץ ומשפך בניגוב לפי שאין מכניסו לקיום וכמו כן הוי מתיר קנקנים בהדחה אי הוה אין מכניסו לקיום, וכמו כן כסי דהכא (יג) ולשיטת רש"י הוה ראוי לתרץ דכסי דהכא לא בעי עירוי אם נאסרו ובהדחה נמי לא סגי אלא צריך שום הכשר אחר א"נ נפרש דגת וקנקני' דלקמן איירי אפי' היה בהן מים בתחילתו שידוע לנו שלא נשתמש בו גוי יין בתחלת תשמישו ונראה לר"ת דה"ם כסי בין חדשים בין ישנים דאישתו בהן גוי ונאסרו במגעו כ"ע ל"פ דאסור בהדחה פעם אחת בלבד במים דאין נפלט היין והולך לו לחוץ ע"י הדחה פעם א', כ"פ בפעם ב' וכו' והלכתא פ"א ושני שהודחו במים אסור שלישי מותר. דבג' זימנין נפלט הכל לחוץ וכיוצא בו מצינו בזבחים בפ' התערובת (דף עט:) חרסן של זב וזבה פעם ראשון ושני אסור שלישי מותר דמהדחה במים ג' פעמים נפק' כל מי רגלים שבה. וראיה לפי' זה דאמרינן במדרש גבי ישנו עם אחד שאמר המן לאחשורוש אם זבוב אחד נפל לתוך כוסו של ישראל זרקו ושותהו ואילו אדוני המלך נוגע בו זורקו ואינו שותהו ולא עוד אלא שמדיח כוסו ג' פעמים. וע"כ צריך להדיח יפה שלש פעמים כ"ח שנאסר במגע והני כסי הוי של חרס מיהו בכוסות שלנו שהם של עץ אין נראה לר"י שיהיו אסורים עד שידיחים ג"פ דנקל היין לצאת מהן בהדחה מועטת יותר מחרס ואעפ"כ נוהגין אנו להדיחן ג"פ. מ"ר:

אמר רב זביד וכו' קוניא פירש"י כ"ח מצופה באבר וקורין אותו פלומ"ר. ורבי' יעק"ב הקשה דקוניא אין זה אבר דאמר בזבחים (דף נד.) מביא סיד וקוניא ולא קאמר מביא סיד ואבר כמו פתילה של אבר (סנהדרין נד) לאתויי אבר מעיקרו. ועוד דמכפנים הוי כדאמר נמי מייתי צעא דקוניא באלו טריפות (דף מז:) גבי בדיקת הריאה. אבל הציפוי מה טובו ליין שבפני' ועוד לא יהא הציפוי חסור מכלי שלם של אבר ופי' ר"ת שהיא היתוך עשיית זכוכית אע"ג דכלי זכוכית לא בלע, כלי דהוי ממה שעושין ממנו הזכוכית בלע טובא ועוד ר' אומר פלומ"ר שלנו דקאמר ירוקא ודאי אסורה דמצרפי ובלעו ובשלנו לא נמצא לעולם שיהי' מעורב בהן צריף, ואע"ג דתלמודא נמי לא מזכיר צריף אלא גבי צדקו (יד) מ"מ משמע שענין אחד היא דלא שייך בציפוי עופרת שלנו ונראה לר"ת להתיר פלומ"ר שלנו ולשון ר"ת כתוב בליקוטין:

דף ל"ד ע"א) **שאינו** יוצא מידי דופנו לעולם. ותימא הא יוצא ע"י החזרה לכבשונות והכל פירשתי בפסחים בסוגיא דקדרות בפסח ישברו:

זה תשמישו בחמין וכו' מכאן קשה על מה שפירש"י גבי והלכתא כרב זביד במאני דקוניא בפ' בתרא דכתובות (דף קז:) דלענין חמץ בפסח מיירי, דהא מוכח הכא דאפי' מרימר דשרי כולהו גבי יין איסור, אוסר כולהו גבי חמץ בפסח וכ"ש ר"ת דמחמיר אפי' ביין. וכן הגיה שם זקינינו הר"ח זצ"ל:

מתענין לשעות. פירש"י כגון שקיבל עליו התענית משש שעות ולמעלה ומיהו לא טעם כלום מתחלה כל היום אבל לא לשם תענית נתכוון בראשונות והוא פי' כן משום דמפרש עלה בתענית והוא שלא טעם כלום כל אותו היום. ופריך עלה תענית מעלייתא היא ומשני לא

(יא) אמי כן הוא הגירסא שלפנינו (יב) תיבת מים ט"ס ול"ל (יג) ואין סברא לומר כי בקנקנים נשתמשו עובדי כוכבים מים בתחלת תשמישן: תוס' (יד) נ"ל ירוקא:

לא צריכא דמימלך אימלוכו. אבל יש תימא דהא אמרינן התם (דף יב.) כל תענית שלא קיבל עליו מבעיי לאו שמיה תענית ודמי למפוחא דמלי זיקא משום דלאו לענין עניא (טו) דוקא קאמר (טז) אלא דגרסינן בתענית בפ"ק על הך מילתא והלכתא מתענין לשעות והמתענה לשעות מתפלל תפילת תענית. ונראה ליישב פירש"י כגון שקיבל עליו אתמול שאם יארע כך שלא יאכל עד חצי היום שמשם ואילך לא יאכל מטעם תענית. ור' פי' מתענין לשעות שאתמול קיבל עליו שלא יאכל עד חצי היום ועשה כך ואח"כ לא אכל כלום עד ערב. וק"ל כיון שאם לא עשה כ"א מה שקיבל עליו אתמול לא עשה ולא כלום כיון דלא שקעה עליו חמה קבלתו מה תועיל אין זו קבלת תענית שהרי יאכל אם ירצה שלא קיבל עליו תענית עד שקיעת החמה, והייתי רוצה לפרש דה"מ התם הא דאמרת מתענין לשעות פי' תענית גמורה אפי' לענין תפלת תענית דהכי גרס לה לדר"ע התם והלכתא מתענין לשעות והמתענה לשעות מתפלל תפילת תענית ועלה קאמר והא דאמרת מתענין לשעות תענית גמורה גם לתפילת תענית והוא שלא טעם כלום כל אותו היום. וגם ר' הוה מפרש כן, מיהו ק"ל דקאמר בתר הכי אמר ר"ח כל תענית שלא שקעה עליו חמה לא שמי' תענית, והי"נ תפרש לא שמי' תענית לענין תפילת תענית אבל מצות עינוי יש עליו כדאמרן מתענין לשעות והוי עינוי אפי' טעם כלום רק שלא יאמר תפילת תענית לפי מה שפירש, וא"כ מאי פריך בתר הכי מיתיבי אנשי משמר מתענין ולא משלימין מאי ק"ל כיון דלא קתני התם שיאסרו תפילת תענית ופריך נמי מר"א בר' צדוק דקאמר והתענגו ולא השלמנוהו שיו"ט שלנו היה ולא מיירי מידי בתפילת תענית ואין נראה כלל לומר דמלשון מתענין ולשון תענית דייק מכולהו דמשמע דהוה תענית גמורה. ועוד קי"ל דבהדיא הו"ל לר"ח למימר הא דאמרת מתענין לשעות ומתפללין תפילת תענית והוא שלא טעם כלום ועוד קשה דקאמר בדר"ע והלכתא מתענין לשעות והמתענה לשעות מתפלל תפלת תענית דמשמע דליכא אלא בחד גוונא שבאותו ענין עצמו שאמר מתענין לשעות באותו ענין עצמו הוא אומר מתפלל תפילת תענית. ותימא למה אמר ר"ח שני מימרות הך דוהוא שלא טעם כלום כל אותו היום והך דכל שלא שקעה עליו חמה אינו תענית. וי"ל דמתחילה אמר הך דכל תענית שלא שקעה עליו חמה, ואח"כ אמר הך דוהוא שלא טעם כלום כל אותו היום לפרש מילתא דר"ע דמתענין לשעות. ועוד דהא דכל תענית שלא שקעה עליו חמה אינו תענית היינו אם נדר סתם תענית שנתחייב להתענות כל היום אבל אם בפירוש נדר להתענות לשעות הוה תענית ומתפלל תפילת תענית קמ"ל. א"נ אפי' ההוא דוהוא שלא טעם כלום [אמר] ברישא הוצרך לומר עוד האחרת לפרש שיעור דשקיעת החמה. או לפרש דאינו תענית כלל אפי' למצות עינוי שלא תטעה לומר דקמייתא לענין תפילת תענית קאמר וזמן דשקיעת החמה דקאמר יש לפרש דהיינו שקעה לגמרי בצה"כ וכן אנו נוהגין להתענות עד צה"כ ואע"ג דשקיעת החמה רחוק מצה"כ לשון שקעה חמה משמע ששקעה לגמרי, ור' הוה אומר דשמא א"צ להתענות ממש עד צ"ה מדאמר אפי' בט"ב דבין השמשות שלו מותר במקום שנהגו (ע' פסחים דף נד:) וכ"ש בשאר תענית. ונ"ל דל"ד לט"ב דשאני אפוקי יומא מעיולי יומא דבראי (יז) בט"ב אמרינן אע"ג דאוכלין ושותין מבעיי וחמור משאר תענית מ"מ לא החמירו כ"כ כשיצטריך להתחיל התענית מבה"ש אבל בסוף התענית ראוי לאסור עד סוף היום ואין ראיה מביה"ש דט"ב להקל וכשמתענין בע"ש אז ודאי נראה לר' שא"צ לדקדק ולהמתין עד צ"ה דאין לו להתענות בשבת וכבר חלה קדושת שבת והא דאמר בעירובין (דף מא:) מתענה ומשלים בע"ש יש לפרש מתענה ומשלים עד סמוך לחשיכה (יח) עד צ"ה ואת"ל דבשאר תענית נמי א"צ להמתין עד צ"ה יכול להיות מתענה ומשלים ממש כבשאר ימים ומ"מ אסרו רבנן דר' יוסי התם להתענות עד סמוך לחשיכה משום דנכנס לשבת כשהוא מתענה אעפ"י שאינו מתענה משחל השבת ואילך. ועוד מצינו לפרש מתענה ומשלים אם ירצה אבל א"צ להמתין עד צ"ה, ורבנן דר"י אסרו התם להשלים שלא יכנס לשבת כשהוא מעונה, ומסקינן דמתענה ומשלים. נחזור על הראשונות דק"ל על הא דפריך התם לר"ח מהא דאר"י אהא בתענית עד שאבוא לביתי אע"ג דלא שקעה עליו חמה ומשני לאישתמוטי מבי נשיאה היא דעביד, ובלאו דר"ח תקשי לי' והלא לא קבלו מאתמול, ור' יוחנן גופי' אשכחן דבעי קבלה מאתמול. וי"ל דהוה מצי למיפרך לי' ולישעמך ולא חש להאריך ותירץ האמת. ואי הוה מפרש הא דקאמר אינו תענית בלא קבלה

(טו) תענית כנ"ל (טז) אלא לענין תפילת תענית (יז) נ"ל דכה"ג: בעיולי יומא (יח) וא"צ להמתין עד צ"ה כנ"ל:

קבלה מאתמול מיירי לענין תפילת תענית הוה אתי שפיר דלא מצי למימר ולטעמך ומיהו לשון מפוחא דמלי זיקא משמע דבא להשמיעני דאין בו שום שכר ובחנם מתענה, ואו״ר שחל נדרו אם נדר היום להתענות היום, בלא קבלה מאתמול והי״מ דתם אי יתיב מאי יש בו קיבול שכר כעין שאר תענית אעפ״י שאין בו תפילת תענית או לא. אמר רבה בר שילא דמי למפוחא מלי זיקא כלומר חלוק הרבה משאר תענית דמעט שכר יש בו ונקרא חוטא לצער עצמו ולסגף עצמו בתענית ואין שכר כנגדו שיהא מרובה על העונש על (כ) הנדר חל מ״מ. ועוד ק״ל התם לעיל דקאמר זעירי אמר ר״ה יחיד שקיבל עליו תענית אפי׳ אכל ושתה כל הלילה כולה מתפלל תפילת תענית לן בתעניתו למחר אינו מתפלל תפלת תענית. אמר אביי לעולם קסבר מתענין לשעות והמתענה לשעות מתפלל ת״ת וש״ה (כא) שלא קיבל עלייהו, שלא קיבל עליו מאתמול להתענות אותו לילה, ומאי איריא שלא קיבלו עלייהו תיפוק לי׳ דאפי׳ קיבל דלא יתפלל דלא שקעה עליו חמה ונ״ל דאי קיבלו עלייהו יכול להיות שיתפלל ת״ת הואיל והתענה כל הלילה כולה ועדיף משעות של יום בלא שקעה עליו חמה, ומ״מ אי היה סבר ר״ה דאין מתענין לשעות, הוה ניחא לי׳ טפי שלא יתפלל ת״ת על תענית הלילה אע״ג דעדיף קצת מתענית דשעות. ומיהו עוד תימא לי אפי׳ קיבל עליהו והוה תענית הלילה תענית גמורה מ״מ למחר למה מתפלל ת״ת כשכלה כבר תענית הלילה והלא בתענית יום לא אמרינן כה״ג שהרי אם התענה כל היום כולו לא אומר ערבית של מוצאי תענית ת״ת כמו שמוכח בברייתא דתוספתא שהביא רש״י בפ׳ ב״מ (שבת דף כד. ד״ה ערבית) כמו שאפרש ואי מיירי הכא שהתענה כל יום המחרת מאי מתענין לשעות שייך כאן ונ״ל דהואיל ולילה שהתענה הוה ממש מזה היום אתי שפיר דאי קיבל עליו תענית הלילה שיאמר עניננו למחר אבל כשהתענה כל היום לא יאמר עניננו בלילה שאחריו כי יום אחר הוא ויש ספרים דגרס התם אמר זעירי אמר ר״ה יחיד שקיבל עליו ב׳ ימים תענית אפי׳ אכל ושתה כל הלילה כולה למחר מתפלל ת״ת ויש תימא אמאי נקיט ב׳ ימים וגם תימא מאי קאמר אפי׳ אכל ושתה וכו׳ למחר מתפלל וכו׳ מאי אוריא למחר אפי׳ באותה הלילה בעצמה טרם דאכל ושתה אומר ת״ת כדאמר בשבת בפ׳ ב״מ גבי תעניות ומעמדות דאמר ערבית ושחרית ומנחה וכו׳ ובת״צ שאוכלין מבעיי לא מתוקמא, דקתני מעמדות, וגם הביא שם רש״י ראיה מן התוספתא דתענית דקתני יש אוכל ושותה ומתפלל ת״ת ויש שרוי בתענית ואין מתפלל ת״ת דלילה שלפני התענית אעפ״י שעתיד לאכול כל הלילה מתפלל ת״ת ולילה שאחריו אעפ״י שעדיין שרוי בתענית לא יתפלל ת״ת וגירס׳ הראשונה שפי׳ נראה יותר. והא דקאמר לן בתעניתו למחר אין מתפלל ת״ת היה הלילה עצמו שלן בו כמו שמוכח מן התוספתא כדפרישית ומשום תענית נמי לא יאמר ת״ת כיון דלא קבלה עליהו ולרבותא נקיט למחר אעפ״י שהתענה כבר באותו הלילה ועוד דהלילה עצמה אין ברור לנו שילין כל הלילה בתענית כדקאמר לא קבלה עלוהי. אבל תימא לי אפי׳ קבלה עלוהי לא הוה לי׳ לומר ת״ת למחרת של תענית הלילה כדפי׳ יש לתרץ כדפי׳. נ״ל. וצורנו יאיר עינינו בתורתו. ובהאי דמצריך התם לקבל התענית מבעיי ודמי למפוחא דמלי זיקא אם לא קיבל, ומפרש דצריך לקבל במנחה לרב ובתפלת המנחה לשמואל וכוותי׳ דשמואל מסתבר כדקאמר התם ויש לדקדק כמה בני אדם שאין בקיאין וזכורים בהלכה זו וכי הפסידו כל תענותיהם באשר לא קיבלו מאתמול לומר הריני למחר בתענית יחיד ונ״ל דלא הפסידו דהואיל ונמר בלבו להתענות מאתמול אעפ״י שלא הוציא בשפתיו הוה תענית והוה בכלל נדיב לב דדרשינן בפ״ב דשבועות (דף כו:) דמהני גמר בלבו אעפ״י שלא הוציא בשפתיו ואע״ג דגבי שבועות קאמר שמואל התם דצריך להוציא בשפתיו דכתיב לבטא בשפתים ופריך ונגמר מכל נדיב לב ומשני משום דהוה תרומה וקדשים ב׳ כתובים הבאים כא׳. ולמ״ד מלמדין חולין מקדשים לא נמרינן מסתבר שבועות הוא דלא גמר מיני׳. אבל כל עניני נדר דכתיב בקרא דמוצא שפתיך תשמור ומייתי התם כגון נדר של צדקה. והיה תענית משמע דהוה בכלל נדיב לב. והא דבעי קבלה בתפלת המנחה לכתחילה יש לו לעשות כך, וכן נראה לר׳. וכבר שאל ר׳ לר״ת על א׳ שעשה כמה תעניות בלא קבלה מאתמול אם הפסיד כל תעניותיו וענהו כי יפה (כב) ועוד הוסיף לומר שאפי׳ אחר חשיכה התחיל לחשוב שיתענה למחר ולא היה בדעתו מבעיי כלל הוה תענית ומבעיי לאו דוקא וזה צריך ראיה. ויש לאדם להחמיר ולקבל כל תעניותיו

(כ) אבל כנ״ל (כא) ושאני הכא דליכא שעות דלילה דלא קיבל (כב) נראה שחסר כאן ונ״ל כי יפה הורה שלא הפסיד ע״י תנאים בלב כנ״ל:

תעניותיו בתפלת המנחה בשומע תפלה ואפי׳ בשבת במנחה רגיל ר׳ לקבל התענית באלהי נצור לשוני כשרוצה להתענות באחד בשבת: בפירושי תענית פי׳ דגרס דמר עוקבא איקלע לגנזיק, דר״ע לא הוה מסתפק בזה ועוד היה לומר ת״ה, ולאו מילתא היא דכמה מעשים של תנאים יש בתלמוד בלשון מיסרא כמו ר׳ צדוק הו״ל בוכרא בבכורות. ומעשה בבנו של ר״ח בן אנטונגוס ורבים הם ור״ע היה מסתפק יפה בזה אעפ״י שהיה תנא. ובירושלמי נמי גרס הכי אלא שמזכיר זופרן במקום גנזיק והאי דקאמר הכא לא הוה בידי׳ ובירושלמי קאמר שהשיב להם לקולא דקליפת זפת מועלת וקאמר כשבאתי אצל חבירים אמרו לי כו׳ כדפי׳ לעיל אצל דפליג והכא לא חש להאריך:

במה שימש משה כל ז׳ ימי המילואים וכו׳ פירש״י משה לא נשתמש בבגדי כהונה דכתיב לאהרן אחיך והיה זר אצלם וע״פ הדיבור שימש ולא הוכרו בו בגדים וזה הפי׳ שמעתי מפי הר״מ ב״ר אברהם דאהרן ובניו כתובין בפרשה כדאמר נמי בזבחים בפ׳ טבול יום (דף קב.) גבי מראות נגעים אהרן ובניו כתובין בפרשה. ותימא א״כ למ״ד התם משה רבינו כ״ג היה ושימש בכהונה כל מ׳ שנה הוה מצי למיבעיא במה שימש משה כל מ׳ שנה אם יצטרך לומר ששימש כל מ׳ שנה בחלוק שאין בו אימרא וזה אין נראה דהא נשמע דבכ״ג שימש כל מ׳ שנה בח׳ בגדים, ור׳ מפרש דדוקא מז׳ ימי המילואים בעי משום דבגדי כהונה לא נתקדשו לעבודה עדיין עד לאחר ז׳ ימי המילואים, והר״י מאורלייניש פי׳ דכל ז׳ ימי המילואים דאמרינן שהי׳ משה מעמיד המשכן ומפרקו היה כמו במה ואין בגדי כהונה בבמה כדאמר בפ׳ בתרא דזבחים (דף קי״ט:) וקי״ל דהא אין חטאת בבמה וחטאת קריבה בז׳ ימי המילואים אלמא עדיף מבמה הלכך פי׳ ר׳ עיקר:

בחלוק שאין בו אימרא כמו על הגס ועל האומרא בפ׳ האורג (שבת דף קי״ה.) ואותו אימרא היא מן הבגד עצמו ופעמים שאינו מן הבגד עצמו כגון אמריות של ארגמן דבנגעים שהביא ר״בא בתוס׳ דתענית וטעמא דאין בו אימרא נ״ל שיהי׳ ניכר חדש ולא נשתמש בו הדיוט שהי׳ חלוק משאר חלוקים והאומרים שלא יחשידוהו גונב מתרומת הלשכה שיבוש הוא כדפירש״י:

החרצנים והזגין פלוגתא היא בנזיר (דף ל״ד:) איכא דקרי לחיצון זג היינו לקליפה ולפנימי זג (כב) ואיכא דאמר איפכא וקאמר התם כמאן מתרגמונין פורצנין ועד עיצורין כר׳ יוסי שהחיצון קרוי זג, והיא ראוי לעוצדו ור׳ יוסי קאמר התם סימן שלא תטעה כזוג של בהמה חיצון זוג הפנימי ענבול והא דמתרגמינין (כג) נמי זגא דדהביא ורמונא הוה אותו זג כזוג של בהמה והוא החיצון (כד) והוה בתוך הפעמון וסוגיא דתלמודא נמי הפנימי חרצן כדאמר עד עד שיזרע חיטה ושעורה וחרצן:

האי דורדי׳ דחמרא דארמאי בתריסר ירחי שתא. אור״ר כי בארץ אשכנז רגילים הגוים להחמיץ עיסה שלהם בשמרים של יי״נ. והיה מתיר הר״ר אפרים אותו הלחם לפי דהוה כדורדי׳ דיי״נ דשרי הכא לאחר י״ב חודש משום דהוה כעפרא דעלמא וכ״ש שנשרף לגמרי ועפרא בעלמא הוה ואעפ״י שיש כח באפר להחמיץ העיסה מ״מ עפרא בעלמא היא. ור״ת פי׳ דאסור דלא שרי הכא שמרים בעינייהו לבתר י״ב ירחי שתא אלא לאחר שנתמדו ובטל כבר טעמן כשעשו מהן תמד. וזה לשונו נראין הדברים וכך הם שהשמרים רגילים היו לתמדם כדמוכח בהמוכר (כה) את הספינה (ב״ב דף צו:) דקתני שמרי יין וכו׳ אחרים אומרים שמרים שיש וכו׳ והמפרש רמא תלתא ותו אמרינן באלו עוברין (פסחים דף מב:) אין עושין חומץ אלא מן התמד ומסיק הא בדרווקא והא בפורצני ששמרים ניתנין לתמדן בשקים ששמם רווקא דארמאי ומשמרות החרצנים בגיניות ובלשון התלמוד קורא שמרים שעופדן לתמדן שרריא (כו) כדאמרי׳ בהמפקיד (דף מו:) הא איכא גולפי ושרריהו (כו) לאחר שנתמדו נקראים דורדיא דארמאי ובלשון מקרא ומשנה נקראים הכל שמרים כדכתיב (ישעיה כ״ה ו׳) שמרים מזוקקים וכתיב (תהלים ע״ה ט׳) אך שמריה ימצו ישתו כל. דמתרגמינין תרגום של כתובים דורדיא והיינו דכתיב ימצו ישתו כלומר אפי׳ התמצית ימצו ישתו ושמרים ש״נ שלא נתמדו אסורים לעולם, וכן חרצנים ואחר שנתמדו כמנהגם אסורים עד י״ב חודש, וכן חרצנים וכ״ש זגים שיש בהן יין יותר, ועיסה שנילושה או שנחמצה בהם קודם תימודם בתוך י״ב חודש אסורה ובדידהו משערינן ולא כמאי דנפיק. ואי לטעמא עביד אפי׳ באלף לא בטיל כדאמר הגח לשאור ותבלין דלא בטילו (כו)
ואמרינן

(כב) מכלן כל״ל: (כג) על פסוק פעמון זהב ורימון (שמות כח ל״ד): (כד) והעינבל כוס בתוך הפעמון כל״ל (כה) נ״ל דבמוכר פירות (כו) ממריס כל״ל (כז) עיין חולין דף ו׳ ע״ב:

אמרינן נמי במתני' בתרומות (פרק יוד) תפוח שריסקו ונתנו לתוך העיסה הי"ז אסורה דהא אחמץ לי' וטעמא לא בטיל וכן אפי' נבלע ונתיבש כדאמר בשלהי אין מעמידין (דף מ:) דחגבים וקפלוטות מן הסלולה (כח) אסורין מפני שמולפין עליהן יין, מן ההפתק מותרין ואלו כאלו יבישים, ועוד אמרינן בפת חמה וחביות פתוחה כ"ע מודו דאסור בפת צוננת וחבית מגופה כ"ע מודו דשרי ומאן דשרי יר"ה ייר"ה כמור"ר ומור"ה ועל"י יער"ה רו"ח מא"ת הבור"א יעקב בר' מאיר זה לשון רבינו: דף ל"ד ע"ב) **והמורייס** טעמא דמורייס אסור משום דמערבי בי' חמרא לעבורי זוהמא כדאמר לקמן בגמרא דהכבשן (דף ל"ח:) שדינן וכו' ולהכי שרי רבנן בהנאה דאינו אלא לעבורי זוהמא, ולר"מ אסור בהנאה. ומורייס אומן מותר פעם א' וב' כדמפרש בסמוך וצ"ל דלא בעי חמרא אפי' לעבורי זוהמא בשל אומן ולכך מותר באכילה פעם א' וב', ובפעם ג' אסור משום דרמי בי' חמרא לעבורי זוהמא בההיא פליגו ר"מ ורבנן במתני' וכן במורייס שאינו של אומן, ומורייס דבסמוך אתא לגמלא דעכו דלא חייש לערובי חמרא משום שהיין ביוקר. ואל תתמה נהי דליכא למיחש לערובי חמרא כדי להרבות המורייס מ"מ ניחוש לערובי חמרא כדי לעבורי זוהמא לתקן כל עיקר המורייס, דבשל אומן מיירי בסמוך וניכר הוא אותו של אומן, וגם ניכר פעם א' וב' ובשל אומן א"צ חמרא לעבורי זוהמא שאל"כ לא היה מותר באכילה והיינו דקאמר פעם א' וב' ל"צ למירמי בי' חמרא משום דשמינא וכדי להרבות המורייס לא חיישינן הואיל והיין ביוקר ביותר:

הו"ל מיעוטא דמיעוטא. והא דלא גזר ר"מ הכא שאר מקומות אטו אותו מקום כמו בריש פ' כל הצלמים (דף מ"ו:) היינו משום דאפי' באותו מקום עצמו לא אסר הכא אלא מטעם דחייש למיעוט אבל לקמן שבמקום הי' [כולם] עובדין אותם פעם א' בשנה גזר שאר מקומות אטו אותו מקום שפיר, מ"ר. וא"ת והרי כמה מקומות ששוחטין בהמות לע"ז מכל מין ומין לא עגלים דוקא דהא ודאי כבר פשוט היא שהיו רגילין לשחוט לע"ז וגם שאר מינים וא"כ נאסור גבינות כל אותן מקומות בהנאה לר"מ. וי"ל דזה ודאי מיעוטא דמיעוטא דמשום בהמה אחת במאתים ואלף שנשחטו לע"ז לא נאסור כל הקיבות כיון דלא שכיחי הלכך נקיט בית אונייקי נ"ל: בחולין פירשתי דקי"ל הכא דקאמר שרוב עגלי אותה העיר נשחטין לע"ז ואסור משום דחיישינן למיעוט הוי מיעוט לגבי שאר בהמות ומיעוט עגלים דאין נשחטין ואמאי לא הוה מיעוטא דמיעוטא דהא איכא רובא וחזקה רובא דאין נשחטין לע"ז וחזקה דכל הקיבות הי' בחזקת היתר קודם שחיטה, ולמיעוטא דמיעוטא לא חייש ר"מ דהא בתחילת פ' בתרא דיבמות (דף קי"ט ע"ב) אמרינן היתה לה חמות אינו חוששת משום דהוי מיעוטא דמיעוטא דחזקה לשוק ורובא לשוק [ויש לומר] דלאחר שחיטה איתרע ליה חזקה דהרי יש לה כאן לפנינו מיעוט קיבות האסורות ואסרינן כולהו משום דחיישינן למיעוט ואין להתיר הגבינות נמי מטעם שאמר אוקי החלב בחזקת היתר ואין לו לתלות שניתן בו קיבת איסור דהא לאו מילתא היא דכיון דמטעם חשש מיעוט אסרינן כל הקיבות שבעור הרי ע"כ נעשית הגבינה בקיבה של איסור, נ"ל. ועוד או"ר דעדיפא מינה אמרינן ביבמות בפ' בתרא (שם) דהיתה לה חמות אינה חוששת אע"ג דרוב נשים מתעברות ויולדת ומשום דחזקה לשוק ורובא לשוק ואפ"ה אמר יצאה מלאה חוששת ואע"ג דיש כאן חזקה לשוק ורובא לשוק ורובא (כט) נקיבות או נפלים ומיעוט זכרים, וטעמא משום דהואיל ואיכא ריעותא קצת שהרי יצאה ודאי מלאה ויש ודאי ולד דאין לנו להקל ע"י רובא לשוק והואיל ואיכא ודאי עיבור ובעיבור זה שהיא קצת בעין כבר יכול להיות שיש זיקה לייבום, וכ"ש הכא שנאסרו כל הקיבות ע"י מיעוט שיש לאסור כדפי', ואפי' ר"י דאמר דתם דאינה חוששת אפי' יצאת מלאה היה אוסר כיון דהתם אין שום ודאי של איסור לפנינו. אבל הכא שכל קיבות העור לפנינו ידוע לנו שמיעוטן אסורות מאחר דחיישינן למיעוט יש לנו לאסור כולן כדפי':

הא את היא דשרית דאתמר השוחט את הבהמה לזרוק וכו'. תימא לי מאי קי"ל והלא לא הזכיר ר"ל שרוב עגלים של אותה העיר נשחטים לזרוק לע"ז ואו"ר דהוה ס"ל דנשחטין לזרוק לע"ז קאמר ר"ל שכל עיקר שחיטה לע"ז היתה להקריב החלב והדם לע"ז רוב פעמים כדאמר בחולין (דף ל"ט:) הנהו טייעא דאתי לצקוניא יהיב דיכרא לטבחא ישראל אמרו להו דמא ותרבי לדידן וכו' מ"ר. ומה"ט נ"ל דנקיט בסמוך בשנויא בגמר זביחה הוא עובדה דתימא לי ל"ל להזכיר

(כח) לפנינו הגירסא קטלוחא אסורין ומן הסלולה מותר כדאיתא שם (כט) דרובא כצ"ל במקום 'ורובא':

להזכיר גמר הו"ל לומר באומר בשחיטה היא עבודה אלא בשחיטתו חשיבי שכל עיקרם לצורך הדם מתכוונין ואעפ"י שאין כ"כ רגילות לשחוט כל פורתא ופורתא לע"ז מ"מ סוף השחיטה שכבר יצא כל הדם וקרוב לזריקה טפי דעתי' לע"ז וזהו רגילות לאיסור ע"כ. נ"ל:

רשב"ל אומר מותרת. ותימא לר' כיון דישראל משומד לע"ז אסור לאכול משחיטתו אמאי מותרת באכילה כדמפרש"י הא משומד הוא כדאמר בפ' ד' מיתות (דף סא:) דמודה ר"ל דגברא בר קטלא הוא מידי דהוה המשתחוה להר דהר מותר ועובדי' בסייף, ויש לפרש מותרת בהנאה. א"נ בשוחט בשוגג לזרוק לע"ז קאמר ולמה שפרי' (ל) דלא חשבינן לי' משומד בחדא זימנא לאסור שחיטתו כדפי' לעיל גבי איזהו מין זה העובד ע"ז וגם בפ"ק דזבחים גבי הך מילתא דהכא דמייתי התם (דף י') לפי"ז אתי שפיר מותרת באכילה אפי' במזיד ושם הארכתי בראיות, מ"ר:

(לא) **ולא** הודו לו אלא אמרו לא נהנין ולא מועלין. כלומר לא נראה להם לחכמים להקל כ"כ בהקדש וקרבן אלא אמרו לא נהנין ולא מועלין ואע"ג דמשום חומרא דקרבן החמירו שם הכא לא שייך להחמיר:

(לא) **מפני** שמעמיד אותה בקיבת עגלי ע"ז. ואין לתמוה והא ר' יהושע לא חייש למיעוט כההיא דהיתה לה חמות בפ' בתרא דיבמות (דף קי"ט.) וא"כ היכי אסור הכא משום קיבת עגלי ע"ז דהוה מיעוטא כדאמר לעיל דהא לקים דע"כ ר"י דהוי קמדחי לי' ולאו עיקר טעמא קאמר דהא לעיל נמי לא אמרי אלא בגבינות בית אונייקי אבל של שאר מקומות לא אסרינן (לב) ר"מ דאין נשחטין לע"ז רק מיעוטא דמיעוטא, ור' יהושע היק הכא מפני שמעמידין אותה בקיבת עגלי ע"ז ותלינן להחמיר שברוב מקומות יש שמא רוב עגלים נשחטין לע"ז. ואעפ"י שאינו אמת מ"מ ר' יהושע הוה א"ל טעם זה וע"ז אי' להקשות כ"א למה לא אסרוהו בהנאה, נ"ל:

(לא) **השיאו** לד"א. השיאו כמו משיא עצה. ואי גרסינן השיאו כמו אל ישיא לכם חזקיהו, מ"ר. ירושלמי מפני מה לא גילה לו א"ר יוחנן מפני שבקרוב אסרוהו ור' ישמעאל תלמוד קטן היה באותו שעה פי' ואין מגלין להם רזי תורה עד שיגדלו. ומפרש התם למה לא הגלינו באותן המקראות שאין להם הכרע כגון שאת, ארור, מחר, וקם וכיוצא בהם דמייתי התם ומשני דדריש ישקינו דברים שמשיקין עליהם את הפה קאמר התם מסייע להחיא דתני רשב"י דתני ואלה המשפטים אשר תשים לפניהם מה השימה (לג) אינה נגלות לכל בריה כך אין לך רשות לגלות ד"ת לכל. והירושלמי לא סיים טעמו ונראה שר"ל בתלמוד (לד) דקאמר לי' האי קרא טפי משום דדריש חשוק שפתיך זבי"ז ונראה לי שזה לשון הפייטן שיסד בפרה אדומה בטעמי תורה שאינן ידועין שבך נתנו בנשיקה דמהאי קרא דישקני מנשיקות פיהו דרש העלמת דברי תורה:

האיך אתה קורא כי טובים דודיך מיין וכו'. א"ר דבתוספתא איכא נמי הכי על מילתא א' (לה) שמע אחי היאך אתה קורא וכו' א"ל אין הדבר כן וכו'. ותימא וכי שכחו כבר ר' ישמעאל או לא הודה לו לר' יהושע ואין נ"ל שבפעם אחת אמר הך דהכא והאי דדתם, וא"ר שבאחרונה כך א"ל היאך אתה רגיל לקרות כי טובים דודיך וכו' מ"ר:

אמר רבא תרווייהו תנגהו. האי תרווייהו תנגהו טומאה בליעה תנינא טהרה בליעה תנינא וצריך לדקדק שם אי מצי הוה בניחותא כי האי דהאי דהכא מסתבר דהוה בניחותא מדסלקא הכי מסקנא דשמעתא ולא משני מידי דלאו מתני' שמעינן לי' ואיצטריך דרבא נ"ל: ה"נ כפירוח מתני' א"ל א"כ למה לא אסרוהו בהנאה וכ"ת משום דליתא לאיסורא בעינא דהא מורייס לרבנן ליתא לאיסורא בעיני' לגבי אכילה מיהו כיון דאוקמי קא מוקים חשוב כמאן דאיתא לאיסורא בעיני':

דף ל"ה ע"א) **אמר** ר' יהושע ב"ל משום ניקור ואית חלב שחלבו גוי ואין ישראל רואהו דמפרש לקמן משום חלב טמא וכדמוכח ברייתא דלקמן יושב ישראל בצד עדרו ש"נ וכו' תיפוק לי' משום גילוי י"ל דאה"נ דהא בירושלמי מייתי טעמי' דריב"ל דניקור על ההיא דחלב שחלבו גוי ואין ישראל רואהו בפ"ק דשבת דקאמר התם גבינתן א"ר ירמיה חלב גוי למה הוא אסור משום תערובת בהמה טמאה ותני כן עומד ישראל בעדר והגוי חולב ומביא לו ואינו חושש רב אבא בשם ר"י ר' סימון בשם ריב"ל

ל) שאמרינן (לא) שייך למשנה לעיל דף כ"ט: (לב) אפי' לר"מ (לג) לפנינו הגירסא „הסימה" כתב בספר מסה דכה מלשון סימא לאוצר (לד) בתלמוד ירושלמי (לה) על מילתי אסריתי הודא במי דפרה משנה א' בר"ש:

ריב״ל חלב הגוי למה אסור משום גילוי ויעמיד אמר ר״ש בר יצחק מפני ארס הנתון בין הנקבים ותני כן ג׳ ארסים הן א׳ צף וא׳ שוקע וא׳ עשוי כשבכה ועומד מלמעלה. וא״ת כיון דלריב״ל הוה טעמא דחלב משום גילוי תקשי לי׳ ברייתא דלקמן. וי״ל דאיצטריך טעמא דחלב טמא היכא דראהו ביד גוי שלא הניחו בשום מקום שנחוש בו לגילוי אלא משום תערובת חלב טמא ועי״ל דסבר דמשום גילוי לא גזרו בי חכמים איסור ביבשה כדפריך בסמוך יבישה תשתרי מ״ר: וא״ת היכי אסרינן חלב שחלבו גוי ואין ישראל רואהו משום גילוי ניעבריי׳ במסננת וי״ל דשמא בלא מסננת דוקא אסרינן לאוסרן, א״נ לא התירוהו כלל שלא יבוא לאוכלו בלא מסננת שיקילו בו לפי שלא ראהו סגולה דחשש גילוי הוא דאיכא והאי דפריך בירושלמי ויעמד ומשני משום ארס העומד בין הנקבים דמשמע הא לאו הכי היה שרי ע״י העמדה היינו משום ששם לא יבוא לטעות כיון שלא תתיר כ״א ע״י העמדה נ״ל: ור׳ אומר דלק״מ דמסננת אין מועלת כלום היכא דטרקי׳ שנתערב הכל כדאמר בב״ק (דף קטו:) נ״ל:

אלא מעתה יבישה תשתרי. ולא בעי לשנויי גזירה ישן אטו חדיש ויבש אטו לח כדלעיל (דף לא:) גבי שכר ש״נ דהכא מינכרא שפיר גבינה לחה כדפי׳ התם ולא אתי למיטעי:

א״ר ירמיה (לו) לפי שא״א בלא ציחצוחי חלב פירש״י משום חלב טמא קאמר דאע״ג דאינו מעמיד מ״מ ציחצוחי חלב איכא. וקשה לר״ת דא״כ הו״ל למימר אלא, כיון שחוזר בו מריב״ל לגמרי וברוב ספרים אין כתיב אלא. ועוד למה יש לו לחוש לחלב טמא כיון שהגוי עושה מן החלב גבינה בשלמא לקמן גבי חלב שחלבו גוי ואין ישראל רואהו קאמר שפיר דאין להתירו ע״י שיעשה ממנו גבינה דנהי דחלב טמא אינו מעמיד מ״מ קאי ביני אטפי אבל הכא מסתמא כיון שנגבינה לפנינו אין לי לומר שחלב הגוי חלבה תחילה לצורך אכילה ונמלך לגבינה דל״ל למימר הכי אלא מסתמא לגבינה חלב החלב מתחילה וא״כ פשיטא שלא עירב בו חלב טמא. ונראה לר״ת דל״ג ודאי אלא דלא סתר כלל מילתי׳ דריב״ל אלא מקיים לי׳ וה״פ דפירכת יבישה תשתרי אתי שפיר לפי שא״א לה, לגבינה אפי׳ כשיבשה בלא ציחצוח חלב ושם עומד הארס ראיה מפירי״ח שכתב אגב מיטפי קאי בי׳ דיהודיי׳. מצא ר׳ ראיה לפירושי בהדיא מירושלמי פ״ק דשבת שהבאתי לעיל בסמוך. ובתרומות פ׳ האשה שהיתה אוכלת דקאמר בתר מילתא דריב״ל. ויעמיד ומשני מפני ארס העומד בין הנקבים. ומיהו קשה לי דר׳ ירמיה דהך שמעתא אית לי׳ התם חלב שחלבו גוי אסור משום תערובת בהמה טמאה ומשמע דפליג דטעמא דריב״ל דמשום ניקור כדפירשתי לעיל. וזה סיוע לרש״י דמפרש נמי הכא אמר ר׳ ירמיה וכו׳ דמיירי בציחצוח חלב טמא, ופליג אטעמא דניקור ומיהו בזה יש לומר שיש מקומות שהאמוראים הפוכים בתלמוד ירושלמי ויש להיות אמורא אחר ולא ר׳ ירמיה. א״נ לי״ם אטעמא דניקור אלא אטעמא דחלב טמא קאי ומודה דאיכא נמי טעמא דניקור והני תרי טעמא איצטריך תרוויי׳הו כדפי׳ לעיל. מיהו לפ״ז לא מצי קאי דחלב טמא שבירושלמי על גבינה שהזכיר למעלה גבינתו בתחילת הדבר ובתרווייהו אין כתיב גבינתו ועוד נראה שיש לדחות ראיה דארס העומד בין הנקבים על הגבינה אעפ״י שכתב בתחילת הדבר גבינתו ובתרווייהו אין כתיב גבינתו כלל ואחלב היא דקאי כדקאמר חלב גוי למה היא אסור ומפרש משום גילוי וע״ז קשה ויעמיד דקס״ד שא״י לקפות במקום הארס ומשני שיש ארס בין הנקבים ואם אינו קפוי יפה ולא מיירי מידי בגבינה יבישה כ״א בחלב שואל למה לא יתירוה בהעמדה כי היכא דבעי לקמן לענין חשש דחלב טמא וניקור דהא חלב טמא לא קאי ומשני דקאי ביני אטפי ובה״ג בעי נמי בירושלמי הכא לטעמא דגילוי. ור׳ אומר דאין נראה דלא מצינו דמשום ארס יניח החלב מלקפות א״ו ר״ל הירושלמי כמו שמקשה התלמוד שלנו יבישה תשתרי ור״ל ויעמוד ויבשנה דהא ארס אין מניחו ליבש. ומתרץ שהארס עומד בין הנקבים כדאמר הכא דא״א בלא ציחצוח חלב ושם הארס עומד:

לפי שמעמידין אותה בעור קיבת נבילה וא״ת מאי איריא בעור קיבת נבילה אפי׳ עור קיבת שחוטה נמי משום בב״ח. וי״ל דצונן בצונן היא ואע״ג דאוקמי מקום ליכא איסורא בב״ח דאורייתא ולא הוה מחמירינן לאסור גבינות הגוים ע״כ. מ״ר:

ומ״י אמר שמואל הכי וכו׳. משום דמשכח רשמואל אדשמואל פריך עלי׳ אבל בלאו רשמואל אדשמואל היה יכול להקשות לשמואל דהכא ממשנה של חולין לבדה ועוד פירשתי טעם אחר בסוף כל הבשר בחולין דצריך לאתויי דשמואל. מ״ר:

ואמר

(לו) בגמרא בגירסא ר׳ חנינא:

ואמר שמואל דהדא קתני קיבת שחיטת נכרי נבילה. ואית לפר״ת שמפרש בחולין סוף פ׳ כל הבשר שיש חילוק. בחלב קיבה בין מה שנתייבש ונתקשה בתוכה למה שיש עדיין צלול בתוכה כי הקשה העכור פירשא בעלמא היא והצלול הוה כחלב גמור כמו שאפרש בסמוך מאי פריך הכא דשמואל אדשמואל לימא דההוא דאמר שמואל דקיבה גופא שריא היינו קשה ועכור שבה דפירשא בעלמא היא כדגרסינן בסוף כל הבשר (חולין קט״ז:) והלכתא מעמידין בקיבה כשירה שיינקה מן הטריפה פירשא בעלמא היא ולפירש״י אין לישב אותה גירסא ור״ת מפרש ומוקי לה בקשה ועכור שבקיבה והא דתנן קיבה שבישלה בחלבה אסורה ואמרינן נמי התם כשירה שיינקה מן הטריפה קיבתה אסורה דחשיב חלב גמור ולא פירשא מיירי בחלב צלול שבה וי״ל דלא מסתבר לי׳ לתרץ כן דהא משמע מדהוצרך שמואל לומר מפני שמעמידין אותה בעור קיבת נבילה משמע דקיבה גופא שריא אפי׳ הצלול שבה דהא לא משכח בה צד איסור אלא בעורה מכלל דהיא גופא שריא כולה להעמיד בה אפי׳ הצלול לכך הצריך לתרץ כאן קודם חורה וכו׳ ואם היינו לומר דצלול שבה דחושבין חלב במתני׳ דחולין חלב אינה ראוי להעמדה כלל, ולשורפה מיירי איסור שבמשנה ולא בהעמדה דאינו ראוי להעמיד כלל כמו שמשמע פר״ת הסונה בספרו דמתני׳ דחולין בצלול שבה ולשורפה מיירי ולא בהעמדה לפי׳ זה אין לתרץ כן דע״כ הוצרך לומר כן מפני שמעמידין אותה בעור קיבת נבילה דקיבה גופא שריא להעמידה אע״ג דצלול שבה אסור אותו אינו ראוי להעמיד בו. ולפי״ז היה צריך לתרץ דניחא לי׳ לתלמוד לתרץ האמת דאחר חורה הותר הכל ועוי״ל דאפי׳ אן הצלול ראוי להעמדה כלל מ״מ לא הוה מצי לשנויי דשמואל אדשמואל דלא הוה מצי למינקט שמעמידין אותה בקיבת נבילה משום דכל הראוי להעמדה הוי פירשא ועפרא בעלמא דהיינו הקרוש אבל הא דאמר שמואל קיבת שחיטת נכרי נבילה [אסורה] זהו בצלול לא הוה מצי לשנויי משום דנהי דהצלול אינו ראוי להעמדה מ״מ הגוים נותנין אותו עם הקרוש בחלב כשמעמידין אותו כי למה יטרחו לברור ולהסיר כל הצלול שבתוכו א״ו מדנקיט שמואל מפני שמעמידין אותו בעור קיבת נבילה משמע שפיר הא קיבה גופא שריא אפי׳ הצלול. ואמנם לשון ר״ת משמע שהיה סובר שהצלול אינו ראוי להעמידה כי כתב בפתרונו על הצלול הראוי לשריפה שלא שהה כדי להעמיד וזה משמע שאינו ראוי להעמיד אם לא נדחוק לפרש דבריו בשלא שהה כדי שלא יהא ראוי אלא להעמיד זה קורא שלא שהה כדי להעמיד מ״ר: ולשון ר״ת אכתוב בסמוך מ״ר. פירש״י בחולין (דף קט״ז:) דחלב הנמצא קרוש בעור הקיבה שמולחין אותה בעורה בין שנותנין עמו חלב אחר בין שמולחין אותה עמה שנ״ל איסור גמור ותחלה היה ראוי לנדונ (לז) היתר ובלבד שלא יתנו בה חלב אחר מדאמר לעיל כל כהן שדעתו יפה שורפה חיה דפירשה בעלמא היא אלמא אין דין חלב עלי׳ כלל אלא פירשה בעלמא היא וחזר בו דקתני בפ׳ כל הבשר כשירה שינקה מן הטריפה קיבתה אסורה ש״מ דחלב היא ותניא נמי התם קיבה שבשלה בחלבה אסורה וקיבת עולה דשריא לאו משום דאינו חלב אלא פירשה קרי לי׳ משום שאינו מגופה אלא שינקה מאמה והוי כנום במעיה כנתון בקערה ומותר כדקתני טריפה שינקה מן הכשירה קיבתה מותרת ולעיל (בפרקין) דמייתי ראיה דאיסורי הנאה שרי פירשייהו וגבי עגלי ע״ז אסור פירשייהו מדקתני קיבת עגלי ע״ז אסורה לאו משום דקיבה פירשה חשיב לה לענין עיכול ופקע שם חלב ממנה אלא הכי מייתי ראיה מדאסר קיבת עגלי ע״ז ש״מ פירשה אסור דהא קיבה נמי לאו גופה היא ומתסר משום דניחא ליה בניסחי׳ והי״ה פירשא עצמו ומדשרי לי׳ לגבי עולה ש״מ דלא מתסר אלא גופא אבל פירשה שרי כי הא כך פירש״י בחולין ותימא לפירש״י כי כתב שם בסוף כל הבשר בפר״ת ובספר כתב ידו של רבינו גרש״ם והלכתא אין מעמידין בעור קיבת נבילה אלא בקיבה עצמה ובקיבת שחיטת נכרי ובכשירה שינקה מן הטריפה בקיבתה וכ״ש בקיבת טריפה שינקה מן הכשרה מ״ט חלב הכנום בתוך קיבה פירשה בעלמא היא. ולפירש״י א״א לקיים גירסא זו דכשרה שינקה מן הטריפ׳ מפרש דקיבתה אסורה כדתניא בהדיא כשרה שינקה מן הטריפה קיבתה אסורה כדפי׳ ומחקוהו מן הספרים ור״ת מקיימו ומפרש שיש שני ענינים חלב בקיבה האחד צלול שלא נתכנס לתוכה והאחד כנוס לתוכו וקפוי ועב וצרור ביחד והא דקיבתה אסורה של כשרה שינקה מן הטריפה (במשנה שם) זה הצלול המתוק והא דתניא נמי התם קיבה שבשלה בחלבה אסורה מיירי התם בשלא שהה החלב בקיבה עד שיהא ראוי להעמיד אלא מתוק היא

עדיין

(לז) פי׳ נוכג היתר כן איתא בכת״י לפנינו.

עדיין ויש בו טעם חלב ממש אבל האי דשרי לי' התם גבי והלכתא היינו דוקא להעמיד משום דבטיל טעם חלב ופירשה בעלמא היא ומיירי באותו שהיא עב וכנוס שדרך להעמיד בו יותר והיינו דלא נקיט בההיא והלכתא אלא היתר העמדה והלכתא נראה לר"ת לקיים המנהג בזה שיש להתיר החלב הכנוס בתוך הקיבה רק שיבררו יפה שלא ישאר בו כלים מן הצלול המתוק שאם הכנוס והעב לבד נמלח בעור הקיבה מותר דפירשה בעלמא היא וכן כשרה שינקה מן הטריפה כשר החלב הכנוס לתוכו דפירשה בעלמא היא ובטל טעם והיינו דקאמר דחלב המכונס בעור הקיבה פירשה בעלמא היא ומקודם חורה נמי הוי יודעים זה כי חלב הקרוש שאינו ראוי כלל לשריפה אלא להעמדה הוי פירשה ועפרה בעלמא, דאחרי חורה לא חזרו אלא בחלב הצלול הראוי לשריפה שהיו חושבין אותו כגוף הבהמה וחזרו בהן ע"י קיבת עולה דאמר שורפה חיה אבל הקרוש הוה פירשה ועפרא גם מקודם חורה דאל"כ מנ"ל לתלמוד לגירסא זו דהוה פירשה ועפרא בעלמא אם מקודם הורה הי' אסור הא מכח החורה לא שמעינן לי' דנהי דחזרו בהן ממה שהיו חושבין דחלב צלול שבקיבה כגוף הבהמה והיו אוסרין גבינות עו"ג מפני שמעמידין אותה בקיבת נבילה ויש בה חלב גמור עם אותו שראוי להעמיד והיו חושבין אותה כגוף הבהמה כמו עורה ואיסור נבילה עליו, ומזה חזרו בהן דהא קיבת עולה שורפה חיה אלמא לאו כגוף הבהמה כמו עורה ואיסור נבלה על הקיבה מ"מ מנין לנו שחזרו להתיר גם הקרוש ולומר שאין עליו שום חלב כלל א"ו מקודם חורה היו חושבין את הקרוש שאינו ראוי לשריפה פירשה בעלמא ומיהו הצלול שבקיבה אסור כשנמלח בעור דהלב גמור היא וכי פריך הכא דשמואל אדשמואל לא הוה מצי לשנויי כאן בעכור וכנוס כאן בצלול כדפי' לעיל בסמוך מ"ר: ותחלה הוה סבר ר' שפירש רבי' יעקב דלנסרי שרינן העמדה בקיבת כשרה שינקה מן הטריפה ולא מפליג בין כנוס לצלול והא דתנן קיבת כשרה שינקה מן הטריפה אסורה זה לשורפה בעיני' ולא מיירי בהעמדה ולפי"ז הוה מצי לשנויי שפיר קושי' דשמואל אדשמואל אלא שתירץ האמת כדפי' לעיל בסמוך והאי דקאמר בהאי והלכתא אין מעמידין בעור קיבת נבילה הי"ה עור קיבת שחיטה כדתניא במשנה התם ומשום בב"ח אלא משום דבעי למימר אלא בקיבה עצמה נקיט נבילה דקיבת נבילה מותר להעמיד בה לדידה לאחר חורה כדאמר בסמוך וכן הלכה.

ואעפ"כ רגילין לפרוש ממנה. וזה לשון ר"ת מ"ב שהגיה בסדר קדשים שלו והלכתא גרסינן וכן נ"ל והא דאמר קיבה שבשלה בחלבה אסורה דא"א שלא יהא בה חלב תמיד שלא שהה כדי להעמיד ופשיטא דכולא מתני' בשריפת חלב קיבה קתני המעמיד בקיבת נבילה אם יש בה בנ"ט כדקתני גבי עור ובסיפא לא תני המעמיד בקיבת כשרה שינקה מן הטריפה אם יש בה בנ"ט אלא סתם קתני אסורה דא"א דליכא חלב גמור ומש"ה לא פריך מינה תלמודא ומשני. והלכתא אין מעמידין בעור קיבת נבילה שאם יש בה בנ"ט בס' הי"ז אסורה אלא בקיבה עצמה ובקיבת שחיטת נכרי דאע"ג דיש בה חלב גמור, וחלב ששהה כדי להעמיד חלב בב"ח כשר היא שהיא כנוס במעיה, ובכשרה שינקה מן הטריפה בקיבתה פי' בקיבתה בחלב הקרוש שראוי להעמיד והחלב גמור צריך לברור ולהוציא מן המעמיד שהמעמיד פירשה ומיתר להעמיד, והחלב גמור שעמו אסור ואוסר אם לא יברור שלא ישאר אלא המעמיד, וכ"ש בקיבת טריפה שינקה מן הכשרה דכנוס היא במעיה וא"צ לברור דחלב כשר כחלב כשר היא. מ"ט דחלב המכונס וכו' אבשרה שינקה מן הטריפה קאי וכן הגירסא אין מעמידין בעור קיבת נבילה אלא בקיבה עצמה ובקיבת שחיטת נכרי ובכשרה שינקה מן הטריפה בקיבתה וכ"ש בקיבת טריפה שינקה מן הכשרה מ"ט דחלב המכונס בעור הקיבה פירשה בעלמא היא לשון ר"ת זצ"ל: וכבר אמר רבי' יעקב שלא היה לו טעם פשוט מתיך ההלכה לאסור עכשיו גבינות גוים דעיקר טעמא דאיסור גבינות הגוים נ"ל משום ניקור כדאמר ריב"ל הכא שפוסק בסדר תנאים ואמוראים הלכה כמותו בכ"מ וגם רגיל ר"ת לומר דהלכתא כותי' לגבי ר"י כדפי' לקמן בפ' ר' ישמעאל בשמעתין דתינוק בן יוסו עושה יי"נ ומשום גילוי א"ן נראה לאסור עכשיו הואיל ואין נזהרין העולם משאר גילוי עכשיו וטעמא. אומר דאין נזהרין ממנו עכשיו לפי שאין נחשים מצוין בינינו וגזירה שגזרו חכמים לא היתה מעולם במקום שאין מצוין דאל"כ צריך מנין אחר להתירו ועוד דהאידנא דדשו בי' עלמא שומר פתאים ד' כדאמר בריש פ' הערל (דף ע"ב) האי יומא עיבא ויומא דשיתא לא מהלינן ולא מסוכרינן בי' והאידנא דדשו בי' עלמא שומר פתאים ד'. וקי"ל דהא כ"ד שיש לו מתירין צריך מנין אחר להתירו וגבינה במנין הוה כדאמר לעיל גזירה חדשה היא וכו' ואעפ"י שבטל טעם איסורא האיסור מיהו לא בטל וכדאמר בפ"ק דביצה גבי שובו לכם לאהליכם וכיוצא בו ושמא יש לחלק

לחלק בין גזירת חכמים דשייכא לאיסור ד"ת לגזירה דלא שייכא אלא לשמור האדם א"ע ואע"ג דשמואל אמר טעמא מפני שמעמידין אותה בעור קיבת נבילה משמע דהלכתא כריב"ל דהשתא דשמואל במקום ר' יוחנן ליתא כדאמר במי שהוציאוהו (דף מ"ז) גבי הנהו דברי דשמואל ור' יוחנן הלכה כר' יוחנן במקום ר' יהושע בן לוי מבעיא. ודרב אדא בר אהבה נמי מפני שמחליקין פניהם בשומן חזיר לא קיימא במקום ריב"ל דמשמע שאין זה רב אדא בר אהבה תלמוד של רבא שהיה בתראה מדקבע תלמודא מילתי' מקמי' דר"נ ודרב חסדא אלא משמע דהיינו ר"א בר אהבה שהיה בימי רב שהוליכו רב לבית רעוע עד שפנהו. ור"נ ורב חסדא דאמרי מפני שמעמידין אותה בחומץ ובשרף ערלה עלו דבריהם בקושיא ומשום תערובת חלב טמא לא חיישינן דכיון דלצורך גבינת עצמו חלבו הגוי אין לי לחוש שמא עירב בו גוי חלב טמא כדפרי' לעיל ור' ירמיה דאמר מפני שא"א בלא ציחצוחי חלב לא בחלב טמא כדפי' רש"י מיירי דאע"ג דאסרינן לקמן בשמעתין חלב שחלבו גוי ואין ישראל רואהו ואפי' בעי ליה ישראל לגבינה משום דאיכא חלב טמא דקאי ביני ניטפי היכא דחלבו גוי ועשה ממנו לעצמו אין לחוש לחלב טמא ומותר:

עד כאן יסד"ד הר"ב ר' אלחנן בן רבי' יצחק מדמפיר תנצב"ה ומכאן ואילך יסד"ד הר"ב ר' יהודא ב"ר יצחק מבורג"א שפי' ע"ל פי' תוספות הר"ר אלחנן בן רבי' ר' יצחק:

בעור קיבת נבילה היה דהוה מצי למימר בעור קיבת שחיטה דאסור להעמיד בה כדתנן בחולין בפרק כל הבשר אלא צונן בצונן היא ולא יחמירו רבנן כולי האי בשביל כן לאסור גבינות הגוים. רבי' שמואל:

תם ונשלם

You can read this book online for free at:

https://www.hebrewbooks.org/57976